中国教育学会家庭教育专业委员会审定推荐

成长教育书系——家长解惑必读丛书（家校合一教育项目）

小学家长解惑
XIAOXUE JIAZHANG JIEHUO

北京市教育委员会　组编

教育科学出版社
·北京·

策　　　划：宋玉珍　栗铂峰
丛书主编：张玫玫
本书主编：杨培禾　俞　劼
本书副主编：见培炎　杨红兵　张鲁静
编　　者：俞　劼　杨培禾　王懋蕾　宋　爽　王　萌
　　　　　王国光　孙恩渠　魏　欣　李舒平　黄国新

责任编辑：张新国
责任校对：曲凤玲
责任印制：曲凤玲

图书在版编目（CIP）数据

小学家长解惑/杨培禾，俞劼主编．—北京：教育科学
出版社，2010.11
（成长教育书系．家长解惑必读丛书）
ISBN 978 – 7 – 5041 – 5298 – 5

Ⅰ．①小…　Ⅱ．①杨…　②俞…　Ⅲ．①小学生 – 家庭
教育 – 问答　Ⅳ．①G78 – 44

中国版本图书馆 CIP 数据核字（2010）第 204164 号

出版发行　**教育科学出版社**

社　　址	北京·朝阳区安慧北里安园甲 9 号	市场部电话	010 – 68711845
邮　　编	100101	编辑部电话	010 – 64981275
传　　真	010 – 64891796	网　　址	http://www.esph.con.cn
经　　销	各地新华书店		
制　　作	北京美如林文化发展有限公司		
印　　刷	北京毅峰迅捷印刷有限公司	版　　次	2010 年 11 月第 1 版
开　　本	184 毫米×260 毫米　16 开	印　　次	2010 年 11 月第 1 次印刷
印　　张	16.75	印　　数	1 – 5000 册
字　　数	351 千	定　　价	34.00 元

前　言

　　人的一生都要经历家庭、学校、社会三方面的教育，在这三方面的教育中家庭教育对每个人的影响越来越受到社会的重视。望子成龙是许多做父母的愿望，从孕期开始，准爸爸、妈妈们就开始考虑如何饮食能让胎儿更健康，怎样的胎教能让未来的孩子更聪明。从孩子能吃辅食开始，很多家长不惜重金给孩子买他们认为有营养或孩子爱吃的各种东西，于是孩子瘦了家长着急，孩子胖了家长也着急。当孩子到了上幼儿园、小学时，很多家长又开始为孩子找好的幼儿园和小学。小学学习期间有些家长还为孩子选择各种补习班，希望孩子考取好中学。还有些妈妈，为了更好的呵护孩子，在孩子出生到上中学这段时间当了专职妈妈。为了孩子，家长们可谓煞费苦心，但如果家长们不了解孩子每个成长阶段身体发育和心理发育的需要、孩子身体发育和心理发展的内在规律，忽视对孩子进行科学的养育，有可能使"精心"养育孩子的效果适得其反，出现各种各样的问题，从而影响孩子健康成长。

　　如何成为好家长？目前很多家长们感到困惑。坦率地说，要成为好家长，不在于您是不是在教养孩子过程中花了多大精力和时间，也不在于您文化程度的高低，更不在于您家庭为孩子投入的多少。而在于您是否了解孩子在成长过程中身体发育的特点和营养需求，您是否知道伴随着孩子的身体生长的同时心理如何发展，您是否给孩子提供了有利于孩子健康成长的家庭环境。家长是孩子人生中第一位教师和营养师，家长的素质、家庭人际关系、家长教育方式对孩子的成长和性格的形成有着至关重要的作用，这会影响孩子未来处理社会和自己家庭事务的能力，影响孩子未来的家庭幸福乃至一生的幸福。

　　陶行知曾经说过："一个不懂小孩的心理，小孩的问题，小孩的困难，小孩的愿望，小孩的脾气，如何能教小孩？如何能知道小孩的力量？而让他们发挥小小的创造力？"为了能够帮助您成为合格的家长，本书安排了五篇内容，第一篇"认知孩子"，介绍了小学生的身体和心理发育特点，力求帮助家长科学的认识孩子身体和心理发育规律，为科学的养育孩子提供基本知识；第二篇"健康成长"，主要帮助家长解决孩子生长发育过程中遇到的问题和在孩子生活过程中要注意的营养、生活与学习卫生；第三篇"品格培养"，帮助家长掌握一些在日常的生活中营造出良好的家庭氛围的方法和注意的问题，为家长在家庭教育中对孩子各种品行培养提供一些有益的建议和指导，以及培养孩子形成良好人际关系的引导方法；社会经济的发展、家庭收入的提高、家长对独生子女的溺爱及对孩子物质上的满足使得孩子消费的态度出现了很多的问题，如何给孩子树立正确的消费观，帮助孩子正确消费，这部分内容中的消费行为引导，会帮家长提供行之有效的解决办法。第四篇"性健康教育"，小学生性健康教育是关于小学生的性生理、性心理和性潜力发展的教育，它不仅向小学生传授性生理知识、性心理知识和性卫生知识，而且还要进行适应于中国社会与文化的性价值观念和道德意识、法律规范的教育，在孩子认知水平范围内，使孩子获得有关性的科学知识和卫生知识，使孩子在身心健康发展的同时，遵照社会的道德规范做人做事。目前小学生性生理发育普遍提前，他们所接触的社会环境充斥着大量有关性的信息，童真的孩子会遇到各种各样的性问题，从而产生性困惑，这对孩子的性健康教育提出了严峻的挑战。对于孩子的性健康教育很多家长很茫然，也很无助，要么回避要么凑合，甚至有些家长还没有意识到孩子的性问题，可见孩子的性健康教育是家庭教育的难点和薄弱环节，孩子需要家庭性健康教育。这部分内容从孩子的性生理卫生、性心理、性的社会性和性审美等方面帮助家长了解小学阶段孩子遇到的性问题、性困惑及解决的方法和技巧。第五篇"学习指导"，对于小学生来说，好的学习习惯的养成会使孩子受益终生，这部分内容有助于家长培养孩子形成良好的学习习惯、寻找到好的学习方法，以及如何正确对待孩子学习中出现的问题以及对问题的解决办法。

我们希望通过本书，使您成为科学教养孩子的好家长，促进我们家庭教育从经验型教育走向科学型教育，为您培养孩子提供科学的普及知识，让孩子健康、快乐、幸福地成长。

编　者

2010 年 9 月于北京

目　录

第五篇　学习指导

附录：成长足迹

第 一 篇

认 识 孩 子

　　小学生不是成人的缩小版，在生长发育过程中，身体各部分结构、生理功能有其自身的特点和发育规律。通俗地说，就是小学生身体各部分发育次序不同、快慢不同、早晚不同。伴随小学生成长过程中的生理变化，小学生心理也在悄悄的发生变化，这些变化是不易被觉察的心理发育变化，这些心理变化又会逐渐影响他们社会适应的能力。作为孩子人生中的第一位老师——家长朋友，您"认识"您的孩子吗？

第一部分
小学生身体发育特点

一、小学生骨骼肌肉发育特点

案 例

　　小学一年级的天昊语文期末考试成绩在班里倒数第五名，妈妈看答卷后发现天昊的错字太多，妈妈一生气，罚天昊一个错字写十遍。慑于妈妈的威吓，天昊只好照办，九个错字天昊总算写完，恭恭敬敬地给妈妈看，可妈妈一看又发火了，怎么字越写越歪歪扭扭，妈妈说天昊是"糊弄事"、"不认真写"，面对妈妈的批评，天昊委屈地哭了，边哭边说："我很认真写了，手都写疼了"。

　　为什么天昊很认真地写，妈妈却还认为写得不好呢？

　　妈妈罚孩子写字错在哪里？天昊越写越歪歪扭扭是否正常？

　　人体的骨骼肌肉系统是由骨、骨与骨之间的连结（包括活动关节和直接连结）、骨骼肌三部分组成。全身的骨通过骨连结构成骨骼，有维持体形，支持体重和保护内脏等作用。

1. 小学生骨成分的特点

　　骨的成分主要由无机物和有机物构成，无机物主要是磷酸钙、碳酸钙等含钙的盐类和水，使骨具有硬度和脆性，有机物主要是骨胶原，使骨具有弹性和韧性。小学生骨的成分与成年人的不同，成年人骨中含有机物相对较少，含无机物相对较多，两者比例约为1:2。因此成年人的骨较硬，不易变形。小学生的骨中含有机物相对较多，含无机物相对绞少，两者的比例约为1:1。所以，小学生骨的弹性大而硬度小，容易变形。直到12岁时的小学生骨的成分才与成年人基本相同。

2. 小学生骨的生长特点

　　人体大多数的骨是通过软骨形成的，在骨生长过程中，软骨上的软骨细胞不断分裂增生，同时又不断地有钙盐在增生的软骨细胞内沉积，使增生的软骨组织骨化形成骨，小学生四肢的长骨就这样靠软骨层的细胞不断增殖和钙化逐渐增长，随着年龄的增长，软骨的增殖速度会逐渐减慢。一般来说，活动频繁、支撑负重较大的骨完成骨化（停止生长）的时间较早，女性比男性完成骨化时间早；人到 22～25 岁骨化完成，身高、坐高不再增长。孩子在小学阶段，如果下肢负担过重会促使骨化提前完成，身高会受到影响。

人手腕部骨头叫腕骨，有八块。腕骨是在关节处肌腱里长出的小骨头。新生儿无腕骨，在婴幼儿阶段，腕骨大约每岁出现一个骨化中心（还没有骨化的软骨），3 岁以后骨骼发育与人体发育一样，存在着性别差异，女孩 5～6 岁长出 7 块骨化中心，男孩约 6～8 岁左右出现 7 块骨化中心，最后一粒腕骨骨化中心女孩 11～12，男孩 13～14 岁才出现。（图 1）

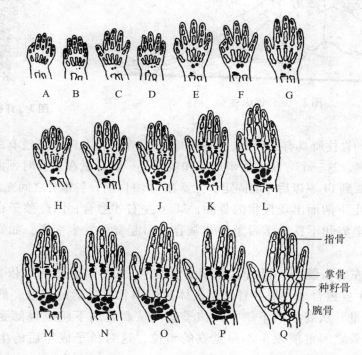

A. 新生儿；B. 3 月；C. 6 月；D. 1 岁；E. 1.5 岁；F. 2 岁；G. 3 岁；H. 4 岁；I. 5 岁；
J. 6 岁；K. 7 岁；L. 9 号；M. 10 岁；N. 12 岁；O. 13 岁；P. 14 岁；Q. 19 岁

图 1　儿童腕骨

人的足弓是由纵弓（内侧纵弓、外侧纵弓）和横弓组成。足韧带的强度、足底的肌肉、肌腱和筋膜的拉力维持着足弓。小孩能行走后，足弓开始逐渐形成。

总之，孩子的腕骨、掌骨和指（趾）骨在 18 岁前是没有完成骨化的，换句话说他们的手脚是没有发育完善的，家长要注意孩子不良的学习和生活习惯对手和足部的发育都有影响。（图 2）

胸骨由三块骨构成，小学生这三块骨还没有愈合，依靠软骨连接在一起，不太牢

固，长期呼吸道疾病会引起儿童胸骨变形，造成"鸡胸"。

　　成年人的脊柱由 26 块椎骨构成（颈椎 7 块、胸椎 12 块、腰椎 5 块、骶椎 1 块、尾椎 1 块），幼儿脊柱由 33 块椎骨构成，骶椎为 5 块，尾椎为 4 块还没愈合。人体的脊柱从侧面看有四个生理弯曲：颈曲、胸曲、腰曲、骶曲。（图3）

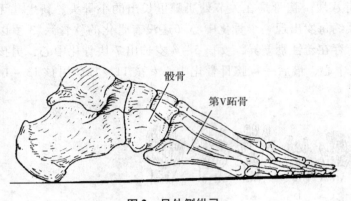

图2　足外侧纵弓

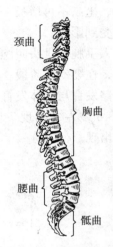

图3　脊柱侧面观

　　发育成熟的脊柱所具有的颈曲、胸曲和腰曲，在新生儿时期是没有的，随着他们运动能力的发展，这三个弯曲才逐步形成和巩固。一般儿童在 7 岁时颈曲和胸曲才能固定，而腰曲要到 14 岁以后才能固定。儿童在 14 岁以前，各椎骨之间充满软骨，大约 15 岁，椎骨体上下两面出现板状的骨骺，21 岁左右才愈合，因此孩子在儿童少年时期，不正确的坐姿和不良的学习条件非常容易引起脊柱发生变形，如脊柱侧弯、后突等。

　　骨盆包括左、右髋骨、骶骨和尾骨，小学生的髋骨还是三块依靠软骨连接，大约到 19～24 岁愈合成一块。骨盆是人体骨骼中骨化最迟的部位，低年级小学生之间喜欢比胆量，从高处向下跳，而孩子这样从高处向下跳或臀部受其他外力剧烈震荡，骨盆骨之间可能发生不易觉察的错位，这对孩子成年后的生殖功能会产生不良影响。

3. 小学生关节的特点

　　小学生关节的间隙比较大，关节软骨比较厚，而包裹关节周围的关节囊比较薄，关节囊周围的韧带伸展性大，因此，小学生关节的伸展性和活动范围都大于成年人，但小学生关节的牢固性差，有时在用力过猛或不慎摔倒等情况下可能会使关节头从关节窝中脱出来，这就是我们通常所说的脱臼，孩子一旦发生脱臼，不仅给孩子的学习和生活造成不便，还会使韧带变松，原脱臼部位容易再次发生脱臼。儿童年龄越小，家长越要注意预防脱臼发生。（图4）

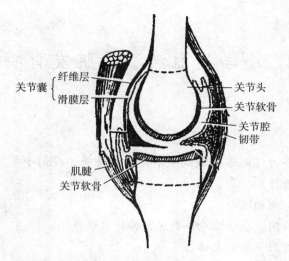

关节囊 { 纤维层
　　　　滑膜层

关节头
关节软骨
关节腔
韧带

肌腱
关节软骨

图4　关节的结构

4. 小学生骨骼肌的发育特点

骨骼肌就是附着在骨上面的肌肉，与成年人相比，小学生的骨骼肌内含水分较多，蛋白质和无机物较少，因此，小学生肌肉较柔嫩，富于弹性，肌纤维较细，这样就导致小学生肌肉力量比较弱。如8岁小学生平均握力约17.5千克、12岁达25.2千克、15岁为36.4千克。另外，小学生肌肉中能源物质（如肌糖原）储备比成年人少，肌肉中毛细血管数量也比成年人少，肌肉颜色浅，所以小学生肌肉的耐力差，肌肉容易疲劳。但是，由于小学生的新陈代谢作用旺盛，供氧充足，因此疲劳后恢复得很快，这就是我们常看到的小孩累得快，休息过来（缓过来）也快的原因。随着孩子年龄的增长，他们身体的肌肉中的水分逐渐减少，有机物和无机物的含量逐渐增多，肌肉的重量和肌肉力量也不断增加。

小学生肌肉的重量占体重的比例比成年人低，肌肉的重量占体重之比随着年龄的增长而增加。例如8岁小学生肌肉的重量占体重之比为27.2%，12岁的为29.4%，15岁的为32.6%，18岁的为44.2%，成人的为44～45%。可见，8～12岁时，肌肉增长速度开始加快。孩子在儿童少年时期，肌肉的生长速度总是落后于骨骼的生长，小学高年级学生开始进入青春期，这是身高增长高峰期，由于骨骼迅速生长，这时肌肉以增加长度为主，结果导致肌纤维细长、无力，此时家长无需急于给孩子增加力量型训练。

小学生身体各部分肌肉的发展是不平衡的，一般身体浅层的粗大肌肉发育得较早，如上臂、大腿、小腿和躯干表面的一些肌肉；而深层一些细小肌群发育得较迟，如手部肌肉。6岁孩子上臂和前臂的粗大肌肉已经能够运用自如，但是腕部的细小肌肉还不能做准确的动作，小学生8～12岁的时候，手部动作逐渐地准确、灵巧和多样化。小学生家长要注意加强孩子手工活动训练，促进孩子手部细小肌肉群的发育和神经对细小肌肉的支配，使孩子有一双灵巧的小手。

二、小学生血液、心脏发育特点

案例

看完奥运会田径比赛转播，芊芊突然问爸爸，我们小学生运动会为什么没有100米跑项目？

爸爸回答：你们还小。

芊芊不服地问：我还能跑一圈呢，为什么说我小。

在孩子的追问下爸爸无语。

芊芊的问题是很多小学高年级孩子不解的问题，我们知道小学生大肌群发育较好，能够灵活自如的跑跳，但儿童的运动能力不仅和肌肉发育有关，还和很多内脏的发育程度有关，如循环系统器官的发育水平就制约着儿童的运动能力。

心血管系统是由心脏和血管组成，心脏是心血管系统的动力器官，推动血液在心脏和血管形成的封闭管道中流动。

1. 小学生血液发育特点

小学生的血液量与体重的比例大于成年人。7岁的孩子血液量占体重12%，也就是说，如果孩子的体重为35千克，其体内血液量约为4.2千克，14岁血量约占体重的9%，15岁达到成年人水平，成年人的血液量占体重的占7%～8%，由此我们可以认识到，儿童在7岁以后成年以前血液量占体重的比例逐年下降。

血液由血浆和血细胞组成。小学生血浆里所含的水分较多，含纤维蛋白原少，纤维蛋白原是在发生外伤出血后起凝血止血作用的蛋白。因此，小学生一旦出血，凝血所需的时间比成年人长。血液中的红细胞在体内是执行运输氧气任务的，儿童7岁左右红细胞含量400～450万/立方毫米，血红蛋白含量为10.5～11.5克/分升。以后又逐渐升高，到15岁左右接近成年人。由于雄性激素对红细胞生成及血红蛋白的合成有促进作用，因此，在儿童进入青春期后，男孩体内雄性激素明显增多，男女孩的红细胞数量及血红蛋白含量开始出现性别差异。血液中的白细胞有几种，其中嗜中性粒细胞是人体发生炎症时，可以吞噬细菌起重要免疫作用的细胞。孩子年龄越小血液中嗜中性粒细胞含量越少（表1－1），所以，儿童年龄越小免疫功能越弱，抗传染病能力越弱。孩子到了小学阶段虽然比幼儿园阶段抗病能力强了，但他们的生活圈子大了，接触人群范围广了，要注意预防各种传染病，特别是注意预防呼吸道传染病。

表1－1　不同年龄人体血液中的嗜中性粒细胞含量

年　龄	嗜中性白细胞（％）
新生儿	26
2～3 岁	36.5
5～6 岁	43.5
8～9 岁	49.5
成　人	62～72

2. 小学生心脏发育特点

孩子的心脏发育有两个快速增长阶段，一个是在两岁以前；另一个是在青春期。与成年人相比，小学生心肌纤维短而细，心脏的重量和容积比成年人小。从心脏的容积看，小学生 7 岁时约为 100～120 毫升，青春期开始后心脏再次迅速增长，到 18 岁时心脏的容积增至 240～250 毫升，并且接近成年人水平。由于儿童期心脏发育尚未完善，心肌收缩能力弱，心脏泵血力量小，因此，儿童心脏每搏动一次输出血液的量和每分钟输出血液的量都比成年人少。如，7 岁孩子心脏每搏动一次输出量为 23 毫升，12 岁约为 41 毫升，成年人为 60 毫升。但儿童相对每千克体重的心脏血输出量大于成年人，并且年龄越小相对值越大，这样就保证了儿童生长发育过程中对营养物质和氧气的充分运输。

3. 小学生心率发育特点

小学生正处在生长发育时期，新陈代谢旺盛，所以心率比成年人的快。他们依靠心脏收缩的次数，也就是说用加快心率的方式来满足旺盛的新陈代谢需要。孩子年龄越小，心率越快，同一年龄孩子心率有一定的差异，一般男孩心率比女孩稍慢一些，经常参加体育锻炼的孩子心脏功能强，心率比一般孩子略慢一些。小学生随着年龄增长，心肌纤维逐渐增粗，心脏收缩力加强，心脏每搏动一次输出量增加，心率逐渐减慢。7 岁小学生心律 92 次/分，12 岁心律 82 次/分。

4. 血压

小学生的年龄小，心脏每搏动一次输出血量少，动脉血管相对较宽，血液水分较多，血液在血管中流动的阻力比较小，因此，小学生血压比成人低。随着年龄的增大，儿童血压就逐渐上升，对照表1－2家长看看您的孩子血压在正常范围内吗？随着肥胖儿童增多，儿童高血压现象也在增多，家长一定要注意监测肥胖儿的血压。

表1-2 小学生安静时的血压均值

年龄（岁）	收缩压（kPa）		舒张压（kPa）	
	男	女	男	女
7	12.74 ± 1.42	12.66 ± 1.45	7.51 ± 1.65	7.54 ± 1.60
8	13.00 ± 1.48	12.92 ± 1.50	7.72 ± 1.57	7.74 ± 1.56
9	13.15 ± 1.51	13.11 ± 1.52	7.89 ± 1.61	7.89 ± 1.56
10	13.39 ± 1.55	13.44 ± 1.59	8.05 ± 1.64	8.09 ± 1.62
11	13.69 ± 1.61	13.80 ± 1.65	8.24 ± 1.68	8.34 ± 1.66
12	14.01 ± 1.70	14.13 ± 1.68	8.42 ± 1.69	8.56 ± 1.64

*100mmHg = 13.33kPa ≈ 13kPa

三、小学生呼吸道和肺发育特点

五年级体检中建伟发现很多同学的肺活量都比自己的大，学习一贯拔尖的建伟心里有些不舒服，回到家里问妈妈，为什么很多同学肺活量比我大，我怎样才能尽快赶上他们。建伟这个问题难住了妈妈。

呼吸系统由呼吸道和肺组成。呼吸道是气体进出肺的通道，由鼻、咽、喉、气管、支气管等组成。肺是容纳气体及进行气体交换的器官。

1. 小学生呼吸道发育特点

小学生的面部和颅骨发育不完全，他们的鼻腔比较窄小，鼻毛不发达，鼻黏膜非常柔嫩，鼻黏膜内有丰富的血管。因此，小学生的鼻黏膜容易受到感染，并且轻微的感染就会引起黏膜充血、流涕、黏膜肿胀，造成鼻阻塞、呼吸困难，影响儿童睡眠和食欲，严重的可以引起鼻炎。据统计，鼻炎是小学生的常见病。家长特别注意的是不要让孩子养成用手挖鼻腔的习惯，以免损伤鼻黏膜，从而造成鼻出血或鼻的防御功能下降。

人们一般都用鼻呼吸，这样可以使吸入的冷空气经过鼻腔的过滤、加温、湿润而减少吸入的冷空气对呼吸道和肺的不良刺激。但是，有些小学生习惯于张口呼吸，这样直接吸入的冷空气会刺激呼吸道和肺，同时吸入的气体中的尘埃、病菌等会直接进入到气管、支气管和肺，这样就容易引起呼吸系统疾病。由于小学生的喉腔狭窄，软骨柔软，轻微炎症就会引起声嘶和呼吸困难，因此，家长要注意纠正孩子用口呼吸的不良习惯。

男、女儿童从出生到青春期前，他们的声调差别不大。大约在12～14岁的时候，小学生的喉部迅速发育，声带的长短和宽窄出现性别差异。女孩声带的发育，从儿童时期的6~8毫米，可以增长到15~18毫米；而男孩声带则可以曾长到20~24毫米。声带发育的结果，使男性的声带增长、增宽，女孩的声带虽然也增长，但是比男孩的短而窄。因此，青春期以后，男孩的声音变得粗而低沉，而女孩的声音变得细而高亢。在声带发育的过程中，经常会发生"声变"，声音嘶哑，待喉部发育完成后，这种现象自然消失。在此时期，家长一定要注意提醒孩子保护喉部，预防感冒，不要大声唱歌、喊叫，避免喉部充血、感染。

小学生的气管和支气管的管腔比成年人的狭窄，软骨柔软，缺乏弹力组织，支撑作用不强；气管壁上的黏膜柔嫩，血管丰富，纤毛运动能力较差，呼吸时清除进入气管的灰尘细菌能力较弱，易感染病菌造成充血、水肿、分泌物增加。另外，同样的有毒气体的刺激对小学生呼吸道造成的损害往往比成年人大。因此家长一定注意孩子生活环境中的空气质量。

2. 小学生肺发育特点

小学生在6~7岁时，肺泡的组织结构与成年人的基本相似，但是肺泡的数量少，肺泡表面的弹力纤维发育较差。小学生在10岁以前，肺的生长主要是肺泡数目增加，进入青春期后，肺又进入一段快速生长发育期，肺的增大主要是肺泡的体积扩大。加强体育锻炼能促进肺的发育，提高肺功能。但家长要注意对于身高增长过快的儿童，要防止前后胸的剧烈冲撞，造成气胸。

小学生的胸廓比较狭窄，呼吸肌收缩能力比较弱，所以胸廓活动范围小，呼吸表浅，肺不能充分扩张进行换气，因此小学生肺容量和肺活量都比较小。7岁小学生的肺活量约1000~1400毫升，11岁能达到2000毫升左右。在12岁以前，男女小学生肺活量的差异不很大，在200毫升左右的范围。经常参加体育锻炼（特别是游泳训练）的儿童呼吸肌发育好，胸廓活动范围大，呼吸深度大，肺活量会明显高于不爱运动的儿童。

小学生的新陈代谢非常旺盛，需要氧气量相对较大，儿童身体每千克体重所需要的氧气比成年人多，6岁儿童每千克体重每分钟需氧量约为168毫升，14岁需要128毫升，成年人只需要96毫升。因此儿童的呼吸频率比较快，5岁儿童的呼吸频率约26次/分，10岁呼吸频率为17~22次/分，成年人15~18次/分左右。

四、小学生消化器官发育特点

欣欣贪玩总是不爱上厕所大便，每天晚上回家妈妈就要提醒她如厕，欣欣不解的对妈妈说：为什么每天都要大便，两天一次我也不会生病！

听了女儿的争辩，妈妈一时想不出好的解释说服欣欣。

我们都知道人体在整个生命活动中，必须不断地从外界摄入营养物质，作为生命活动的营养来源，以满足人体生长发育、组织修复、生殖等一系列生命活动的需要。消化系统的主要功能是对从外界摄入的食物进行一系列复杂的消化过程，变成简单可溶性营养物质，然后经小肠吸收入血液循环，从而营养全身。消化系统由消化道和消化腺构成，消化道包括口腔、咽、食道、胃、小肠、大肠；消化腺分大小两种，小消化腺位于消化管各段的管壁内，大消化腺位于消化管壁以外，有唾液腺、肝、胰等，消化腺分泌消化液通过管道输送至消化道内，使食物在消化道内被消化。

1. 小学生牙齿发育特点

牙齿是人体最坚硬的器官，从外形上看，牙齿分三部分：牙根、牙颈和牙冠。从结构上看牙由牙质、釉质、牙骨质和牙髓构成。釉质在牙冠表面，为高度钙化的组织，非常坚硬耐磨，但易被酸腐蚀，损坏后不能再生。（图5）

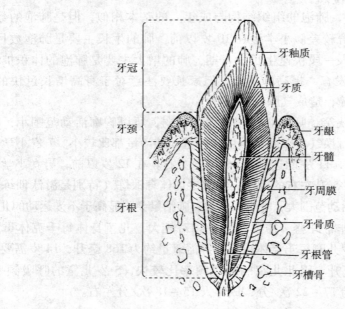

图5 牙的形态结构

人们根据牙齿的形态和功能将牙齿分为切牙、尖牙、前磨牙（双尖牙）和磨牙。

人的一生先后有两副牙齿，第一副牙齿叫乳牙，共20个，即上、下颌左、右各5颗。小孩大约5～7岁，乳牙开始逐渐脱落，长出恒牙（第二幅牙齿）。乳牙存在的时间不很长，但它是儿童的重要消化器官，食物消化的第一步就是由牙齿咀嚼完成的，如果咀嚼能力下降就会加重胃部消化的负担。另外，儿童通过牙齿的咀嚼，能够刺激面部颌骨的正常发育、引导恒牙的正常萌出。

恒牙共32颗，即上、下颌左、右各8颗，一般到25岁左右出齐（表1-3）。其中有 20 个替换乳牙，其余 12 颗牙则在原乳牙后方长出，有的人终生不长第三磨牙（智齿），这样有些人恒牙总数只有 28 个。在恒牙中最先萌出的是第一恒磨牙，6 岁时在乳牙后端萌出，故叫六龄齿，此牙沟隙多，容易发生龋齿。

在生活中会发现，看牙病历有些书写方式与其他病历不同，上面有记录牙情况的特殊方式，这就是所谓牙式，通过牙式的标记，可以了解每一颗牙的状态。牙式"＋"的竖线代表面对面的被检查者牙弓的正中线，由此将口腔内牙齿分为对称的左右两侧，横线上方为上颌牙（上牙），下方为下颌牙（下牙）。在儿童的病历中可能会见到罗马数字和阿拉伯数字同时存在，这是因为罗马数字表示乳牙，阿拉伯数字表示恒牙。乳牙和恒牙的牙式排列如下：

乳牙牙式（左上颌）：

Ⅰ	Ⅱ	Ⅲ	Ⅳ	Ⅴ
中切牙	侧切牙	尖牙	第一磨牙	第二磨牙

恒牙牙式（左上颌）：

1	2	3	4	5	6	7	8
中切牙	侧切牙	尖牙	第一前磨牙	第二前磨牙	第一磨牙	第二磨牙	第三磨牙

这样，医生在孩子的病历中记录左下第二磨牙（乳牙）被治疗，我们看到牙式为：

2. 小学生消化道发育特点

儿童的食道比成人短、窄，食道壁较薄，黏膜细嫩，易损伤，如吃过热的食物易烫伤食道壁，鱼刺、碎骨片等能够刺伤食道黏膜，引起炎症；由于食道窄，黏膜分泌黏液少，因此，家长要注意提醒孩子在吃饭时不宜吞咽过大的食团，以防止意外发生。

小学生胃的容积较小，胃黏膜柔嫩，胃壁中的肌肉、神经等组织发育还不完善，胃蠕动能力较弱，加之儿童胃腺分泌的有利于蛋白质消化的胃酸较少，同时胃液中消化蛋白质的胃蛋白酶含量较低，酶的活性（消化能力）也差，所以儿童胃消化蛋白的能力比成年人弱。随着儿童年龄的增长，儿童胃的容积逐渐加大，消化液中盐酸和酶含量增多，酶的活性增强，胃消化能力相应增强。

表1-3 恒牙萌出时间

恒 牙	萌出时间（岁）	
	上 颌	下 颌
中切牙	7~8	6~7
侧切牙	8~9	7~8
尖牙	11~12	9~10
第一前磨牙	10~11	10~12
第二前磨牙	10~12	11~12
第一磨牙	6~7	6~7
第二磨牙	12~13	12~13
第三磨牙	17~21	17~21

　　小学生小肠液分泌能力随年龄的增长而加强，肠内各种消化酶的活性也逐渐增强，消化营养物质的能力随之增强。儿童消化蛋白能力弱，但儿童每千克体重对蛋白的需求量是大于成年人的，因此，家长在选择食物时，要选择好消化易吸收的高蛋白食品，如：鱼肉、鸡蛋等。小学生的年龄越小，肠道与身高相对的长度越长，加之小学生肠壁肌肉组织发育不完善，肌层薄，肠道的蠕动能力比成年人弱，虽然小学生的消化能力较弱，但他们小肠黏膜发育较好，吸收能力相对较强。因此孩子年龄越小，如不建立定时大便的习惯，就容易使食物残渣在大肠内停留过久，这样残渣内的水分会被过度吸收，造成粪便干燥，形成便秘。粪便里含一些有害的物质，因此，便秘对孩子的身体健康不利。

3. 小学生肝脏发育特点

　　小学生肝细胞分化不完善，抗感染能力和解毒能力差，家长要防止孩子食物中毒等现象发生。肝脏中有一种糖原物质，叫肝糖原。肝糖原在饥饿情况下可以分解成葡萄糖进入血液形成血糖，儿童肝脏对肝糖元的贮备能力弱，因此，小学生耐饥饿能力差，饥饿时易发生低血糖。家长要注意给孩子食物中碳水化合物（米饭、面食）的比例大些，保障孩子体内糖的供应，定时进餐，及时补充能量对小学生来说非常重要。

五、小学生泌尿器官发育特点

案例

　　小雪最近不知为什么，总是一趟一趟的上厕所，可每次并没有排多少尿，妈妈问她为什么总去厕所，她说一感觉到要上厕所，就憋不住。

小雪这种情况经常会在女孩身上发生，这是什么原因引起的呢？

尿系统包括肾、输尿管、膀胱和尿道。肾是产生尿液的器官。尿液经输尿管流入膀胱，暂时储存，当尿液达到一定数量后，再经尿道排出体外。人体在新陈代谢过程中所产生的废物如尿酸、尿素、机体摄入多余的水分和无机盐、进入机体的有毒物质等，绝大部分以尿的形式排出体外。因此，泌尿系统是人体排泄废物的主要途径。

1. 小学生肾的发育特点

肾脏是产生尿液的器官。小学生肾的结构和功能发育不完善，对水分的重吸收能力弱，产尿多。在小学生中急性肾小球肾炎比较常见，其发病原因较复杂。在机体感染了溶血性链球菌之后，如发生扁桃体感染、猩红热、黄水疮等疾病，2～3周之后，可能发生变态反应，引起急性肾小球肾炎。因此，小学生发生上呼吸道感染、猩红热等疾病时，一定要及时治疗，防止肾炎发生。

2. 小学生膀胱发育特点

膀胱是贮存尿液的器官。儿童的膀胱在腹腔内的位置比成年人的高，随着年龄的增长，膀胱逐渐下降到腹腔下部的盆腔内，儿童的膀胱容量随年龄增长也逐渐增大。例如儿童在7～8岁时每次尿量大约是150毫升，15岁接近成年人的水平（成年人正常的容量为350～500毫升）。需要特别提醒的是，有些小学生由于上学过于紧张或白天过于疲劳，夜间会发生尿床现象。长期夜间尿床叫遗尿症。有遗尿症的儿童，白天要防止过于劳累、防止精神紧张，生活要有规律，夜间大人提醒按时起床排尿，时间长了形成条件反射，遗尿现象自然就会消失。家长对有遗尿症的儿童一定不要打骂，要知道任何心理压力都会加重遗尿症。

3. 小学生尿道特点

尿道口有环形的肌肉叫尿道括约肌，尿道括约肌控制膀胱中尿的排出。儿童尿道括约肌发育不完善，收缩能力差，是儿童憋尿能力差的因素之一。儿童的尿道较短。新生男孩的尿道大约长5～6厘米，到了青春期时才显著的增长，13～14岁时尿道约长12～13厘米（男性成年人尿道大约长16～22厘米）。女孩的尿道更短，到15～16岁时为3～5厘米，才达到成年人水平。由于女性的尿道短而直，附近还有肛门和阴道口，这样女孩尿道比较容易受感染而发生尿道炎症，轻度尿道炎会发生尿急、尿频，严重的甚至会引起膀胱炎、肾盂肾炎等。因此，此时期的女孩应该特别注意保持尿道外口的清洁卫生，要让其从小养成清洗外阴部的卫生习惯，男孩也要注意擦洗外阴的方法，避免发生上行性泌尿路感染。

六、小学生脑与神经的发育特点

　　晚饭爸爸让小强帮妈妈端粥，还特意提醒小强别把粥洒了，可是小强在将粥放到桌上时还是洒了一些。面对洒在桌上的粥，小强不知怎样向爸爸解释。

　　是小强不注意？还是小强故意捣乱？其实小强他想把事情做好，可不知为什么手在变化姿势时一抖就把粥洒了。对于 7 岁的小强来说，这是正常现象还是……

　　神经系统由位于颅腔里的脑和椎管里的脊髓以及遍布全身的周围神经组成。神经系统是机体内起主导作用的调节机构，全身各器官系统在神经系统的统一控制和调节下，相互影响，相互协调，保证人体生理活动的协调统一，从而保持与外界环境的相对平衡。

1. 小学生脑重量

　　儿童到 6 岁时，大脑的重量大约是 1200 克左右，儿童在 7～8 岁期间，大脑继续发育，大脑的重量增加到 1300 克左右，已经接近成年人的脑重（成人的脑重量约 1500）。

2. 儿童脑结构和功能特点

　　儿童 5 岁时神经纤维的分枝增多、加长，各个神经细胞之间的联系也更加广泛。这时大脑半球的多数神经纤维已经包上了髓质鞘（如同电线铜丝包上塑料皮），儿童身体在接受外界的各种刺激以后，产生兴奋，并可以将兴奋迅速、准确地沿着神经通路传导到大脑皮层的各个中枢。儿童到 6 岁时，大脑皮层各中枢发育接近成年人的水平，这时儿童对外来刺激的反应比较灵敏和准确，运动比较有规律，有意识的学习思维活动比较活跃，大脑皮层的各个区域之间频繁出现各种复杂的暂时联系，能形成比较稳定和巩固的条件反射。因此，这个时期是儿童智力发展的重要阶段。儿童在 7～8 岁期间，神经细胞的体积加大，细胞分化基本完成，细胞之间的联系更加密集，出现了许多新的神经通路，大脑皮层的抑制能力和分析综合能力加强，这个时期的儿童已经能够对语言文字形成条件反射，但是这种能力还不完善，表现在学习上，儿童对直观的、形象的事物容易接受，模仿的能力较强，而进行抽象、概括思维的能力还较弱。有研究表明，儿童期脑细胞之间联系的结构密度远高于成年人，青春期后这种结构联系开始减少，因此，儿童期是大脑广泛存储信息，发展智力的重要时期。9～16 岁的儿童少年，大脑的重量没有大的变化，但是大脑皮层的内部结构和功能进一步复杂化，神经联络纤维的数量增多，大脑皮层细胞的结构和功能都在迅速地发展，为他们进行联想、推理、概括、归纳等思维活动奠定了物质基础，从而使脑高级神经系统功能进一步发展，联想、推理、概括、归纳等思维活动能力逐渐提高。（表1-4）

表1-4 儿童脑结构和功能特点

年龄（岁）	结构发育特点	功能发育特点
5	大脑的重量约1200克左右，神经纤维的分枝增多、加长，多数神经纤维已经包上了髓质鞘	能将兴奋迅速、准确地沿着神经通路传导到大脑皮层的各个中枢
6	大脑的重量约1300克左右，脑神经细胞体积增大，神经分支继续增多	对外来刺激的反应比较灵敏和准确，运动比较有规律，有意识的学习思维活动比较活跃，能形成比较稳定和巩固的条件反射
7～8	神经分支继续增多，出现许多新的神经通路	大脑皮层的抑制能力和分析综合能力加强，儿童对直观的、形象的事物容易接受，模仿的能力较强，而进行抽象、概括、思维的能力还较弱
9～16	大脑重量变化不大，大脑皮层的内部结构和功能进一步复杂化，神经联络纤维的数量增多	脑高级神经系统功能进一步发展，联想、推理、概括、归纳等思维活动能力逐渐提高

3. 小学生神经系统对肌肉运动的调节特点

小学生神经系统正处于发育阶段，对肌肉的调节与支配能力还不完善。小学生动作的协调性、对身体的控制能力、平衡能力和对肌肉运动的感觉能力明显比成年人差，如8岁以前的儿童动作准确性明显低于成年人。另外，小学生高级神经系统分化仍不完善，神经系统对肌肉细小肌群的支配能力弱，做复杂精细动作有一些困难。家长对于处于小学阶段的孩子，要注意在游戏（如折纸、组装汽车）和文体等学习活动中（如弹钢琴、拉提琴、电脑键盘指法）训练孩子的反应、协调和手部精细运动，促进神经系统发育，加强脑对肢体的控制能力。

4. 小学生的睡眠

睡眠是一种保护性抑制，可以使神经细胞免于功能衰竭，通过睡眠脑细胞功能损耗得到恢复，睡眠是脑细胞长时间工作后的必要休息。儿童时期脑发育还不成熟，容易疲劳，因此需要足够的睡眠时间。儿童越小需要睡眠时间越长，小学生一天的睡眠时间一般以10小时为宜。人的睡眠有两个时项，即慢波睡眠和快波睡眠，所谓快波、慢波是通过仪器测出的脑电波图，人在睡眠过程中，慢波睡眠和快波睡眠两者交替进行，慢波睡眠时，儿童少年垂体生长素分泌显著增加，有利身高增长，儿童慢波睡眠约占睡眠时间的1/2。实验证明，做梦是在快波睡眠时发生。快波睡眠时，脑内蛋白合成加快，有些蛋白与记忆有关，被称为记忆蛋白。睡眠有利于儿童神经系统的发育成熟和建立新的神经细胞联系，有助于儿童身高生长和增强记忆力，家长一定要注意不要为孩子多学知识牺牲孩子的睡眠时间，这样会事倍功半。

有时小学生在睡眠时会猛然坐起，两眼发直、呼吸急促、大声喊叫或手脚乱动，甚至哭闹，几分钟后又会平静入睡，这种现象是夜惊。有些小学生夜间睡眠时会突然起床，在房间里走一圈、做一些奇怪动作或到窗前向外看看，然后回到床上安然睡觉，这种现象叫梦游。在梦游时，很难将其叫醒。夜惊和梦游属于儿童睡眠障碍，其原因主要是小学生神经系统发育不完善，白天过度疲劳、紧张、兴奋或受惊吓，以至皮层细胞兴奋抑制过程控制不好，造成暂时的睡眠障碍，一般不需治疗。但如果这种现象经常发生，家长就需要带孩子去看医生，找出其中原因，及时得到治疗。

七、儿童大脑皮层的活动特性

案例 1　壮壮由于前一天晚上房间里进了蚊子，没有睡好觉，晚上八点多就困得哈欠不断，壮壮要睡觉，可爸爸说没做完作业不能睡，无奈的壮壮只好坚持写作业，可他越写越慢，越写错越多。

遇到这种情况，坚持让孩子写作业是对孩子良好品质的培养，可孩子的生理要求也要顺应，家长朋友你怎么处理？

案例 2　亮亮是个聪明的孩子，记忆好，背书可快了。可是让妈妈头疼的是亮亮生活中丢三落四，上学忘带文具、作业本，洗脸后忘了刷牙。

我们知道亮亮这种情况是没有养成好习惯，可是怎样才能帮助亮亮养成好习惯呢？

大脑皮层分布着很多高级神经中枢，完成着人的各种高级神经活动，如学习活动。大脑的高级神经活动有其活动特性，如优势兴奋、镶嵌式活动、动力定型、始动调节及保护性抑制等。家长在管理孩子学习的过程中，只有了解儿童大脑皮层的活动特性，按照儿童的生理特点帮助孩子提出科学的学习要求，才能更有效地提高孩子的学习效率和学习兴趣。

1. 优势兴奋

我们的生活环境随时都有大量的刺激因素作用于我们的身体，如温度、声音、光等各种刺激因素。但我们能够从作用于机体的大量刺激中只会选出最强的或最重要的、符合自己的兴趣、愿望或与达到某种目的有关的少数刺激，由这些刺激引起兴奋的大脑皮层区域，叫做优势兴奋灶。在大脑皮层兴奋与抑制的相互作用中，如果大脑皮层的某一区域的兴奋占有优势，就形成"优势兴奋灶"这个兴奋灶的兴奋就称为"优势兴奋"。"优势兴奋"可以将脑的其他区域的兴奋吸引过来，并对脑其他区域有抑制作用。通过对其他区域抑制作用，来进一步加强"优势兴奋灶"的兴奋度，"优势兴奋灶"的兴奋度越强，对其他中枢的抑制作用越强，此种状态下孩子的注意力越集中，对其他事物就可做到"视而不见"、"听而不闻"，这时的学习效率最高。"兴奋灶"的形成与兴趣有关，儿童对某一事物的兴趣高，其"优势兴奋灶"保持的时间长，注意力就比较集中。

儿童的大脑易疲劳，表现为"优势兴奋灶"容易消失。当"优势兴奋灶"的兴奋扩散时，孩子的注意力开始分散，表现为东瞧西望，小动作增多，"优势兴奋灶"失去优势，转为抑制。儿童越小，大脑的发育越不成熟，兴奋越容易扩散，注意不容易持久。许多学者从不同的角度对儿童持续注意研究发现，小学生的注意持续能力随着年龄而增长，6~7岁儿童注意持续时间是15分钟左右，8~10岁孩子的注意持续时间是15~20分钟，10~12岁约有25分钟，12岁以上孩子的注意持续时间可以达到30分钟以上，值得强调的是儿童注意持续能力受生理、心理多种因素影响，存在一定的个体差异。因此，如果家长对孩子学习管理方法得当，就可以使孩子在学习或写作业时注意力集中，并保持较长时间。

2. 镶嵌式活动

人的整个大脑皮层约有150亿个神经元，在进行某一项活动时，只有相应部分的大脑皮层功能区兴奋（处于工作状态），与此无关的区域则处于休息状态，而且在工作区中也有些神经元处于兴奋过程；另一些处于抑制过程。因而大脑皮层经常呈现兴奋区与抑制区、工作区与休息区互相镶嵌的活动方式，同时随着活动性质的改变，由于脑的功能定位不同，兴奋区和抑制区、工作区和休息区便不断转换，新的镶嵌式不断形成。这不仅可使皮质上各个区域轮流休息，而且，由于新的兴奋区对其周围的抑制作用，可使原先工作的部位加深抑制，从而得到积极休息，脑能恢复得更快。

孩子年龄越小，神经系统的发育越不成熟，兴奋越容易扩散，表现为注意力不易集中，随意注意不能持久。因此，孩子从事同一性质的活动时间要更短，各种活动的轮换要更加频繁。家长在安排孩子的学习活动时要注意内容丰富，如听、看、说、写等，各种作业轮流做，可使大脑皮层各功能区轮换兴奋与休息，从而提高孩子学习效果。家长朋友一定要知道孩子大脑的休息并不完全依赖睡眠，如果家长善于利用大脑镶嵌式工作原理，注意让孩子脑力与体力活动交替进行，可以在一天中使孩子大脑皮质保持较长时间的工作能力，这是减少学习疲劳、提高学习效率的有效措施之一。

3. 动力定型

将条件刺激按固定不变的顺序重复多次后，大脑皮层上的兴奋和抑制过程在空间和时间上的关系就固定下来，由此建立的条件反射越来越稳定准确，即形成动力定型。儿童一切技能训练和习惯培养都是通过建立条件反射建立的动力定型。儿童建立"动力定型"以后，神经通路变得更通畅，因而条件反射的出现越来越恒定和精确，而且时间本身和前面的一种活动，都成为条件刺激，大脑能以最小的能量消耗，收到最大的工作效果。如：孩子每天早晨起床洗漱、早饭后按时到校、课间上厕所、做好课前准备、回家后按时完成作业、饭前洗手、按时洗漱睡觉等，在老师和家长的多次督促下，这些活动按顺序和时间在大脑皮层上固定下来，有了规律，每到一定时间，大脑就知道该干什么了，干起来很自然。孩子的技能和习惯的训练与培养，就是动力定型的形成过程。

孩子的年龄越小，机体的可塑性越大，越容易建立动力定型。因此，家长要注意使孩子从小养成有规律的作息、正确的动作技巧和学习方法、良好的卫生习惯。家长不要轻易改变孩子的作息制度，以免因重新建立动力定型，造成大脑神经细胞的巨大工作负荷，这样的负荷对弱型和惰性型儿童会更加感到困难，有时甚至可导致高级神经活动的病理性反应。

4. 始动调节

大脑皮层神经细胞的活动能力（兴奋性）是逐渐加强的，要有一个克服本身的惰性过程。大脑在工作开始时，工作能力较低，然后逐渐提高。这是因为神经细胞本身的功能起动及神经系统对其他器官、系统的功能调节需要一定时间；同时在大脑工作开始后的一段时间内，因工作而增加了的功能损耗会引起恢复过程加强，所以，大脑相应的工作能力会逐渐上升，这种现象叫始动调节，家长在学日、学周、学期开始时都会发现孩子有一个进入学习状态的过程。所以，家长在安排孩子学习内容和帮助孩子调整学习状态时，要注意大脑皮层这一特性，在一天中，使孩子学习内容难度逐渐加强，在学期开始时，不要要求孩子一下就进入紧张的学习状态，否则那些要求将是违背孩子大脑生理功能特点的。

5. 保护性抑制

大脑任何活动都伴随着大脑皮质功能物质的损耗。大脑活动开始时，损耗过程就随之开始，当然大脑活动引起恢复的过程也有所加强，但大脑长时间工作下去，损耗便超越恢复，当发展到神经细胞的损耗超过其功能限度时，大脑皮层的活动即进入抑制状态，在这样的抑制过程中，神经细胞的功能活性暂时降低，大脑皮质暂时处于休息状态以防止进一步的功能损耗，同时大脑加强恢复过程，使功能迅速恢复，因此大脑的抑制状态是一种生理性保护功能，保护大脑皮质免于陷入功能衰竭状态，所以人们把这种抑制又称为保护性抑制。疲劳和正常睡眠都是大脑的保护性抑制。因此在孩子大脑出现疲劳时，一定要停止用脑，让大脑能及时得到恢复。

八、小学生眼、耳发育特点

小雨还没到上学年龄，可他很爱看书，每次看书时总是把书放在与眼睛很近的距离，妈妈经常提醒，可小雨总改不过来。是不是小雨发生近视了？这么小的孩子会发生近视吗？

（一）眼

1. 眼的结构和功能

眼的主要组成部分是眼球，眼球由眼球壁和内容物构成。眼球壁由外膜（包括角膜和巩膜）、中膜（包括脉络膜、睫状体和虹膜）和内膜（即视网膜）三层膜组成。眼球内容物包括房水、玻璃体和晶状体，三者都是透明的，有折光作用（图6）。角膜和晶状体主要起折光的作用，虹膜上的瞳孔能够通过扩大和缩小控制进入眼内的光量，视网膜上的感光细胞能够接受光的刺激，产生兴奋，通过视神经传入视中枢，产生视觉。在视觉形成过程中，睫状体对晶状体起着重要的调节作用。

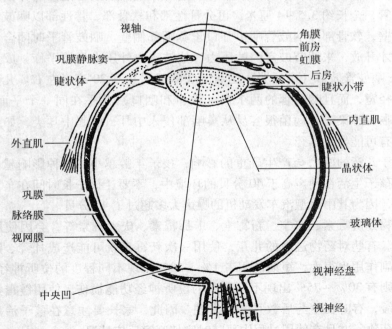

图6　眼球结构

2. 小学生眼球的特点

幼儿眼球的前后轴短，眼球呈扁圆形，物像呈在视网膜后，即幼儿的眼有生理性远视的特点。儿童的眼球轴长度随年龄的增加而增长，眼轴的增长主要由玻璃体腔长度的增大而引起的。新生儿眼球前后轴约 15 毫米，垂直轴约 17 毫米。1～3 岁的儿童眼球生长速度很快，眼球轴长度共增长 5～8 毫米，3 岁时眼球轴长度为 23 毫米。3 岁后眼球发育缓慢下来，3～14 岁十年间眼球轴长仅增长 1 毫米。14 岁以后，眼球发育达到成年人水平。

儿童的晶状体弹性比成年人大，调节范围比较广，即使把物体移到距眼球只有 5～6 厘米的地方，他们也能看得清楚。晶状体的调节能力随孩子年龄的增长而逐渐减弱，8 岁左右的孩子能看清眼前最近的距离平均为 6.45 厘米，14 岁能看清眼前最近的距离平均为 7.13 厘米。由于儿童近点距离（离眼最近并且能看清的距离）短，刚入学的小学生读书写字时，往往书本离眼很近。但这样时间久了，会使眼内调节装置长时间处于紧张的调节状态，使晶状体凸度长时间增大，屈光能力过强，导致看远物时也不能放松，这种近视屈光状态叫做假性近视。在这个阶段，结合治疗，注意用眼卫生，坚持做眼保健操，可以使视力恢复正常。如果仍不重视保护视力，就会造成晶体曲度过大，眼球前后径（轴长）过长，形成近视眼。

（二）耳

耳是人体的位听器官，由外耳、中耳和内耳构成。咽鼓管是沟通鼻咽部和中耳鼓室的一个扁管，全长约 3.5～4 厘米，可分骨性部和软骨部。骨性部以咽鼓管鼓口起始于鼓室的前壁，软骨部经咽鼓管咽口开口于鼻咽部侧壁。咽鼓管平时闭合，仅在吞咽或打哈欠时才开放，来调节鼓室内的压力，使鼓室内外压力保持平衡。成人咽鼓管全长 35 毫米，咽鼓管鼓口（中耳端）比咽口（咽部端）高 20 毫米左右。儿童的咽鼓管比较短，管径宽，而且咽鼓管的两个口（鼓口和咽口）几乎在同一个平面上，因此，当鼻、咽、喉部感染时，病菌很容易从鼻咽部侵入中耳，引起中耳炎，如果这时不及时治疗，就有可能导致耳聋。

噪声对于儿童的听力会产生严重的影响，孩子年龄越小，这种影响越大，家长要注意不要让孩子生活在噪声高于 40 分贝的环境中，不要让孩子长时间在车流量很大的马路边行走，因为其中大型汽车发动机的噪声大多超过了 40 分贝。

某些药物如链霉素、奎宁、新霉素、卡那霉素、庆大霉素等，会因使用不当而造成儿童耳聋。有些对药物过敏的儿童，使用一次新霉素就可能造成耳聋。链霉素对位听神经的毒副作用也很大，短期使用者 1%～10% 出现不同程度的位听神经功能损伤，长期使用者则有 30%～75% 出现不同程度的位听神经功能损伤。使用链霉素引起的耳聋出现较迟缓，有时在停药后数月才会发现。因此，家长要注意在孩子治病时应该慎用以上这些药物，并且在使用过程中要随时密切观察反应情况。

九、小学生内分泌特点

很多家长都给孩子吃海带补碘元素，可小丽就是不爱吃海带类的海菜，妈妈说吃海带可以预防"大脖子"病，小丽根本就没见过谁得"大脖子"病，压根不信妈妈的说法。

的确，现在"大脖子"病基本消失，孩子补碘仅仅是为了预防"大脖子"病吗？

内分泌系统是人体重要的调节系统，内分泌系统是由散布在人体内的一些特殊腺体组成，这些腺体的共同特点是没有导管，腺体细胞分泌的化学物质叫激素，激素由腺体细胞分泌后可直接进入组织液、淋巴或血管，并通过血液循环到达全身，作用于相应的器官。内分泌系统在儿童的生长发育等方面起着重要的作用。

1. 垂体在儿童生长发育中的作用

垂体在儿童出生时已发育比较好了，垂体分泌生长素和多种促激素等激素。人从出生到青春期，垂体分泌的生长素是促进生长最重要的激素，小学生在第二个生长高峰期（青春期）他们的垂体分泌机能十分活跃。孩子的生长素在睡眠状态下分泌得较多，特别是孩子在进入慢波睡眠后生长素分泌显著升高，孩子在觉醒状态下生长素分泌较少。小学生在生长发育过程中垂体分泌生长素无论是过多还是过少，都会对于其正常生长发育产生严重的影响。幼年至儿童时期，如果生长激素分泌不足，将会发生生长障碍，表现为生长迟缓、身材矮小，甚至患侏儒症；如果生长激素分泌过多，则会使生长速度过快，导致患巨人症。需要强调的是，生长素绝不是促进机体生长的唯一激素，而是重要的一种。例如，胰岛素能通过促进蛋白质的合成来促进生长，在这一点上，胰岛素与生长素是互为补充的。又如，甲状腺激素也促进蛋白合成，也是生长所需要。此外，甲状旁腺素也是生长所必需的，总之，生长是一个复杂的物质代谢的结果。

促激素的作用主要是调节相应腺体内激素的合成和分泌，维持相应腺体的正常生长发育。小学低年级学生在青春期前由于下丘脑对垂体活动的控制，垂体分泌的促性腺激素的分泌还处在抑制状态，小学高年级学生进入青春期后，这种抑制状态发生了变化，促使性腺快速发育。进入青春期小学生促甲状腺素分泌增加，加速碘泵的活动，促使甲状腺摄取更多的碘，合成甲状腺素量增加。甲状腺素促进组织的分化和成熟，尤其对小学生神经和性腺影响更大，是生长、发育和成熟的一个重要影响因素。

2. 甲状腺在儿童生长发育过程中的作用

甲状腺是成人体内最大的内分泌腺，位于颈前部，呈"H"形，重约20～30克。人在刚出生时甲状腺已形成，以后逐渐生长，作用也逐渐增强。14～15岁进入青春期的学生甲状腺发育最快，重量可以达到20克左右，功能也达到最高峰。甲状腺分泌甲状腺素，主要生理作用是：促进新陈代谢及氧耗量增加，在休息及禁食状态下，机体总热量的产生约有一半是甲状腺素的作用；甲状腺素能促进儿童体内蛋白质的合成；促进中枢神经系统的发育，提高神经系统的兴奋性；促进钙、磷在骨质中的合成代谢，对骨的生长、软骨的骨化、牙齿的生长，身体比例等方面产生广泛的作用。若没有甲状腺激素，垂体的生长素也不能发挥作用。而且，甲状腺激素缺乏时，垂体生成和分泌生长素也减少。所以先天性或幼年时缺乏甲状腺激素，可引起呆小病。呆小病患者的骨生长停滞而身材矮小，上、下半身的长度比例失常，上半身所占比例超过正常人。甲状腺素分泌过少，会使神经细胞以及胶质细胞生长发生障碍，使脑发育不全造成儿童智力低下，性器官也不能发育成熟。患者必须在出生后3个月左右及时补充甲状腺激素，迟于此时期，则治疗往往无效。如果在儿童时期甲状腺功能不足，也会引起发育延迟，但是不像呆小症那么严重，它的临床表现介于呆小症和成年人甲状腺功能不足的症状之间。

碘是合成甲状腺激素的主要原料，成年人一般每天需求量约是100微克。甲状腺和性腺的发育有密切的关系，正常情况下能够相互促进。甲状腺的功能对男女性腺功能都有影响，尤其是对于女性卵巢分泌雌激素的功能影响较大，甲状腺机能衰退和甲状腺机能亢进都会影响雌性激素正常形成，从而影响性腺的功能或发育。小学高年级学生在进入青春期时，性腺迅速发育，这时甲状腺激素分泌增多，对碘的需求量也增多，每天碘的需求量达到160～180微克，如果这时的碘供应量不足，就会引起甲状腺代偿性肿大。因此，处在青春期的女孩，她们更容易因为碘缺乏而发生甲状腺代偿性增生。这些女孩的脖子变粗，局部有弥漫性肿块，质软而且表面光滑，但是没有其他症状。小学高年级阶段的儿童，特别是女孩一定要注意多吃海带、紫菜等含碘的食物或碘盐，预防青春期甲状腺肿大。

十、小学生生殖系统特点

案例

可可是个单纯的孩子，发生什么事情都向妈妈"汇报"，一天晚上洗澡，可可冲出浴室大声说：妈妈，我的小鸡鸡长毛了！孩子的幼稚使妈妈哭笑不得。

是啊，该给孩子讲发育的知识了！

生殖系统分男性和女性生殖系统，男女生殖系统各组成器官。虽然结构和功能不同，但都可分为主性器官和附性器官。主性器官有产生生殖细胞、分泌性激素的功能。附性器官包括一些生殖管道和腺体，这些管道和腺体协调作用，使得雌雄生殖细胞能够在女性体内相遇，完成生殖过程，以保证个体的繁殖和种族的延续。

（一）小学男性儿童的生殖系统发育特点

男性生殖系统主性器官是睾丸，它能分泌雄性激素和产生精子，睾丸包裹在柔软的阴囊内，通过阴囊的收缩舒张，可以减轻外界机械压力和温度影响。男性附性器官包括：阴囊、附睾、输精管、前列腺、精囊腺、阴茎等。

1. 小学男性儿童睾丸的发育特点

成年男性的睾丸重 10～15 克。青春期以前，男性生殖器官基本上处于幼稚状态，睾丸容积 2 毫升左右，重量在 0.8 克左右，睾丸中的曲细精管窄细呈索条状，内部组织尚未分化，只是逐步加长。小学男孩在 7～11 岁时，睾丸内曲细精管才开始缓慢发育，出现少量的精原细胞（一种产生精子的原始细胞）。12 岁左右时，睾丸迅速发育，13 岁发育速度达到高峰，年增长约 3.23 毫升，15 岁以后，发育逐渐缓慢，睾丸增加到 12 毫升以上，同时睾丸间质细胞开始分泌雄性激素；随着睾丸的发育，曲细精管的长度增加、曲折，管腔也扩大；管壁基膜上的精原细胞开始分裂、发育、最后形成精子。

2. 小学男性儿童外生殖器的发育特点

儿童时期的阴囊，皮肤柔嫩，容积小。青春期开始以后，阴囊随着睾丸的发育而逐渐增大，10.5～12.5 岁小学生阴囊部位皮肤发红，柔韧度改变。孩子阴茎的增大比睾丸大约晚 1～2 年，长度缓慢生长，一般不超过 5 厘米，在 11～14 岁期间开始发育，到 15～16 岁时发育近成年人状态。龟头与包皮间的粘连在此期完全游离。

3. 遗精

在睾丸发育的时候，精囊、前列腺、尿道球腺同时也加快发育、成熟，各自分泌不同的液体。由这些液体有利于精子的活动，与精子混合就形成黏稠的精液。随着生殖器官的发育，男孩有时在睡梦中通过尿道排出一些乳白色的精液，这是遗精现象。因为自然环境和生活条件的不同，男孩首次遗精的年龄差别很大。据有关调查资料说明，男孩发生首次遗精最集中的年龄是 15 岁，最小的年龄是 11 岁，男孩到 17、18 岁时已经有 95% 以上发生过遗精。遗精的间隔时间，多数是每月一两次，也有短至三四天遗精一次的，只要不是过于频繁，都属于正常现象。有的男孩遗精过于频繁，一两天就发生一次，遇到这种情况，应该及时去医院检查，以便确定有无前列腺炎等疾病。防止或消除由非疾病原因引起的频繁遗精的措施有：养成保持外生殖器清洁的卫生习

惯；不穿过紧的内裤；睡前用热水洗脚和避免过度兴奋等。

4. 小学生体内的雄性激素

男性的雄性激素（睾酮）主要由睾丸的间质细胞分泌，小部分来自肾上腺皮质。女性体内的雄性激素主要来自肾上腺，少量来自卵巢。雄性激素除具有促进男性生殖器官和男性第二性征发育功能外，还具有储存及合成蛋白质的作用。随着青春期的启动，孩子体内雄性激素含量急剧增加（表1-5），其作用是刺激男性附性器官的发育并维持它的成熟状态；刺激男性副性征的出现并维持他们的正常状态；促进精子的生成和成熟；睾酮还有促进骨骼肌发育的作用，使进入青春期后的男孩肌肉发育加快，先增加长度，然后变得粗壮；另外，睾酮能促进骨的生长发育，睾酮对骨的影响机制是促进蛋白合成，使骨基质量增加，为钙化创造条件，睾酮还能增加钙的储存与沉积，促进骨的钙化；睾酮还能促进红细胞生成。

表1-5　不同年龄男性血中睾酮的浓度（微克/100毫升）

年龄组（岁）	睾　酮	年龄组（岁）	睾　酮
4～9	0.01	14～15	0.21
10～11	0.03	16～19	0.30
12～13	0.29	20以上	0.66

总之，孩子进入青春期后，体内雄性激素和生长激素相互协作，促成了孩子在青春期生长突增。雄性激素还促进男孩阴茎、睾丸、前列腺、阴毛、腋毛、体毛、胡须、变声等性器官和第二性征发育，产生遗精，雄性激素还促进儿童肌肉和力量的增长及红细胞的增加。

（二）小学女性儿童的性生殖系统发育特点

女性生殖系统主性器官为卵巢，附性器官有输卵管、子宫、阴道和外阴等。

1. 小学女性儿童卵巢的发育特点

卵巢是产生卵和雌性激素的器官，是女性的主性器官。青春期以前，女性生殖器官也基本上处于幼稚状态，女孩在8岁以前卵巢很小，表面光滑。孩子到8～10岁，卵巢开始发育，10岁以后迅速发育。月经初潮前，每侧卵巢重量约2克，第一次出现月经后，卵巢继续发育增大，性成熟时卵巢最大，每侧卵巢重量达4克，卵巢皮质内出现发育程度不同的大、小卵泡，卵巢的表面也因为逐个排卵而变得凹凸不平。在下丘脑的控制下卵巢进行着周期性的排卵，一般每28天就有一卵泡发育成熟并排卵。伴随着卵泡的发育、成熟、排卵及黄体的形成和萎缩这一周期性变化，卵巢分泌雌性激素和孕激素的量也呈周期性变化。

2. 小学女性儿童子宫特点

卵巢的发育和雌性激素分泌量的增加，促使子宫开始发育。女孩子宫10岁开始迅速发育，在10～18岁期间，子宫长度大约增加一倍，子宫体也增大。

3. 小学女性儿童的阴道与外生殖器

在卵巢雌性激素作用下，女孩阴道也变长变宽，阴道上皮黏液的分泌量增多，而且由碱性变成酸性，前庭大腺发育。女孩的外生殖器，在青春期的中期迅速发育，由幼稚型变为成人型。

4. 月经周期

随着子宫的发育，子宫内膜在卵巢性激素（雌激素、孕激素）的作用下发生周期性变化，最明显的变化是子宫内膜周期性的脱落出血，这种周期性的变化叫月经周期。一个月经周期平均历时28天左右。在月经周期中，由于阶段性的雌性激素、孕激素分泌减少，导致子宫内膜的组织坏死、脱落，血管破裂、出血，脱落的内膜和血液一起从阴道流出，就形成了一次月经。出现月经的时期叫做月经期，一般历时3～5天，但是在两天到一个星期以内也是正常的。

女孩第一次出现月经，叫做月经初潮。据调查，全国女学生的月经初潮平均年龄是13.6岁。但是，由于自然环境和生活条件等因素的影响，发生月经初潮的平均年龄，在各地区之间差异较大。一般来说，女孩发生月经初潮的平均年龄，城市的孩子早于农村的孩子，沿海的孩子早于西南、西北等边远地区的孩子，不同个体之间，月经初潮的年龄差异较大，可以相差3～4岁，甚至5～6岁。月经初潮的年龄虽然有差异，但是只要不伴有生殖器官发育畸形或慢性病等其他异常，一般都是正常的。很多调查资料显示，城市小学5～6年级的学生出现月经较普遍，有些发育较早的女孩，在小学三、四年级就出现月经初潮。家长要注意及时给在小学阶段的孩子适当的青春期生理卫生知识教育。

5. 小学生雌激素分泌特点

雌激素分为雌二醇、雌酮、雌三醇雌，在女性体内主要由卵巢分泌，男性体内的雌激素主要由肾上腺分泌。雌激素对性器官的发育、第二性征的出现及维持有重要作用。雌激素主要促进女性性器官子宫、阴道、小阴唇及乳房的发育，促进月经周期形成，并影响脂肪的沉积。雌激素没有明确的蛋白合成作用，雌激素有促进骨骼生长的作用，因此，女孩进入青春期身高突增。但雌激素还有促进骨骺闭合的作用，使女孩的生长比男孩的生长停止得早。另外，雌激素还能促进皮下脂肪的积累，使进入青春期后的女孩皮下脂肪增多。

（三）第二性征

1. 小学女性儿童的第二性征

女性第二性征主要是乳房、阴毛和腋毛。青春期前两性乳晕直径是相等的，女孩

进入青春期后，在雌激素的作用下女孩的乳晕迅速增大，直径增大约 2 倍。女孩乳房发育通常作为女孩进入青春期开始的标志。女孩发育开始的年龄有很大的个体差异，女孩大约在 8～11 岁左右开始发育，乳房发育半年至一年后出现阴毛，阴毛出现半年至一年后开始出现腋毛。国内有人报告，女性乳房开始发育平均在 9.9 岁，15.1 岁发育成熟；女孩阴毛平均在 11.8 岁开始出现，18.8 岁成熟；女孩腋毛 11.8 岁发育出现，15.7 岁发育成熟。女孩第二性征出现于月经初潮之前，随着月经初潮的来临，第二性征发育十分迅速。同龄女孩中有月经初潮者，不论是乳房、阴毛、腋毛发育情况均高于无月经来潮者。

2. 小学男性儿童的第二性征

青春期在雌激素的作用下两性乳房都有变化，进入青春期的男孩雌激素分泌也增多，乳晕直径增大 1 倍，有相当大比例的男孩青春期时乳房发育显著，出现乳房硬结。有人报告男性乳房硬结最早出现于 11 岁，最迟出现于 16 岁，一般持续数月至一年自行消退。男孩青春期雄性激素分泌显著增加，在雄激素作用下，男性第二性征除长出阴毛和腋毛以外，还包括喉结、变声、胡须等生理变化。男性第二性征发育最早是阴毛，国内资料报告，10～12 岁阴毛开始出现；约 1～2 年后出现腋毛；胡须几乎与腋毛同时萌出；喉结 12 岁开始出现，13 岁声音变粗，18 岁时喉结、变声发育完成。13 岁以后有 16.2% 出现胡须，7.4% 出现腋毛，16 岁以后都已形成。

雌激素和雄激素对腋毛和阴毛的生长都有刺激作用。雄激素可以刺激胡须的生长，而雌激素对此则有抑制作用。雌激素可以促进乳腺管增生，并使乳头、乳晕着色。总之，儿童进入青春期后，在性激素的作用下，出现了第二性征，男女孩体形体态上出现了明显的分化。

家长朋友，小学阶段是孩子身体生长和发育的关键时期，了解此时期孩子各器官系统的发育情况，并根据孩子的发育特点，提出适合孩子身体生长发育特点的科学合理的教养方法，促进孩子身体健康成长，同时促进儿童身心发展潜能的发挥，使儿童综合智能和学业有更好的发展。

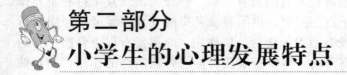

第二部分
小学生的心理发展特点

小学阶段又称之为童年期。这一时期是孩子以幼儿期的游戏为主导活动向以学习为主导活动的转折时期，在人生发展的历程是一个打基础的重要时期。孩子入学后，在学习和各种实践活动中不断遇到各种各样的新问题和新要求，在适应这种新环境和新要求过程中，他们逐步掌握人类科学文化最基本的知识与技能，增强了学习能力，逐步建立起道德行为规范，初步养成了良好的道德品质。这一时期也是孩子心理品质快速、协调发展的时期。

一、小学生注意的发展特点

小实验——双耳分听

实验准备：

父母提前选择好两个孩子不熟悉的小故事，分别把它们录在 A、B 两盘磁带上。所选的两个故事对于孩子来讲难度尽量一致，都是孩子能听懂的或者都是孩子听不懂的，故事长度以 3~5 分钟为宜。

实验过程：

最好父母同孩子三人一起做实验。其中一人为被实验者；另两人为考官。被实验者左耳听 A 带的内容，右耳听 B 带的内容，两位考官一人可听 A 带；另一人听 B 带。

实验开始时同时播放两盘录音带，主考官可要求被实验者随机说出左耳或右耳正在播放的内容，考官与播放内容核对并记下其出错数。这样重复三次后，考官提前告诉被实验者将要复述左耳或右耳听到的内容，待被实验者有所准备后再让其复述听到的内容，考官与播放内容核对并记下其出错数。同样重复三次。比较两次的结果，你发现了什么？

考官与被实验者的角色交换。比较父母与孩子的结果，你又有什么发现？

上面的小实验主要是考察人的注意力的。一般情况下，儿童的错误次数要比家长的多；年龄越小，孩子的出错数也会越多些。

注意是人的一种活动状态。当一个人能从许多的事物中选出一件或少数的几件，并让自己专心于所选的事物时，这个人就处在注意状态。人有意识地、有目的地朝向一事物，并努力使自己集中于此，这种状态叫有意注意；而人在自然而然中注意某个事物，叫做无意注意。上面两项实验中所说的"一心二用"反映的是注意的一种品质——注意的分配能力。

在小学阶段，随着年级的升高，儿童的注意能力也在不断发展。刚入学的低年级小学儿童还不能完全适应学校的学习生活，他们的注意主要以无意注意为主，注意力在很大程度上受外部事件所吸引。直观形象、生动活泼、形式新颖、色彩鲜艳的东西，最容易吸引学生的注意，年龄越小，这种特点越明显。上课时，教师教学组织得不好，学习内容比较枯燥，学生思想就会"开小差"，去摆弄学习用品、做小动作等。回家做作业时，小学生很容易被周围的新鲜事物所吸引而无心作业内容。而且低年级儿童的注意分配能力也比较差，他们很难同时做两种或两种以上的学习活动，经常是顾此失彼。此外，低年级儿童一旦"陷入"某项活动后，很难"跳出来"，这表明他们的注意转移能力也比较弱。

随着年龄的增长，神经系统的不断成熟，加上教学的引导，小学生的有意注意也就会逐步发展起来，到了小学高年级时，小学儿童的注意力逐渐过渡到以有意注意占主导的状况。根据观察和研究表明，5～7岁儿童的学生能稳定的注意某一事物的时间是10～15分钟；7～10岁儿童一般情况下能持续集中注意力20分钟左右，10～12岁儿童是25分钟左右，而12岁以上儿童则可以达到30分钟左右。而且到高年级，儿童也能够比较容易地分配自己的注意了，比如一边听讲，一边做笔记等。在反复训练的基础上，学生的注意分配能力会不断地提高。随着儿童自我调控能力的提高，他们也能主动地约束自己，较快地将注意由一种活动转向另一种活动。

> 注意正是那一扇从外部世界进入到人的心灵之中的东西所要通过的大门。
> ——乌申斯基

因此对这个年龄段的孩子以兴趣吸引他们，要培养他们的自控能力，孩子才会保持注意力集中。

二、小学生观察的发展特点

案例

小学二年级语文课本有一篇课文叫《美丽的公鸡》，为帮助学生理解课文内容，编者在文中配了四幅插图。有位教师让学生看第四幅描写公鸡站在水边洋洋自得，自我欣赏的彩色放大的插图时，有个学生问："老师我们看什么呀？"看完图后让学生讲述时，其中有学生说："公鸡的鸡冠很美丽……"有学生说："公鸡的尾巴很长……"还有学生说："公鸡的颜色很好看……"叫一个学生起来说一说公鸡的全貌时，这个学生一会说公鸡的头，一会又说公鸡的尾，一会叙述公鸡的喙，一会又讲公鸡的脚爪。很多学生都起来讲述，但就是没有一个学生讲到公鸡站在水边，看着水中的倒影，公鸡在得意洋洋地欣赏自己的形象，表现出洋洋得意的骄傲神态。

观察是一个人通过眼睛、耳朵、皮肤等感觉器官接收信息，在思维的参与下获取事物特点的活动，是人根据一定的目的或任务有计划、主动地、比较持久的认识活动。观察可以帮助孩子得到周围世界的有关知识和信息，是认识世界的基础。一个人的观察能力就叫观察力。观察能力强的人能够全面、细致、准确地获取信息，把握一般人视而不见，听而不闻的现象，并准确地做出判定。

小学阶段是儿童观察力发展的重要时期。研究发现，小学儿童对于熟悉的、特征鲜明的事物，观察得比较准确；而对特征不明显或不熟悉的内容，判断则比较困难。一些儿童在观察时具有"自我中心主义"的倾向，即只能从自己的角度去观察，而不能考虑其他的角度或位置。随着年龄的增长，儿童的"自我中心主义"的倾向会逐渐减弱。

观察能力强的儿童一般具有优秀的观察品质，即具有较强的目的性、精确性、顺序性和深刻性。上述案例中二年级的学生在观察图画时的种种表现说明他们的观察力不强。从观察的目的性来看，小学低年级学生还不能主动地给自己提出观察的任务，如果老师和家长没有明确地告诉他们，他们就不知道应该观察什么，常常是没有目标地东瞧西望。另外，低年级学生排除干扰的能力较差，不能集中注意观察应该观察的东西，常常会"溜号儿"，分心于其他新鲜好奇的事物，高年级的学生则有所改善；从观察的精确性来说，小学低年级学生观察比较笼统，模糊，精确度较低，他们常常观察到事物的大致轮廓，不能全面细致地感知事物的细节。如在学习中经常把"太"写成"大"，"已"写成"己"等，都是观察不精确的体现，小学高年级学生则有了明显提高；从观察的顺序性来看，小学低年级观察事物凌乱、不系统，没有条理，案例中的小学生"一会说公鸡的头，一会又说公鸡的尾，一会叙述公鸡的喙，一会又讲公鸡的脚爪"就是观察无序的典型表现。通过训练，小学高年级学生的观察顺序性有较大发展，一般能按从上至下、从左到右、由远及近等方位顺序或按从头到尾、从整体到部分再到整体等事物结构顺序进行观察，条理比较清晰。观察不仅是对事物外表的感知，更是对事物本质的认识；观察的深刻性指的就是这种由表及里，透过现象看本质的能力。生活中常常说一个人"眼毒"，就是指其观察具有深刻性，能抓住重点并迅速作出准确判定的观察品质。从整体上看，小学生这方面的发展水平还不高，小学低年级学生观察事物时往往停留在对事物表面特征的认识上，分不清主次，难以对事物做出整体概括的判定，高年级学生在这方面有显著发展，观察的判断力明显提高。家长如能在生活中注意引导孩子把观察与思考结合起来，可提高孩子观察的深度。

> 我既没有突出的理解力，也没有过人的机智。只是在观察那些稍纵即逝的事物并对其进行精细观察的能力上，我可能在他人之上。
>
> ——达尔文

培养孩子留意生活中的事物，全面地、精细地、有序地进行观察，在观察中多问"为什么"，可以提高孩子的观察力。

三、小学生记忆的发展特点

　　班里进行了一次语文测试，被批改的试卷发下来后，妈妈发现小雪成绩不好，有两道默写古诗的题目都是空的，令妈妈不解的是，其中一首还是前两天自己督促她背诵过的。"怎么回事呀？"妈妈有些生气地问小雪。"第一首古诗老师讲课时说最好背下来，考前也没说要考它，我就没有背诵，老师搞突然袭击……"小雪有些不满地说着，"第二首我本来是会背的，可是当时突然就忘了，越着急就越想不起来。当时只要有人给我提醒一个字，保证就能背出来！"看到孩子那懊恼的神情，妈妈不知该说什么好。

　　记忆是人脑对以往感知过的事物及经验所留下的痕迹，在一定条件下又重新出现。也就是说，记忆是人脑对过去发生过的事物及经验的反映。能否快速、准确、持久地记住过去发生的事物及经验，且快速、准确地加以回忆体现了一个人记忆力的强弱。

　　小学儿童记忆能力发展的特点主要表现在以下几个方面：

　　第一，记忆的目的性逐渐加强，从无意记忆占主导逐渐发展到有意记忆占主导地位。小学低年级儿童的记忆主要以无意记忆为主，新奇、感兴趣的事情往往记得很清楚，不感兴趣的事情很快就忘记。在学习活动中，他们不会主动地给自己提出记忆的任务，一般是老师或家长要求记的就记，不要求记的也不强求自己去记。上面案例中小雪没有默写出第一首古诗就是一个典型的例证。随着认知能力的发展，学习动机和学习兴趣的激发，小学儿童有意记忆的主导地位逐渐加强，一般会在小学三年级得到较明显的表现。但是，小学生还需要靠无意记忆来积累知识。

　　第二，从机械记忆占主导向意义记忆占主导发展。机械记忆就是人们通常说的死记硬背。意义记忆是在理解基础上的记忆。心理学的研究表明，无论年龄大小，意义记忆的效果都高于机械记忆。在日常学习生活中，小学低年级学生较多地采用机械记忆，这是由于他们的心理与生理方面还没有充分发展起来，受到思维能力的制约，再加上知识经验比较缺乏，对学习材料不容易理解，所以他们觉得这种记忆方法简单、记得快。但常常会出现像案例中小雪这样的情况——由于没有深入理解诗文的内容，只是死记硬背，只要有一点卡住，就会影响整篇文章的记忆。但随着年龄的增长和年级的升高，知识经验日益丰富，言语思维日益发展，学生的意义理解能力逐渐提高，高年级的学生就表现出意义记忆占主导地位。

　　第三，抽象记忆得到发展并占据优势地位。小学低年级学生记忆和具体形象的联系容易建立，所以低年级学生往往表现为形象记忆。如果一些文字的内容配有图画，或者成人用生动形象的言语加以讲述，或者在引导孩子语词记忆时激发其展开形象联想，孩子就会很快记住。随着教学的影响，知识的丰富和智力的发展，高年级学生的抽象记忆能力得到不断发展，并逐渐占据优势，他们已能较好地记住成人发出的一些抽象的语词指令。

第四，小学儿童逐渐学会使用一些有效的记忆策略帮助自己记住一些信息，高年级学生已经能对自己的记忆状况进行初步分析并加以调整。有效记忆策略的采用是个体记忆能力发展的重要标志，它能够提高个体记忆活动的有效性。一般认为，儿童使用记忆策略的能力是随着年龄增长而不断发展的。学龄前儿童基本上不会自发地使用某种策略来帮助记忆，8岁左右的儿童处于过渡期，而10岁以上的儿童基本上能够运用一定的记忆策略来帮助记忆。小学低年级儿童大多可以使用反复诵读——即复述策略帮助自己记住一些材料。到了小学高年级，儿童的复述技能已经日趋熟练。同时孩子也在学习中学会了通过归类、对材料的重新安排等组织策略有效地记住信息。

元记忆是人们对自己的记忆活动的认识、理解和调控。孩子对自己是否记住了材料，更善于记住哪些材料，使用哪些方法让自己记得更好，儿童对这些内容的把握都属于元记忆。研究表明元记忆在小学阶段的发展很快，但是发展水平有限。很多儿童不是很清楚地理解自己对所学知识的记忆状况，觉得什么都记住了，可考试时才发现很多东西没有记住。还有一些儿童仅仅用死记硬背的方法学习，当家长指导他们理解材料后再背诵时，往往觉得麻烦，不耐烦，不愿改进。高年级后这种状况有所改善。

> 记忆是知识的唯一管库人。
>
> ——锡德尼

四、小学生想象的发展特点

案例

有一年秋天，妈妈领朵朵去果园里摘果子，朵朵坐在梨树下，边吃梨边问妈妈："这树是怎么长的？"妈妈边摘果子边说："是种子种在地里长的。"朵朵说："种子在哪儿都长吗？"妈妈说："种上就长，种子可有劲了。"朵朵偷偷地吃了几粒梨种子，想让它在自己肚子里长棵果树，让它开花结果，走到哪里带到哪里。

还有一次，朵朵问奶奶："天是不是一个很大的气球，把我们都包在里面了？"奶奶边缠线团边不耐烦地说："是个气球。"于是，朵朵开始生天的气了！为什么天把我们包在里面呢？朵朵找了几根细杆，用布条子扎起来，站在小凳子上，想把天捅漏。晚上，天下雨了。朵朵悄悄地告诉妈妈："天，是我捅漏的。"

看完上面的案例，您一定会笑着夸朵朵天真可爱，富于想象。

想象是指人脑对已有的记忆表象进行加工改造而创造新形象的过程。人可以借助合理的想象在头脑中创造出自己从未感知过或不能亲身感知的事物、情境，以此更好地理解世界，丰富自己的生活体验。

小学生想象的发展主要表现在想象目的性、现实性、创造性和概括性等方面。

入学不久的低年级儿童仍带有幼儿时期的特点，想象不能围绕主题，往往受自身情绪的影响，不由自主地产生无意联想。高年级儿童智力活动的控制能力增强，能围绕主题进行想象，想象的目的性有了发展。

想象的现实性指想象的形象受现实制约，能真实地反映现实。儿童入学以后，想象的现实性逐渐提高，主要表现在以下两方面：第一，想象所反映的形象，越发接近现实事物。想象形象的特征数由少到多，结构配置由不合理到合理。观察小学儿童的绘画作品，低年级儿童往往用几个简单的线条来表示事物的主要特征，结构不合理，比例失调，与现实差距很大。高年级的想象更接近现实。第二，从热衷于完全脱离现实的神话虚构，逐渐转向对现实生活的幻想。小学低年级儿童想象脱离现实，对神话、童话信以为真，他们爱看、爱听童话、神话故事，最爱看电视动画片。中年级以后，想象过渡到以现实性为主阶段，对反映现实生活内容的英雄故事、惊险小说等更感兴趣。从儿童幻想的内容上也可以看出小学儿童的想象逐渐接近现实。低年级儿童总是幻想成为神话、童话故事中的英雄，高年级以后，幻想的内容则是与自己的生活紧密相连。

心理学上把人们借助一些语词、符号、图画、图样等的描述在头脑中创造出与之相对应的新形象的想象活动称之为再造想象，而把不参照其他事物，独立地在头脑中创造出前所未有的新形象的想象称之为创造想象。小学低年级儿童的想象鲜明、生动，富于模仿性和再现性，想象内容最初往往具有实在事物的复制和简单重现的性质，创造加工的成分不多。之后在各科教学和各种课外活动的影响下，由于表象的积累和丰富，注意、观察等能力的发展以及抽象逻辑思维的发展，不但能形成更充实、更生动、更富于创造性成分的再造想象，而且以独创性为特色的创造想象也日益发展起来。高年级儿童能对他们已获得的表象做出真正的创造性的改造，将之进行新的结合、新的构思，创造出全新的、别出心裁的某种东西，此阶段儿童的创造性想象显著发展起来。如在讲故事时，低年级儿童主要是模仿、简单复述，中、高年级儿童简单再现的成分逐渐减少，而对情节的创造性改造日益明显和增多。

小学儿童想象概括性的发展是指想象从有很大的具体性、直观性，向有一定的概括性、逻辑性发展。小学低年级儿童的想象最初都有很大的具体性、直观性。他们的想象要以具体对象做依靠，若没有这些对象，他们的想象就难以进行。例如，他们在阅读和讲故事的时候往往依靠图画的帮助，否则他们就不会再造出所描述的情景。到了中、高年级，儿童逐渐不再依靠具体对象、图画之类的帮助，而开始靠词想象，他们的想象的概括性、逻辑性逐渐发展起来。再如在写作文（写人物）时，低年级儿童必须以具体形象作为支柱，看不到有什么创造。中年级在写人物时，以真实为主，适当加以修饰，有创造性想象因素。高年级写人物时，表现出显著的创造想象力。另外，高年级儿童可以在词的水平上进行想象，想象的构思已有更大的概括性和内在的逻辑性。

> 想象力是人类能力的试金石，人类正是依靠想象力征服世界！
>
> ——奥斯本
>
> 孩子的想象力是令人敬佩的，他们常常想到星月以上的境界，想到地面下的情形，想到花卉的用处，想到昆虫的言语，他们想飞上天空，他们想潜入蚁穴……
>
> ——鲁迅

五、小学儿童思维发展的特点

　　案例 1：航航是一年级的孩子，这些日子，他的数学学习可让妈妈有些着急了。做作业时，无论是加法还是减法，航航总是要数手指、摆小棍儿。妈妈告诉他不许这样，可他总是趁妈妈不注意时手又那样。他在计算中也经常出现这样或那样的问题，例如：刚学过加法后再学减法时，他总是把减法当加法来运算。好不容易学会做减法了，可是在做应用题时，他经常不知道到底该用什么方法。只要看到题目中有"×比×少"，不管求的是什么，他马上用减法计算。妈妈告诉他错了，他生气地对妈妈大嚷"不是你说的看到比多就用加法，比少就用减法吗？"弄的妈妈是哭笑不得。

　　案例 2：云云的学习成绩一直是妈妈的骄傲，考满分是经常的事儿。可自打上了四年级后，妈妈发现云云的成绩好像不如以前了，尤其是数学成绩。孩子学习还是很认真的呀，为什么成绩却下降了呢？

　　思维是人的高级认识活动，是人脑对事物本质特点以及事物之间内在关系的反映。通过思维，我们可以抛开事物纷繁的外表而找到一类事物共有的、本质的特点，也可以推知我们不曾经历的事物的发展或可能的变化。在人的一生中，思维的发展经历了动作思维、形象思维和抽象思维三种形式。动作思维是凭借动作思考解决问题，三岁前儿童的思维主要是这种形式；形象思维是借助事物形象或头脑中的表象来思考，幼儿的思维大多属于此类；抽象思维是借助概念、语词进行思考的思维，是人思维发展的高级形式。小学生的思维正处于过渡期，是由以具体形象思维为主要形式逐步过渡到以抽象思维为主要形式。小学低年级学生的思维主要是具体形象思维，中年级为过渡时期，高年级学生的思维多数已发展到以抽象思维为主。这可以从学生对于词语的理解清楚地看出来。如理解"祖国"一词，低年级小学生往往理解为周围的地方、北京；中年级会认为"祖国"就是"中国"。高年级小学生则能从内涵上去理解，从一般意义上去理解"祖国"，不仅能认识到我们的祖国是中国，而且能理解美国的孩子的祖国是美国。上述案例中的航航计算离不开手指、小棍儿等，加法、减法常搞混，是因为他的思维仍处于具体形象思维阶段，他思考问题时需要依赖具体的事物，他还不能把题目进行深入的比较、找到他们之间的根本差异，也不能从本质上认识加法、减法的意义。家长的担心是可以理解的，但不能操之过急，需要耐心地加以训练。

小学生的思维从以具体形象思维为主逐步发展到以抽象逻辑思维为主，其中有一个转变的关键时期，这就是四年级前后。研究发现，如经过良好的训练，小学三年级学生的抽象思维就可以有较好的发展。如果家长和老师不注意对孩子抽象思维的训练，中年级后，随着知识难度的增加，有些孩子就会出现学习跟不上，成绩下降的现象，上述案例2中的云云就属于这种情况。这也是小学中年级会出现学习成绩分化的一个重要原因。因此，家长和老师应该重视并及早加强对学生抽象逻辑思维能力的训练。

小学生思维的发展不仅表现在具体形象思维到抽象思维的发展上，而且还表现在思维的品质上。低年级小学生思维的敏捷性不强，思维的速度明显慢于中高年级小学生；四年级以后，许多孩子不仅能够做到思路清楚，而且能够做到逻辑关系清楚，反映出思维条理性的迅速发展；思维深刻性的发展突出表现在小学生的抽象概括能力方面。让孩子说出"有头无尾"、"一针见血"、"刻舟求剑"、"叶公好龙"、"杯弓蛇影"、"草木皆兵"等成语的含义，低年级小学生只能从字面加以解释，大多难以正确地概括其深刻的含义，而中高年级后则大多能够较好地概括。思维自控性指的是认识自己思维和调控自己思维的能力。小学生的思维自控性处于初始发展阶段，多数人还不能自觉地控制思维的方向、延伸思维的触角、反思思维过程。例如，当他们在头脑中解完数学题之后，如果不是教师的提醒，他们中的很多人很少会想到再重新思考一下：自己先是怎么寻找解题方法的，后来又是如何运用这种方法去解题的。思维自控性是制约思维发展的重要因素，也是影响学习成绩的重要因素，因而对小学中高年级学生进行思维自控性的训练，显得十分重要。此外小学阶段是思维的创新性发展的重要时期，家长要特别注意培养孩子思维的灵活性、发散性，鼓励孩子在学习中超越"标准答案"，拓展思维的空间，从各种角度寻找答案。

学而不思则罔，思而不学则殆。

——孔子

六、小学生情绪、情感发展的特点

案例

　　我这人最喜欢笑，可是有一些事情的确也令我烦闷，比如我每天晚上都要拉40～50分钟的二胡，一拉还是同一首音阶、练习曲或乐曲，拉得我心神意乱，烦闷极了，而我一烦，爸爸就开始督促了："怎么不拉了？继续啊！"我听了他的话，就更加生气，一心只盼着时间快一点到，时间到了，爸爸想说也没有办法了，就好像下课了，想怎么玩就怎么玩，别人管不着。有时我真想对爸爸说："老爸，我不想拉二胡"。可是当我看到爸爸严肃而又苍老的脸庞时，我又把气憋了回去。对于拉二胡，有时我也很高兴，那就是爸爸有事不在家的时候，我可以少拉一会儿，那时候感觉棒极了。

　　又比如，我有时候去图书馆看书，如果心情好，看一天都不烦。有时心情不好，二十分钟也坐不住。我喜欢看书，但我更喜欢看小人书、漫画书，而爸爸却只让我看一些文学作品。我非常生气，可是在他催促下，我又不得不看。

　　还比如，我有时候看着外面的大梧桐树，听着那树叶哗啦啦的悦耳的声音，高兴极了。心情不好时，听着同样发出的声音，就觉得是一种噪音，即使树叶哗啦啦地响着，发出清脆的响声，我都不喜欢。

　　上面的短文是一个小学生关于自己喜怒哀乐的一个作文片断，看完它您一定对情感和儿童的情感特点多了些认识。

　　情感是人对客观事物是否符合自己需要的态度体验。如果事物满足人的需要，人就会对它产生喜悦、热爱、高兴、兴奋等积极的情感体验，反之，当事物与人的需要不相符，人就会讨厌、痛恨、恼怒、忧伤、烦恼等消极的体验。人的情感既受事物的影响，同时也与人自身的需要紧密相连。作文中的小学生对拉二胡、看书的情感很好地说明了情感的这种特点。

　　童年是快乐的。对于大多数小学生而言，虽然在学习、生活中也会遇到一些忧愁烦恼，但他们的日常心境总体是平静、快乐的。由于小学生天真活泼，他们的情感单纯、易于外露，让人很容易从他们的表情上判定他们目前的心情。另外，小学生情感的动力特征明显，他们经常是凭借情绪做事，当时的情绪如何决定了他们活动的积极性。心情好时积极主动，干劲十足；情绪沮丧时则行动乏力。

　　儿童的情感是在生活、学习和交往中形成与发展的，随着年级的升高，小学生的情感也在不断发展，表现出以下一些特点。

第一，情感内容不断丰富

入学后，儿童的生活面不断扩大，新的活动、新鲜事物使儿童的情感内容不断丰富。学习的成败、在集体中的地位、与同伴的关系等，都使小学生产生各种各样的情绪体验，责任感、集体荣誉感、友谊感、爱国主义情感、义务感、人道主义情感、美感等各种社会性情感也在不断地发展，充实着小学生的情感世界。同时，不良的集体生活也会使儿童产生猜疑、嫉妒、自私、孤独、冷漠等情感体验。需要特别注意的是，随着年龄的增长，同伴友谊对儿童变得越来越重要。他们最重要的情感需要就是发展良好的同伴关系，建立友谊。友谊的正常发展能促进儿童认知和个性的发展，如果不能正常发展，则会产生情绪障碍，使儿童学习、个性发展都会因其受到消极影响。

随着自我意识的发展，儿童对自我的情感体验也越来越丰富，他们在学习和交往活动中获得了自尊、自信，同时也会体验到自责、自卑等情感。

第二，情感的深刻性不断增加

小学生的情感不仅在内容上不断丰富，而且对于各种情感的体验逐步深刻。尽管这些体验仍是外露的、易激动的，但在性质上与幼儿有明显不同。它逐渐与一定的人生观、世界观、行为规范、道德标准联系起来。例如，幼儿园儿童判断人和事时，主要是从一些具体的关系出发，常说：某某小朋友给我看图画，我喜欢他；某某小朋友骂我，我不喜欢他。而小学生会说：某某同学功课好，乐于助人，我们喜欢他。以同情心为例，低年级小学生往往因对某人、某物的可怜样子而产生同情心；而高年级小学生就可能去寻找可怜的原因，由此决定是否值得同情。总之，小学生随着年龄的增长，其情感受事物本质和内在因素的影响越来越大。

第三，情感的调控能力日益增强

小学生情感调控能力的发展主要表现在情感的掩饰能力和主动改变自己心境的能力等方面。低年级小学生情感还不够稳定，他们的情感常随情境的变化而迅速变化，不善掩饰。如想买某样东西，家长答应了则满心欢喜；如果家长不答应，他就会哭闹。低年级小学生对自己情感的调节能力较低，特别是当他们遇到困难和挫折时很容易出现情感上的紊乱，难于自制，也不善调节。到了中、高年级，孩子逐渐学会了掩饰自己的情感，能够比较恰当地表达自己的感受。当自己心情不好时，他们也学着运用一定的方法调节自己，克制冲动，努力保持稳定的情感。但是，从整体上看，儿童的这种调节能力在小学阶段发展水平还不高，需要家长和老师的耐心培养。

第四，移情能力不断发展

移情能力是指一个人能设身处地，站在对方的角度，感受他人情感的能力。小学低年级学生对外界刺激反应迅速敏感，一般都能体验自己的情感，对自己的喜、怒、哀、乐体会比较明确。但是，他们对情感的认识与体验以自我为中心，不善于理解并体会别人的情感，不能站在他人的角度理解他人的感受，不能客观地评价和体验他人的情感，很多时候以自我体验的情感为中心，以自己的喜、怒、哀、乐来评判周围人的情感体验。这就容易造成小学生在与同学、同伴的交往中，有意或无意地对同学或同伴造成情感伤害。同时，由于小学生不能很好地理解他人的情感，容易产生情感误

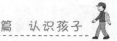

会，甚至造成情感冲突。然而，随着情感的不断发展，到了中、高年级，小学生开始把移情情绪与情境相联系，并逐步能设身处地地考虑他人的情绪和情感，主动调节自己的行为，采取利他行为。

> 没有人的感情，就从来没有也不可能有对真理的追求。
>
> ——列宁

七、小学儿童意志力发展特点

案 例

　　去年，我校组织 3～5 年级学生步行到约 8 千米远的"草花山"春游。去的路上，学生们排着整齐的队伍雄赳赳、气昂昂、引吭高歌，那气势就像解放军拉练。走了约 2/3 的路程，歌声开始稀稀拉拉。下午回来的路上，情况大不一样了，队伍不整，有些学生萎靡不振，垂头丧气，叫苦连天，个别学生毫不客气地爬上备用车，有的干脆不走了。队伍只好走一阵停一阵。走了不到一半路程，就看到家长或骑摩托、自行车，或开着轿车陆续地来接孩子了……到了最后，只有一小部分学生走了回来……

　　上面的这个片段是一个老师描述的学生徒步春游的场面，从中我们可以看到现在的孩子缺少意志力锻炼。生活中我们也常听老师和家长抱怨：现在的孩子没有毅力，一碰到困难就退缩。做事常常"三天打鱼，两天晒网"，"玩性大，管不住自己"。这些情况正体现了小学阶段儿童意志力发展的一般特点。

　　意志力是指儿童在行动中为实现预定目标而克服困难，坚持到底的心理品质。一般包括自觉性、果断性、自制性、坚持性等方面的特点。自觉性主要是指能否主动给自己设定行动的目标，它反映了一个人的行动在多大程度上受自己还是受他人意识的支配。低年级学生一般还不善于独立地提出行动的目标，行动的自觉性比较差，具有受暗示性和模仿性的特点，即很容易受周围环境的影响，看别人做什么自己也就跟着做什么，表现得比较被动；果断性是指迅速、合理作出决定，与之相反的意志品质是贸然决定和优柔寡断。小学低年级儿童的具体形象思维还占很大优势，行动受当时强烈印象、突发的兴奋情绪或身体需要的影响，经常表现冲动。高年级的抽象思维能力虽有所发展，但要让他们根据一定的原则、观点，经过深思熟虑，正确及时地采取一些复杂行动的决定也是十分困难的；自制性是指约束自己，抵制内外诱惑的品质。小学生在这方面的发展水平不高，克制能力较差，难于抵制内外的诱惑。很多孩子在学习时常常被周围环境中的新鲜事情所刺激，被电视节目、网络游戏等吸引而忘了自己要做什么，就是缺乏自制性的体现，坚持性是指做事中能善始善终，不达目的不罢休的品质。在这方面小学儿童整体发展较差。他们往往对感兴趣的活动，如参加游戏或某一项喜欢的体育活动能坚持较长时间，而对那些乏味的、要求付出意志努力的活动，坚持性则较差。

古人说："滴水穿石，非力使然，恒也。"一个人是否具有良好的意志品质，将影响其能否最终取得成功。小学阶段是儿童意志力发展的重要时期，如果家长注意从小培养孩子具有坚强的意志，将使孩子受益终生。

> 天将降大任于斯人也，必先苦其心志，劳其筋骨，饿其体肤，空乏其身，行拂乱其所为。所以动心忍性，曾益其所不能。
>
> ——孟子
>
> 累了就歇在路边的人是不会得到胜利的。
>
> ——尼克松

八、小学生个性的发展特点

案例1：看看你像哪个人？

有四个人去看戏，到达剧场时已经开演了，检票员不让他们进去。这时其中一人马上与检票员大声争论，并想强行进入剧场；另外一个人趁他们争论之际，悄悄跑到另外一个门溜了进去；还有一个人则心平气和地等着，直到剧中休息检票员允许进时才进去；最后一个人一看检票员不让进就觉得十分沮丧，对演出也没了兴趣，闷闷地转身回家了。

案例2：一个新接班老师的日记

开学第一天，我发现班里的孩子个个不同。

有一个女孩子是英语课代表，很爱表现自己，而且喜欢管理班级，很爱帮老师做事情。一副小大人模样。

有一个男孩子，十分文静，而且很喜欢问问题，所问的问题都十分"绅士"。

有个漂亮的女孩儿，很喜欢黏人，说起话来嘴很甜，看来是位善于交际的姑娘。

　　有个胖男孩儿，很顽皮，说话时喜欢接下茬儿，还喜欢管闲事，而且具有较强的攻击性。

　　……

　　同样一件事，不同个性的人会做出不同的反应。上述看戏情景中四个人截然不同的行为正是四种典型气质——胆汁质、多血质、黏液质、抑郁质的人的表现，或许您可以从中看到自己的影子；而"一个新接班老师的日记"中的孩子除了性别、外貌等生理特点不同外，从老师的描述中我们还能够看出每个孩子的个性也有差异：有喜欢管别人，爱表现自己的"小大人"，文静、爱问问题的"小绅士"，也有乖巧、善交际的"小甜心"，还有爱管闲事、顽皮的"小捣蛋"。孩子们所表现出来的自身所独有的上述心理特征就构成了孩子的个性。

　　个性是一个人在社会生活环境中逐渐形成和发展起来的独特的心理特点，主要包括能力、气质和性格。由于气质在小学阶段的变化不大，因此这里重点介绍小学生能力和性格的发展。

（一）小学生能力的发展特点

　　能力是直接影响活动效率、顺利完成某种活动所必备的心理特点。如运用线条表现事物的能力、色彩辨别能力、形象记忆力等是画家进行创作必不可少的心理特点，直接影响画家的绘画水平，这些特点都属于绘画能力。一个优秀的篮球运动员则离不开弹跳力、身体协调能力、与他人的配合能力等。

　　一个人的能力是在活动中形成和发展的，也是在活动中表现出来的。根据能力的表现倾向，人们把能力分为一般能力和特殊能力。一般能力也叫智力，是各种活动都离不开的，包括观察力、记忆力、思考力、想象力等。特殊能力是在某种特殊活动中表现出的，如音乐能力、绘画能力、运动能力等。观察周围的小学儿童我们可以发现，每个孩子的能力发展都是不同的，这种差异可以表现在发展的倾向性、发展的早晚及发展的水平等方面。有的孩子音乐方面很突出，有的孩子擅长丹青，还有的孩子在体育方面表现出较高的潜能，有的孩子观察细致，有的孩子善于推理……这些都体现了能力发展类型的不同；有的孩子年龄很小就在某些能力方面明显高于同龄孩子，这些是能力发展较早的孩子。而有的孩子小的时候表现平平，甚至在某方面发展让大人都感觉有些迟滞，但几年后发现他们并不逊色，他们后来居上，属于"大器晚成者"，这些表现说明孩子能力的发展有早有晚；还有的孩子在某些能力发展上明显优于同龄儿童，如有的孩子反应敏捷，异常聪明，人们常称其为超常儿童。反之，有的孩子则由于各种原因，在某些能力的发展上可能明显不如其他同龄儿童，这些都是能力发展水平上的差异。

　　小学是儿童能力形成和发展的重要时期，家长要全面、正确地认识孩子自身的特点，对孩子的发展充满信心，并努力创造适合孩子能力发展的成长环境，鼓励孩子积极参与各种活动，以此促进孩子的能力向更高水平发展。

（二）小学生性格的发展特点

性格是一个人对人、事、物稳定的态度和习惯化的行为方式。例如，有人对任何事情总是认真细致，有人却粗心马虎；有人待人热情直爽，有人则冷淡狡猾；有人谦虚谨慎，有人却骄傲自满等，这就是对人的性格的描述。性格是人的个性中的核心成分，因为对现实的态度是人的基本的内部条件，对来自外部的影响起着中介的作用。同样的刺激作用于不同性格的人就会做出不同的反应。所以，人与人之间的个性差异主要表现在性格特点上。

人的性格结构非常复杂，是由多种多样的性格特征有机结合的统一整体。一般认为人的性格是由以下四个方面的特点构成的。第一，对待现实的态度特征。具体体现在对社会、集体、他人和自己的态度；对劳动、工作、学习的态度；对自己本人的态度等方面。第二，性格的意志特征。表现在是否有明确的行动目标；是否善于自制；是否果断、坚毅、勇于克服困难、有恒心等。第三，性格的情绪特征。主要表现在情绪的强度、稳定性和主导心境方面。第四，性格的理智特征。主要表现在人的感知、记忆、思维和想象等认知方面的活动特点与风格。

俗话说"三岁看小，七岁看老"，小学阶段正是孩子性格形成和发展的关键时期。进入小学后，孩子开始了较为正式的集体生活，学习成为其主导活动。在与老师、同学的交往中，在丰富多彩的学习和班级活动中，孩子的责任感、义务感、自尊心、友谊感、自觉性、自制力、好奇心、探索欲、互助、合作等性格都在不断发展。

研究发现，孩子性格在4~6年级处于快速发展时期。其中在六年级时由于繁重的课程和作业的压力，会对孩子的情绪特征产生影响，一些孩子会感到焦虑、紧张、力所不及，由此造成主导心境不太好。整个小学时期孩子性格的意志特征的发展水平不高，他们还不能主动地给自己提出活动的目的，不善于克制自己的言行，不善于抵制外界诱惑，还缺乏适时、果断地作出决定的能力。这也是一些孩子总要大人催促才去做事，经常"三天打鱼，两天晒网"的主要原因。

性格是儿童在后天生活中，与环境的相互作用中逐渐形成和发展的。小学生的性格发展尚不定型，极易受环境的影响，家庭氛围、父母的言行举止、对待孩子的态度等都会影响孩子性格的形成与发展。因此，家长要为孩子良好性格的形成创设良好的环境，树立良好的榜样。

每个孩子的个性因其先天条件及后天环境的不同而不同，教育就是要根据每个孩子的特点，通过引导、启迪、交流、行动，促进孩子全面的提升和发展，成为最好的自己的过程。家长只有潜心了解孩子的个性特点，才能有的放矢，真正促进孩子的健康成长。

> 龙生九子，九子各异。
>
> ——民间谚语
>
> 因材施教。
>
> ——孔子

九、小学生自我意识的发展特点

案例

　　鹏鹏，8岁男孩，身体健康，个子较矮，长得很瘦，看上去弱不禁风。在鹏鹏很小的时候，其父母离异，他与母亲、姥姥和姥爷一起生活。家中生活条件不是很好，姥姥、姥爷年纪比较大了，只靠母亲一人务农支撑全家的生活。鹏鹏学前一直是由母亲看管，没上过幼儿园。由于缺少学前训练，平时也没有人辅导他，鹏鹏的学习成绩不太好。平时沉默寡言，课下同学们聊天做游戏，他坐在座位上不是发呆就是摆弄两只小手，从不主动加入。他从不主动与同学交流，同学和他说话，他一贯是点点头，或简单做答，很少有更多言语交流。问他为什么，他总说："我不行，我不会。"

　　自我意识是一个人对自己各方面特点的认识及在此基础上产生的情感体验和自我监控。它包含了自我概念、自我评价与自我体验、自我监控等方面。下面从自我评价、自我体验、自我监控等几个方面来探讨小学儿童的自我意识发展。

　　自我意识的主要成分是自我评价，自我评价是一个人对自己的想法、行为、个性特征等的判断与评估。自我评价的发展水平是自我意识水平的主要标志。小学儿童自我评价能力的发展主要表现为随年级的升高，自我评价的独立性、全面性、深刻性、稳定性都在不断发展。低年级孩子主要是参照成人的评价对自己的特点做出判定，凡是教师、家长认为好的，他们也就认为好，还不能独立地评价自己与周围的事物。在评价中，他们评价自己时更多地看到的是优点，而评价别人时往往更多看到别人的缺点，表现出评价的片面性。低年级的孩子主要根据人的表面的、外部的特点评价人，缺少对内在品质的深入的分析，因而他们对人、对物的评价常常是今天这样，明天那样，缺少稳定性。

　　自我体验是在自我评价基础上人所产生的一种情感体验。恰当的自我评价，对激发人的积极性、产生相应的情感体验是十分重要的。自卑是自我评价过低而产生的消极的自我体验，自卑的孩子常对自己做出消极的、负面的评价，对自己的潜力产生怀疑，而引起情感损伤和内心冲突，不利于积极性的发挥。自卑的孩子看不到自己的优点，常常夸大自己的缺点，在活动中缺乏自信，缺乏积极进取的精神。上述案例中鹏鹏的问题就是典型的自卑的表现。与自卑相反的自我情感体验是自负，这种情感体验主要表现为过分地夸大自己的优点，看不到自己的缺点，看不起别人、盲目自信等。在生活中，许多孩子会因为自身条件或家庭条件而产生自卑或自负的情感，这两种情感都会影响孩子正常的发展。

自我控制能力是指孩子对自己的监控和调节能力。自我控制能力在幼儿时已有发展，入学后在学校一定组织纪律的要求下，孩子的自我控制能力得到进一步发展。到小学三年级结束时，孩子已逐渐养成在学习上的自我控制习惯。同时，孩子也逐步学会了有意识地控制和调节自己的行为，这表现在儿童不仅能发现自己的学习缺点，而且能利用自己的力量去改正这些缺点。此外，四年级后，孩子初步形成了责任感。孩子所形成的对集体、他人及自己的责任感开始对行为起支配作用，促使其自制力有较快的发展。如孩子意识到自己是集体的一员，应对集体负责，所以他就会克制自己的冲动行为，服从集体的要求。

自我意识是一个人个性的重要组成部分，也是一个人发展的内在力量。家长要注意从小培养孩子的自我评价能力，帮助孩子形成正确的自我评价，客观、全面地认识自己，并形成积极的自我体验，不骄不躁，不卑不亢，对自身的发展充满自信，不断地调整自己，克服自己的不足，努力实现自我完善。

> 世界上最重要的事情就是认识自己。
>
> ——蒙泰涅
>
> 先打量自己，再纠正自己。
>
> ——尼采
>
> 自我征服是最大的胜利。
>
> ——柏拉图

十、小学生人际关系的发展特点

案例1： 某校对本校学生同伴交往状况的调查结果

1. 每个学生都有比较强烈的交友需要，且在总体上不存在年龄的显著差异。

2. 目前1～3年级常在一起玩的伙伴人数以1～3人所占百分比最高，四年级常在一起玩的伙伴人数以3～6人所占百分比最高，五六年级常在一起玩的伙伴以 7 人以上所占百分比最高。

3. 放学后"与同学很少玩"和"经常玩"的比例是 3 : 1。"很少玩"和"几乎不玩"的同学占 74.1%，其中大约 1/4 的同学是由于功课未完成而没有时间玩，有 25.9% 的学生是因为做家务或参加其他活动不能玩，约 30% 的学生是由于人际关系方面的原因不与同学玩，或只喜欢一个人玩，或只喜欢与父母亲在一起。

4. 容易被伙伴接纳的学生是因为他们具有外向、友好的人格特征，擅长交往，学习成绩优异，经常受到同学、老师的称赞，并且父母也能宽容善待等。而不受欢迎的同学，往往表现为两个极端，或表现出许多攻击性行为，脾气暴躁，为人斤斤计较，不愿与人合作分享；或性格内向孤僻，不善言谈，害羞胆小，常常单独行动。

案例 2：彬彬是小学 5 年级的学生，学习成绩优秀，是班上的学习委员。彬彬的父母都是教师，对他的要求很高，总觉得他的潜力没有充分发挥出来，给他报了奥数、英语、钢琴、美术等好几个课外班，希望孩子能多学一点，以得到更全面，更出色发展。可彬彬并不喜欢弹钢琴，每次弹琴老师都不是特别满意，回到家妈妈就会批评他，要他花更多的时间练琴。彬彬虽然人坐在钢琴边，但心里特别烦，练琴的效果可想而知了。妈妈看到他不认真，非常恼火，又是一通批评，说他没出息，不理解父母的苦心，还宣布取消他每天半个小时的上网时间。这一下激怒了彬彬，他终于忍耐不住和妈妈大吵了一顿。

儿童从一生下来便处于各种社会关系和社会交往之中。在社会性交往中，不仅需要与亲人、熟人、朋友来往，而且需要与形形色色的陌生人打交道。人际交往的成功与否往往会对孩子个性以及认知能力的发展产生重要影响。小学儿童的人际交往限于其自身的生理条件和生活范围，主要由同伴之间的交往、师生之间的交往与父母之间的交往等构成。其特点主要表现在以下几个方面。

第一，随着年级的升高，孩子越来越倾向于和同学交往，同伴关系在孩子的生活中日益重要。

入学后，孩子的交往范围日益扩大，从与家庭成员的交往，逐渐扩大到与家庭成员外的其他个体进行交往。在这些较为复杂的人际交往中，与年龄相仿，发展水平相近的同伴的交往是小学儿童的重要社会交往。案例 1 中的第一个结果恰恰反映了孩子的这一特点。研究表明，小学儿童 11 岁时，与父母交往的时间和与同伴交往的时间各占 50%。通过与同伴交往，孩子的传递信息技能增强，更善于利用交往中的各种信息来决定自己对他人采取何种行动，协调自己与其他儿童的共同活动。随着年龄的增长，孩子情感依恋的重心逐渐从父母转向同伴，好伙伴的态度及言行对其行为影响作用日益加大。

第二，开始形成同伴群体，并形成了较为稳定、长久的友谊关系。

随着年级的升高，儿童越来越愿意和那些与自己座位相近，或特点相似，或志趣相投，或品行相同的同学进行交往，逐渐就形成了较为稳定的同伴团体，也称为小团体。在一个班级中，大多数孩子都会加入到这种自发形成的小团体中。正如案例1所反映的，年级越高小团体的人数越相应的增加，而且在团体中每个孩子处于不同的地位，有的是"小头目"，有的是"跟随者"。团体的成员彼此有高度的忠诚感，在行为上也互相影响。一般大家都会按照"小头目"的"命令"去行动。

友谊是和自己亲近的同伴、同学等建立起来的特殊亲密关系。入学后，孩子对友谊的理解逐渐加深。刚上学的孩子认为好朋友就是"住在一个小区"、"座位临近"或"能和自己玩"、"肯帮助自己"的人，而高年级后，孩子逐渐认识到友谊是一种基于理解、信任之上的相互帮助，同甘共苦的关系。在这种友谊关系中，朋友间可以倾诉秘密、制订计划、相互帮助、互相协助解决问题等，但这时的友谊有强烈的排他性与独占性，友谊关系也开始具有一定的稳定性。

第三，在同伴群体中，孩子的身体特点、个性特点、自我评价、自身的认知能力以及教师对其的态度等影响孩子在群体中的地位。

在群体中，孩子可能为同伴所接受，也可能为同伴所拒绝。每个孩子因其受欢迎或拒绝的程度不同，就形成了不同的地位——有的孩子是受欢迎儿童，他们受多数同伴喜欢；有的孩子是被排斥儿童，他们不被多数儿童喜欢；还有的孩子是有争议的儿童，一部分儿童喜欢，一部分儿童排斥；还有的孩子是被忽视儿童，他们可能不受欢迎，但很少被拒绝；此外还有接纳程度一般的一般儿童。研究发现，那些友好、外向、热情、善良、乐于助人、善于发起和保持交往和合作、自我评价适中、常被老师表扬、相貌较好的孩子更容易被同伴接纳，受到群体的欢迎；而那些戏弄人、打架、争吵的发起者、自我评价过高或过低、行为有些异常的孩子常招致同伴的拒绝。案例1中的第4个结果正反映了孩子这一特点。

第四，小学生与异性同伴的交往更加开放，高年级的孩子开始表现出对异性朦胧的爱慕之情。

异性交往是小学生同伴交往的重要内容之一，在与异性的交往上，小学生大致经历了"两小无猜"、"授受不亲"、"朦胧的爱慕"三个阶段。低年级的孩子还没有什么男女界限，男孩、女孩经常手拉手进出教室，一起学习做游戏，天真烂漫，两小无猜；一般到二年级末、三年级时，男、女生之间的界限越发清晰，男孩和男孩玩，女孩和女孩玩，男、女生之间会有各自的交往潜规则，一旦有人逾越，会遭到其他同学的耻笑。等到了高年级，特别是进入青春期之后，男孩、女孩都开始感受到异性的吸引力，他们开始注意自己的长相，关注自己的穿着打扮，对异性表现出朦胧的好感，但这种好感一般只表现为默默的向往或单相思式的爱慕，个别胆大的孩子会通过偷送小礼物、写纸条、发短信等一些较为隐秘的形式表达自己的情感。

第五，师生关系有所削弱，从低年级的"绝对信任服从"逐渐发展到高年级的"客观评价，有条件接受"。

一般低年级的小学生对教师充满了崇拜与敬畏，老师的要求甚至比家长的话更具权威。对刚入学的孩子来说，老师的话是无可置疑，必须要服从的。随着年龄增长，从三年级开始，孩子不再无条件地服从、信任老师了，他们对老师的态度开始变化，开始对老师做评价，对不同的老师也表现出不同的喜好态度。

第六，大部分小学生与父母保持着较为亲密的关系，但随着年级升高，孩子独立性的提高及同伴交往的密切，孩子与父母易产生隔阂。

虽然小学生的人际交往逐渐丰富起来，与同伴、与老师的交往明显增多，但与父母的交往仍然是他们人际交往中不可缺少的部分。孩子对父母怀有深厚的感情，与父母保持着亲密的关系，父母在其身心发展中仍起着不可替代的重要作用，尤其是低年级儿童，父母的言传身教、对孩子行为的奖惩、对孩子的期待、对孩子的慰藉等都会影响孩子的个性发展。随着年级升高，孩子独立性的提高及同伴交往的密切，加之一些父母对孩子内心变化的关注不够，许多孩子会觉得与父母难以沟通，有话宁可与好朋友讲，也不愿对父母说。时间一长，孩子与父母之间的交流越来越少，隔阂就会越来越大。这种状况如不加以改善，伴随孩子进入青春期，孩子更趋自我封闭，且逆反心理加剧，亲子隔阂可能会演变为亲子冲突，这对父母双方，尤其是对孩子的发展都是极为不利的。上述案例 2 中彬彬与妈妈的冲突就是亲子交往中常见的一个场景。彬彬妈妈不能从孩子的心理真正理解孩子，用自己的意愿决定孩子的行为，缺少与彬彬平等的沟通，这些都会导致亲子冲突的爆发。

孩子的交往能力是孩子心理发展的重要方面，也是孩子以后能否适应复杂的社会环境的重要手段。家长应关注孩子的人际交往状况，给孩子提供交往的时间与空间，教给孩子与他人交往的策略与方法，指导孩子与周围人和谐相处。

交往是人类的必然伴侣。

——马克思

我愿意花费更多的金钱来提高自己与别人打交道的能力，这种能力比太阳底下的任何一种能力都更为重要。

——洛克菲勒

第 二 篇

健 康 成 长

　　让孩子健康成长是每一个家长的心愿，如何使身处小学阶段孩子做到健康成长呢？很多家长认为让孩子吃好、睡足、锻炼好、学习好就是健康成长。家长这样理解很好，可是在日常生活中，有很多关乎孩子健康成长的细节问题，如孩子穿什么样的鞋有利于足弓发育？在生活、学习中需要培养孩子哪些良好的卫生习惯？如何培养？对将要进入或已经进入青春期的小学高年级孩子提供哪些帮助？怎样提供帮助？诸如此类很多问题年轻的家长很容易忽视或遇到后不知如何应对。在此，我们将日常教养孩子过程中家长容易忽视的问题进行方法性引导，为了孩子的健康成长向家长提供更细致和行之有效的帮助。

第一部分
生长发育

一、怎样给孩子一个健美的身体？

　　孩子到了小学高年级，开始关注自己和同学的身材了。最近，盈盈总在家里抱怨："妈妈，你看我们班蒙蒙的腿，特别直特好看。怎么我的腿就不如她的直，没他的好看呢？"

　　妈妈也有点不知所措，怎样做能帮助孩子拥有一个健美的身体呢？

　　家长都希望自己的孩子体型健美，美的体型既包括形体的匀称，又包括体态的优美。优美的体态就是指行走、站立、坐卧时身体各部位呈现的优美姿势。如：站立时挺胸、收腹，两臂自然下垂，两肩向后略背，使头、颈、躯干和脚的纵轴线在一条直线上，使胸部比较出，男孩两臂比较粗壮有力、上体呈倒三角形的健美体态，而女孩身体舒展，臀部略上提，行走时躯体移动平衡、挺拔，坐的时候挺胸收腹，四肢摆放得体自然。

　　然而，当今的小学生，学习任务繁重，几乎有 1/3 的时间处于伏案状态。由于伏案时大多集中精力进行学习活动，因此，伏案的姿势常常是无意识的，时间久了，很容易形成习惯。这些习惯会导致孩子近视、脊柱侧弯、驼背等病症，损害其身体健康，严重时影响其身体健美。安排孩子学习过程中休息是必要的，但休息并不等于坐着或躺着，应该采取积极的休息方法——健身，帮助孩子在身体得到放松的同时获得健美的身材。下面介绍几种适合小学生的健身运动。

　　开肩运动。无论男孩还是女孩，如果在日常坐立行走过程中，肩部能自然向后展开，会显得人很挺拔。开肩运动是两臂自然下垂，两肩后背，开始训练时坚持一分钟后活动几下肩部再做，随着对训练的适应，两肩后背持续时间要逐渐加长。每天做开肩运动15分钟，训练后做整理活动，两臂向后做大绕环运动数次。

　　滑冰训练。儿童练习滑冰（水冰、旱冰）可以训练和提高孩子的平衡能力，特别是花样滑冰训练使孩子动作体态轻盈优美。滑冰对大腿、臀部肌肉是很好的锻炼，经常滑冰锻炼的孩子腿部血液供应更充分，大腿肌肉结实、臀部肌肉上提，皮肤紧而光滑，腿部会比同等遗传条件的孩子更修长健美。滑冰时由于躯干与大腿经常要保持九十度，挺胸抬头，这样会使孩子的"小腰板"更直。

立正训练。立正训练对练健美腿简单易行。具体的做法是全身保持正规的立正姿势，并上提丹田气，两腿并立，尽量挺直。O 型腿者要两脚并紧，两膝关节尽力相靠，使其增加内靠力量；X 型腿者，两膝关节要并紧，两脚跟尽力内靠。走路"内八字"严重的孩子在练习立正时可加大脚尖之间的开度，这样让孩子每天学习间隙休息时进行数次练习，每次不少于 15 分钟，有助于改掉孩子不良的走路姿势，塑造优美的腿型。

健美操。应该说健美操是一种卓有成效的锻炼形体的方法。健美操按练习形式可分为：徒手健美操、轻器械健美操和特殊场地健美操三大类。它作为一项有氧运动，具有所有有氧运动的健身功能。健美操能促进肌体各组织器官的协调运作，使人体达到最佳机能状态。长期参加健美操运动的孩子，身体生长发育匀称，肌肉健美，举手投足动作协调优雅，能很好地达到形体美与体态美的统一。

> 世上没有任何一件衣衫，能比健康的皮肤和发达的肌肉更美丽
>
> ——马雅科夫斯基

二、孩子长时间写字有何危害？

吃过饭，小娟就赶紧回房间写作业去了。

妈妈笑呵呵地对着喝茶的爸爸说："孩子现在知道刻苦学习了，经常给自己找一些练习题来做，一做就是半天，进步真是不小！"

"刻苦学习是好，但是我真担心她的眼睛……"爸爸却皱起了眉头若有所思地说。

面对越来越激烈的学业竞争，孩子刻苦学习自然是好事情，但长时间的写字、看书对孩子视力和身体发育会有极大的消极影响。

小学低年级儿童的眼睛晶状体弹性比成年人大，调节范围也比较广，即使把物体移到距眼球只有 5~6 厘米的地方，他们也能看得清楚。这样看书和写字时孩子很容易把书本放得离眼睛很近的距离，这时眼调节装置的紧张活动，不仅可能引起眼部肌肉的疲劳，而且可能导致近视的发生。

除此之外，儿童身体各部分有许多继发性骨化中心，这些骨化中心，从出生到青春期，按一定的时间、一定的顺序出现并发生形状变化和骨化、愈合，一般到22～25岁才完成。腕骨共有八块，儿童腕骨大约每岁出现一个骨化中心，女孩5～6岁长出7块骨化中心，男孩大约在6～8岁出现7块骨化中心。而写字中用到的掌骨和指骨则在9～11岁才完成骨化。根据以上特点，对于小学生的书写和手部劳动，应当适当调节，在骨化过程中，不要让他们长时间书写和进行手部劳动，对于小学低年级孩子连续写字时间不要超过半个小时否则会影响孩子手部骨骼和细小肌群发育。

家长朋友，为了孩子的身体健康，一定要提醒孩子在书写和阅读时注意如下卫生：书本与眼的距离最好保持在30～35厘米之间。我们知道小学儿童，眼离物体的距离越近，则所需调节度越大，当物体与眼的距离小于25厘米时，眼的调节度急剧上升，使眼的屈光状态向近视方向发展。因此为了减缓与克服长时间写字给眼睛带来的视觉疲劳，一定让孩子注意眼与书本的距离。另外在孩子一开始上学就要教会孩子对眼睛进行自我保健的方法。让孩子每持续学习30～40分钟就休息一次，休息时进行眼睛周围的穴位按摩，增加眼窝内的血液循环，改善眼部神经肌肉营养，缓解或消除眼肌紧张、痉挛和视神经疲劳的状态；还可以配合眼保健操做晶体操，即通过看远和看近的交替活动，改善眼睛的调节功能，以达到消除视觉疲劳的目的。平时多进行望远活动训练，缓解眼睛调节装置的紧张状态，注意远望时要有明确目标，不可望着漫无边际的天空。

孩子初学写字时，家长应交给孩子正确的写字方法和握笔姿势。铅笔或钢笔杆和练习本成60°，拿笔时食指应较大拇指低，使笔杆应用自如，不易产生疲劳。写字时还应保持良好的坐姿：脊柱正直，写字时头部不过分前倾，不耸肩，不歪头，两肩之间的连线与桌缘平行，前胸不受压迫，大腿水平，两足着地，保持一个均衡稳定而有不易产生疲劳的体位，避免孩子因写字疲劳而一手托腮或用肘部撑在课桌上，长此下去会造成孩子脊柱侧弯，形成一肩高一肩低，影响形体美。

> 保持身体的健康是一种职责，但只有极少数人意识到这一点
>
> ——斯宾塞

三、如何给孩子选双合适的鞋？

案例

学校组织学生去医院体检，同学们拿着表格排着队一个科室、一个科室地检查。回到学校，不知道怎么就传开小明是扁平足的消息。什么是扁平足啊？同学们其实也都不太清楚。小明向妈妈倾诉了他的苦恼，因为同学们都

笑话他，他很想知道是什么原因使自己成了扁平足？

妈妈也很困惑：每次买鞋都精心挑选，还特意为孩子挑了有弓形鞋垫的鞋防止扁平足，问题到底出在哪了呢？

许多妈妈都知道买鞋合不合脚、舒不舒服只有孩子自己知道，如果孩子不善于表达，而买回的鞋不合脚很容易让脚受罪，也容易影响脚的生长，给孩子选双合脚的鞋成了一件让家长操心的事。

跖骨、趾骨和跟骨构成人的足弓，足韧带、足底的肌肉、肌腱及筋膜的拉力维持着足弓。由于足弓富于弹性，使人站立行走时保持平衡，减少震动，可以保护足以上关节和脑。婴儿无足弓，足底全部与地面接触，随着生长，足弓逐渐形成。而跖骨、趾骨和跟骨一般也要到14～16岁时才能够发育成熟。如果少年儿童穿的鞋过紧、过窄都会影响到足骨的生长发育，严重的会导致足疾，如扁平足、拇趾关节畸形等。遗憾的是，小明的妈妈虽然意识到选鞋的重要性，却因为过于重视而走了误区，认为有弓形鞋垫的鞋保健舒适。

许多童鞋在鞋垫的脚心部分装有一块凸起的软垫，妈妈们一般认为它能托起足弓，令孩子感觉到舒适，并具有保健作用。其实，这种鞋比较适合成人穿，对于儿童来说它却缩小了足弓的伸展空间，使正处于发育期的足弓肌肉得不到必要的锻炼，长此以往可能会使孩子的脚变成扁平足。小明的问题正是这样引起的。

除此之外，妈妈们在为孩子选鞋时还常常容易走入下列几个误区。

误区一：鞋帮、鞋面越软越好。

由于儿童骨骼、关节、韧带正处于发育时期，平衡稳定能力不强，鞋后帮如果太柔软，脚在鞋中得不到支撑，会使脚左右摇摆，容易引起踝关节及韧带的损伤，还可能养成不良的走路姿势。因此，童鞋的后帮应硬挺、包脚以减少脚在鞋内活动的空间。童鞋的鞋面（尤其是脚趾头部分）如果太软，会难以抵抗硬物对脚趾的冲撞，加上孩子走路有用脚趾踢东西玩的习惯，过软的鞋面既不结实，又不安全。不过从脚背处的鞋面还是应该柔软些，以利于脚步的弯折。

误区二：鞋底的弯度越大越好。

童鞋鞋底要有适当的厚度和软硬度，过软的鞋底不能支持脚掌，易使孩子产生疲劳感。其实，鞋的舒适度除了来自合适的软硬度以外，还取决于鞋底的弯折部位，很多童鞋的弯折部位在中部，这样容易伤害孩子比较娇弱的足弓。科学的弯折部位应位于前脚掌关节处，这样才与行走时脚的弯折部位相符。

误区三：厚鞋底舒适防震。

在行走时，鞋随着脚步的运动须不断弯曲，鞋底越厚，弯曲就越费力，尤其对于爱跑爱跳的孩子来说，厚鞋底更容易引起脚部的疲劳，进而影响到膝关节及腰部的健康。另外，厚鞋底为了增加曲美，往往加大后跟的高度，这会使整个脚部向前冲，破坏了脚的受力平衡，长期如此会影响脚的拇指关节发育，甚至导致脊椎生理曲线变形，严重者将使大脑、心脏、腹腔的正常发育受到影响。因此儿童的鞋底厚度，应为5～10

毫米，鞋跟高度应在 6～15 毫米之间。

在此还要提醒家长不要给女孩穿高跟鞋、尖头鞋，这两种鞋都会影响孩子脚母指关节发育，使拇指关节增生变粗，不仅影响美观，还有可能造成拇指外翻的疾病发生，影响孩子行走。

> 生活中充满科学，家长要科学地为孩子选购合适的鞋。

四、怎样让孩子长得更高？

> 又是体育课了。老师说按身高重新排队，从低到高四个人一排。排完之后晶晶闷闷不乐，因为他被排在了第一排。而且最可气的是，后来晶晶还听说他和第一排的其他三个同学被起了个外号，叫"四小金刚"。回到家，晶晶噘着嘴问妈妈："妈妈，为什么别人能长那么高而我却那么矮呢，我怎样才能长高啊？"

怎样使孩子长得更高？是令很多家长困惑的问题。要知道影响孩子生长发育的因素是多种多样的，主要归纳为遗传因素和环境因素两大类。遗传是影响孩子发育的重要因素，孩子的身高很大程度上取决于遗传。孩子在良好环境下成长至成年，其身高与父母平均身高之间的遗传度为 0.75。即人体的身高 75% 取决于遗传因素，只有 25% 取决于营养、锻炼等环境因素。但是遗传潜力的发挥主要取决于环境条件，家长应当为孩子创造良好的生长发育环境。

正处在迅速成长阶段的孩子，必须不断由外界摄取各种必要的营养素，尤其是足够的热量和优良蛋白质，各种维生素、矿物质以及微量元素等。这些充足和合理的营养是孩子生长发育的物质基础。长期营养不良影响骨骼的成熟程度及其长度，使骨骼在愈合时长骨达不到应有的长度而形成体格矮小。孩子生长需要的营养均存在于粮食、蛋类、肉类、奶类、豆类以及蔬菜和水果等食品中，因此应强调科学饮食和合理搭配的重要性，从小培养孩子良好的饮食习惯。

在保证营养供给充足的前提下，体育活动是促进身体发育和增强体质最有效的方法。虽然运动本身并不能使遗传预定的身高增加，但是运动可以最大限度促进遗传潜力的发挥。运动可刺激生长激素分泌，促进新陈代谢，食欲增强。儿童经常从事体育运动，能促进骨的生长，使骨骼变长、变粗、骨密度增加。经常运动的儿童比不运动的儿童至少平均高 2～3 厘米。家长根据孩子的年龄、兴趣等来选择运动项目，弹跳运动如跳绳、摸起跳高、跳远、跑步等，有助于四肢生长；伸展运动如单杠引体向上、仰卧起坐、前后弯腰和各种悬挂性运动，有助于脊柱骨和四肢骨的伸展。全身性运动：篮球、排球、羽毛球、足球和游泳等，有利于全身骨骼的伸展延长。

最后，保证充足的睡眠也是孩子长高的重要影响因素之一。促进人体长高的激素——生长激素，在睡眠状态下的分泌量是清醒状态下的 3 倍左右。生长激素的作用就是促进骨骼、肌肉、结缔组织及内脏的增长。此外，睡眠时肌肉放松，还有利于关节和骨骼的伸展。因此，睡眠对于儿童不单纯是休息上的需要，更是促进身体发育的"催化剂"，所以保证充足的睡眠有利于长高。

对于晚长个和父母身高不高的孩子，家长要给孩子讲明，由于性别和个体差异，孩子进入身高突增期有早有晚，家长要给孩子信心，让孩子注意营养、睡眠和运动，以积极的心态迎接身高突增期的来临。

合理营养、体育运动和充足睡眠是孩子长得更高的最好配方。

五、孩子头晕怎么办？

案例

晓宇与妈妈说他最近时常有头晕的感觉，可妈妈观察几天，晓宇既没感冒也没其他的异常，好像头晕时间也没规律。晓宇到底生了什么病？

孩子身体不舒服家长最着急，家长要知道造成儿童头晕的因素并不唯一，其中，最主要的原因有以下几种。

贫血是儿童头晕最常见的原因之一。儿童少年正处在生长发育时期，随身高和体重的增长，需要的血量也相应增加，生长发育越快，对铁的需要量也越多。然而，许多营养调查发现，我国儿童食物中易被吸收的血红素含铁量较低，造成铁供给不足，使机体发生缺铁性贫血。很多孩子偏食，减少了铁摄取的途径。另外，消化道慢性疾病引起肠吸收不良，对铁吸收障碍也可能造成缺铁性贫血。有些极度偏食的孩子、长期慢性病的孩子、食量小但生长速度过快的孩子，可能还因蛋白质摄入不足发生蛋白质缺乏的营养性贫血。

贫血的一般表现为：皮肤、黏膜逐渐苍白或苍黄，尤以嘴唇、口腔黏膜及指甲床最为明显。贫血时，孩子会感觉疲乏无力，烦躁不安或者精神不振，食欲不振等。小学生还可能表现为上课时注意力不集中，经常走神，学习成绩下降，常常头晕眼花，有时耳朵里边轰轰响等。

孩子发生营养性贫血并不可怕，含铁丰富的食物主要有动物肝脏、蛋黄、红枣、豆类、瘦肉、海带、乌鱼、虾、紫菜、黑木耳、蘑菇等。孩子最容易吸收的高蛋白食物有牛奶和鸡蛋。家长只要合理给孩子安排这些食物，是可以满足儿童机体对铁和蛋白质的需要，起到防治营养性贫血作用的。而预防营养性贫血，家长要注意向孩子进行营养健康教育，使孩子做到不挑食、不偏食；适量补充维生素C，以促进非血红素铁的吸收，必要时可以给孩子吃些铁强化食品，让孩子养成每天至少喝一杯奶、吃一个鸡蛋的习惯，这样可以有效预防贫血。

孩子头晕还有可能是食物热量摄入不够。由于孩子肝糖原储备少，当孩子饥饿时，也会发生头晕现象，如果家长判断孩子是饿了引起的头晕，给孩子喝些糖水即可解决问题。

孩子看书过多，发生近视也会引起头晕。

此外，造成孩子头晕的原因也有可能是轻微的二氧化碳中毒。二氧化碳本身没有毒性，但当空气中的二氧化碳超过正常含量时，对人体会产生有害的影响，有时会出现头疼、头晕的现象。教室内常有大量人员聚集，空气很快会变为污浊，二氧化碳含量逐渐增加，不良气味加重，室内闷热和高二氧化碳的空气往往会引起孩子头痛、精神不振、注意力不集中等。因此，新鲜空气对孩子来说是必不可少的。无论是教室，还是家庭环境，都应保证室内保持新鲜空气和适宜的微小气候，及时合理的通风，通过空气的流动，排除室内的污浊空气，引入室外的新鲜空气，使二氧化碳浓度保持在合理范围内。

睡眠不足也会使孩子出现头晕，烦躁不安，食欲减低，精神萎靡的症状，因此应保障小孩子有充足的睡眠。每天的睡眠 9 ~ 10 小时为宜。除了保证睡眠的时间外，还应为孩子创造一个良好的睡眠环境：室内空气尽可能清新，光线略暗，没有噪音，这样可以提高孩子的睡眠质量。

对于有些体质弱的孩子，在感冒前期、咽部发生感染（中医说上火）早期并不会出现发烧现象，但孩子会有头晕的感觉，对此时的孩子家长要掌握规律，当孩子感到头晕时，及时观察孩子的咽部，看是否有红肿及扁桃体肿大现象，如有情况，及时就医。

如果孩子有头晕现象，请家长注意查明原因，对症采取相应措施。

六、体育锻炼对孩子内脏发育有促进作用吗？

案例

　　壮壮是一个小学五年级学生，快升中学了，同学们都在上各种班，妈妈也给他周末报了补习班。这是壮壮的周末日程安排：周六上午在 A 中学办的小学数学补习班进行三小时学习，周六下午在某民办学校办的英语补习班进行三小时学习，周日上午在 B 中学办的小学数学补习班进行两小时学习，周日下午做各补习班老师留的作业。周五、六、日晚做学校课内作业，看课外书。

"小升初"择校的竞争在某些大城市愈演愈烈，看看壮壮的日程安排，我们不难发现家长急于让孩子补习知识，忽视了孩子的体育锻炼。孩子在小学阶段正处在生长发育关键期，体育锻炼对此时孩子的生长发育包括孩子的内脏发育有着积极的促进作用。家长要积极督促孩子进行体能锻炼使他们有一个健康身体。

　　孩子在进行体育锻炼时，心脏血流量增大，构成孩子心脏肌肉的蛋白含量增加，心脏肌肉内毛细血管增生，这样使孩子心肌营养供应充足，促进心脏肌肉纤维变粗，使心室壁增厚，心脏收缩的力量增强，另外，体育锻炼还可使孩子心脏容积加大。所以，经常进行体育锻炼的孩子，心脏每搏动一次向身体输出血量高于很少参加体育锻炼的孩子，他们每分钟心跳次数比很少参加体育锻炼的孩子慢。例如 11 岁男孩的心率平均 82 次/分，而同龄体校男孩心率平均 74 次/分。由于心脏收缩有力，每搏输出血量增加，孩子每分钟心跳次数变慢，使孩子心脏储备能力增强，在剧烈运动时，经常体育锻炼的孩子和不锻炼的孩子的每分钟心跳次数达到同样的水平，但前者心脏的每搏输出量大，可满足身体大运动量的需要。所以，体育锻炼可促进孩子心脏发育，从而提高孩子身体有氧工作能力。锻炼还可使全身血流量改善，减少了血管壁胆固醇、脂肪等代谢物质的沉积，使血管弹性好。孩子在儿童少年时期保持血管弹性良好，将会减少成年后患心血管疾病，如冠心病、高血压等疾病的可能性。

　　孩子在小学阶段肺正在发育，8 岁时肺的容积为初生时的 8 倍，而成年人为 20 倍。小学生的肺组织血管丰富，尽管小学生肺组织结构和成人基本相似，但肺泡数量比成年人少，这时孩子的肺充血较多但含气少，所以肺功能相对较弱。体育运动，特别是游泳，能有效的促进儿童肺的发育，使肺泡数目增多，肺容积增大，肺功能相应得到提高。

　　呼吸运动是在神经系统支配下，由呼吸肌的收缩而引起的胸廓节律性扩大和缩小的活动。小学阶段的孩子呼吸系统的机能与成年人相差许多，通过体育锻炼，孩子肌肉运动产生大量的二氧化碳，刺激呼吸中枢，使呼吸加深加快，由此使孩子的呼吸肌得到锻炼，使呼吸肌更加有力。呼吸肌的发育，扩大了儿童胸廓活动的范围，使得胸腔容积增大，如一般人膈肌收缩上下幅度为 4 厘米左右，运动员可达 6～7 厘米，膈肌每下降 1 厘米，胸腔容积增大 250～300 毫升。体育锻炼促进孩子呼吸肌的发育，使呼吸运动的机能增强，呼吸频率、肺活量等项的生理指标都有明显变化。例如，10 岁体校小学生比同龄普通学校小学生的肺活量平均多 350～400 毫升。15～16 岁小运动员比同龄非运动员的肺活量平均多 515 毫升。

　　孩子经常参加体育锻炼，对消化器官的机能发展有良好的影响，体育锻炼后可以加强孩子胃肠的蠕动能力，使消化液分泌增多，使机体的消化吸收能力提高，增加食欲，有利于增强孩子的体质。

　　另外，运动能够健脑益智，这是因为运动能促进脑中多种神经的活力，使大脑的思维与反应更为活跃、敏捷。通过运动提高心脏功能、血液循环加快，使大脑享受到更多的氧气与养分、供给大脑更充分的能量。专家认为，凡是增氧健身运动皆有健脑作用，尤以弹跳运动为佳，如跳绳、踢毽子，跳橡皮筋、舞蹈等。

七、怎样避免低年级孩子上学时尿裤子？

　　读小学一年级的浩浩，每天放学看见在校门口接他的妈妈时，快乐的像小鸟一样奔向妈妈。可今天放学时浩浩心事重重地走到妈妈跟前，在妈妈的追问下，浩浩告诉妈妈，上课时尿裤子了。

　　在寒冷的冬天，看着湿着裤子的浩浩，妈妈又心疼又生气。低声说了一句：你真是越大越没出息。

　　排尿是人体重要的生理过程，通过排尿人体将代谢终产物，如尿素、尿酸、肌酐、二氧化碳、胆色素和多余的水、无机盐，以及外部进入人体内的毒物排出体外，保证人体内环境的稳定。尿的生成是连续不断的，生成的尿被运送到膀胱暂时贮存。成人膀胱一般可容纳 300 ~ 500 毫升的尿，当膀胱积尿到一定程度时，膀胱内压力便逐渐刺激膀胱壁上的牵张感受器，使其产生兴奋，兴奋经传入神经到脊髓骶部的低级排尿中枢，再将兴奋传到大脑皮层，使人产生尿意。大脑皮层可以根据当时具体情况决定予以抑制或排尿。如果当时情况不适合排尿，大脑皮层就暂时使排尿中枢抑制，使尿道括约肌收缩，以防尿从膀胱外溢。等到情况许可时，大脑皮层取消对其排尿中枢的抑制作用，使排尿反射得以实现，将尿排出。

　　小学低年级的孩子出现上课尿裤子的现象并不少见。儿童的膀胱容量比成人要小，例如 7 ~ 8 岁的儿童膀胱容量大约在 150 毫升左右，其容量随年龄增长而逐渐增大，在15 岁左右膀胱容量接近成人。儿童膀胱壁中的肌肉不发达，并且大脑功能发育不完善，因此控制排尿的能力较差，排尿次数多。

　　有些儿童由于刚入小学，不适应正规的课堂学习，加上情绪紧张，控制排尿的能力更差，在课堂上常会发生尿急、尿裤子的现象。另外，冬天气温低，人体很少排汗，体内多余的水分主要通过尿液排出，因此孩子冬天比夏天尿多。

　　为了防止孩子上课尿裤子的现象发生，家长可与老师联系，课间休息时及时提醒孩子上厕所，并在孩子主动上厕所后表扬孩子长大了，像个小学生了，帮助孩子养成上厕所的习惯，以免孩子因为贪玩而不能及时排尿。另外，家长还要告诉孩子，万一上课有尿要及时向老师说，不必紧张、害怕，长期憋尿会影响健康。

了解孩子、理解孩子，才能真正地帮助孩子。

孩子的世界，与成人截然不同；倘不先行理解，一味蛮做，便大碍于孩子的发达。

——鲁迅

八、如何帮孩子顺利度过变声期？

案例

元旦快到了，班里要举行联欢会，可是爱唱歌的小男孩张选怎么也不肯表演独唱，原来他的嗓音和以前不一样了。以前他的声音甜甜的、纯纯的，而且响亮，是班级和学校文艺演出的保留节目。而现在他的嗓音有些沙哑，有一次音乐课他唱歌没唱上去，还有些跑调，把同学逗得哄堂大笑。其实张选是进入了变声期。

所谓变声期是指孩子的嗓音由原来清脆尖细、稚嫩的童声转变为粗壮低沉的成人嗓音的变化时期，这也是第二性征发育的表现。女孩变声期一般在 13～16 岁，男孩变声期一般在 14～17 岁，变声期一般为半年至一年。这个时期是孩子喉头、声带增长发育的阶段。其表现为：声音嘶哑、音域狭窄、发音疲劳、局部充血水肿、分泌物增多等。由于变声期孩子的声带容易患充血、水肿、炎症等疾病，从而使孩子的声带变得粗糙松弛，声音嘶哑，如果不加以及时治疗，将造成很大麻烦。所以家长要特别注意帮助孩子保护好嗓子，顺利度过变声期，以免引起嗓音长期沙哑。

首先告诉孩子变声期是人体生长发育必经的阶段，谁都会经历，是正常的生理现象，让孩子了解青春期前后嗓音的变化，使孩子能正确对待嗓音的变化，保持心理和情绪的稳定。孩子出现变声现象家长不要过于紧张，也不要说一些"公鸭嗓"之类的嘲笑话，以免增加孩子心理负担。研究表明，情绪紧张常常会造成声带关闭不全、水肿、长息肉等病态。

告诉孩子变声期要注意保护嗓子，节制用嗓，不要大声喊叫、唱歌、争辩，否则易使声带受损，嗓子嘶哑。

家长要注意给变声期的孩子多吃些富含胶原蛋白和弹性蛋白质的食物，如猪蹄、猪皮、蹄筋、鱼类、豆类、海产品等。因为发声器官主要是由喉头、喉结和甲状软骨组成，这些器官又是由胶蛋白质和弹性蛋白质构成的。声带也是由弹性蛋白质薄膜构成。还要多吃一些如芹菜、番茄、蛋类、豆类、动物肝脏及新鲜水果、鱼虾、牛奶、豆制品等富含 B 族维生素及钙质的食物，增加孩子体质。不要吃炒花生仁、

爆米花、锅巴、坚果类及油炸类硬且干燥的食物，以免对喉咙造成机械性损伤。少吃酸、苦味的刺激性食物，如大蒜、辣椒、生姜、韭菜等，因这些食物会刺激气管、喉头与声带。不要喝太热的开水或太多冷饮，过冷或过热对声带都不利。在变声期更应忌烟酒，以防加重局部无菌性炎症。进食时宜细嚼慢咽，切忌快速进食，谨防食物中的砂粒、鱼骨刺伤咽喉部的组织。适量多饮水，可减少或清除咽喉局部分泌物，避免继发感染。

培养孩子良好的作息习惯，保证有充足的睡眠，每天最好睡足 9 小时。因为充足的睡眠可以使大脑供血顺畅，使高级神经活动正常，有效地发挥大脑皮层神经细胞对喉部肌肉的调节和支配。而且充足的睡眠也能使大脑、喉头得到休息。

平时加强体育锻炼。特别是在季节转换和冬季时，防止上呼吸道感染对嗓子的侵袭。冬天要注意颈部保暖。

女孩在月经期间，会出现生理性的声带充血，更应该注意少讲话、控音量、多饮水、多休息、多睡眠，保护好嗓子。

> 家长朋友，关注孩子的变声期，帮助您的孩子能拥有一副好嗓子。

九、如何给孩子讲关于月经的知识？

十一岁的男孩果果放学回家，神秘地趴在妈妈耳边说："今天我们班的李佳佳裙子上和椅子上流了好多血，把我们大家吓坏了，是我告诉老师的，把她送到了校医务室。妈妈，李佳佳也没有摔跤，怎么会流血呢？我会不会也那样呢？"妈妈问果果："男孩、女孩有区别吗？"果果说："当然有区别了，女孩子爱哭，我们男孩就不爱哭。"妈妈告诉果果："男孩、女孩还有许多不一样的地方，比如女孩到了一定年龄会出现'月经'，就像你班的李佳佳同学就是来了月经。"妈妈给果果讲了月经是怎么回事。

随着生活水平的不断提高及其他因素的影响，现在孩子的生理发育越来越快，十岁左右的女孩月经初潮已经不是极个别现象了。许多女孩子由于年龄小，又没有月经方面的知识，月经初潮时造成李佳佳这种尴尬局面后，往往会给孩子造成不小的压力，使她们精神紧张、压抑、害怕，甚至感到恶心、厌恶。另外在小学高年级和初中经常会有一些女生由于月经来潮而不参加体育活动，有的小男孩不了解是怎么回事，常常埋怨老师偏向女生。

家长们特别是妈妈们当女儿开始发育加快时，应该提前给孩子介绍有关月经的知识，使孩子心理上有一个准备，不至于事到临头，孩子担心害怕、不知所措。告诉女儿到了一定的年龄一般是 10 岁左右就会出现周期性的阴道出血，这就是月经。月经的来临意味着少女的生殖系统已开始成熟，开始具有了生育的能力。妈妈要告诉女儿月经是怎样形成的：女性都有供胎儿生长发育的地方——子宫，子宫内膜要周期性增厚、充血，当女性准备生小孩时，增厚的子宫内膜会为接受和滋养新生命创造条件；而不准备生小孩时，增厚的子宫内膜就会脱落，破碎的子宫内膜和血液就会由子宫经阴道排出，这种现象是有规律的，一般是每月一次，所以称为"月经"，让女儿知道月经是一种完全正常的生理现象。正常的月经是有规律的，月经间隔约为 28～30 天，月经一般持续 3～7 天。每次月经量约为 30～50 毫升，一般不超过 100 毫升。妈妈还要教给孩子流出的经血怎样处置，告诉孩子月经不是病，只要生活有规律，保持愉快心情，平时积极参加体育活动，注意经期卫生，加强身体保暖，注意营养，不吃生冷和刺激性食物，月经期间会正常度过的。并告诉女儿月经初潮时并发的腰酸、嗜睡、疲劳、乏力、下腹部坠胀、情绪低落等不适也属正常现象。为了让月经初潮的女儿有与自己以前不同的意识，建议家长为女孩的月经初潮，举行庆祝纪念活动，庆祝孩子长大了。增强女孩保健意识，记住做健康女人的注意事项，包括保护好自己。

　　对男孩子来说，就不一定必须是妈妈来告诉他有关女性月经的知识了。首先要找好时机，比如：当男孩子与经期女孩发生争执时，女孩经期烦躁时，女孩经期体育课长跑见习男孩不平时，这时爸爸或者妈妈要毫不避讳地告诉孩子真实的原因。告诉孩子男孩与女孩生理上有许多不同的特征。月经就是女孩特有的生理现象，不但要告诉男孩月经是怎样形成的，更要告诉他女孩在月经期间由于生理变化，可能会出现烦躁、情绪低落等现象，女孩在经期大脑皮层兴奋性降低，抗病能力减弱，过重的体力劳动和剧烈的体育运动，可能会使盆腔血流量加大，造成经血过多或经期延长等不正常现象，所以经期女孩不能做重体力劳动、激烈的体育活动。

　　家长在给男孩、女孩讲关于月经的知识时，一定注意向孩子传授科学的性知识，不要用"倒霉"之类的俗语。通过性科学知识的学习，使孩子了解自身和异性的发育特点，了解性心理变化，消除性神秘感、恐惧感，正确对待有关性问题。告诉男孩有关女孩的生理特点，可以使男孩在与女孩相处时，懂得如何尊重、爱护和保护女孩，培养他们绅士的交往风度。有助于培养孩子正确的性观念，为未来的家庭、社会生活打下良好的基础。

　　　　孩子只有科学的认识了自己的身体变化，才能真正地悦纳自己，关心善待他人。

十、如何给男孩讲关于遗精的知识？

一向不知道自己叠被子的小男孩亮亮早上起来自己匆匆把被子卷起来了，并且神情慌张地躲着妈妈的眼神。妈妈很是奇怪，问了半天，亮亮才不好意思地小声说："妈妈，我怎么尿床了？"妈妈来到床前，打开被子，立即明白是怎么回事了，她回过身来，摸着儿子的头说："儿子，祝贺你成为男子汉了。"

原来亮亮遗精了。

妈妈接了一杯水，洒在了被子的一角，让亮亮看看水的印迹和夜里他留在被子上的印迹，然后又让亮亮用手捏了捏两处印迹手感上的差异。妈妈说："你不是尿床了，是遗精。男孩性发育成熟以后都会出现遗精现象，不要害怕，也不用害羞，遗精是健康青年男性都要经历的生理现象，你出现了遗精，说明我们家又多了一位男子汉。"

当孩子出现遗精时家长要像亮亮妈妈那样给孩子一个明确的解释。其实遗精对男孩来说，是人生中具有里程碑意义的重大事件，意味着孩子生理发育趋于成熟，具备了生育能力，是一件应该祝贺的事情。

遗精是男性特有的生理现象，是青春期发育的重要标志，是指男子在自己不知晓的情况下，精液自行流出的现象，如发生在睡梦中，为梦遗。进入青春发育期的孩子，生殖系统逐渐发育成熟，体内的性激素分泌增多，男孩不仅睾丸、附睾、输精管、阴茎等性器官迅速生长发育，同时第二性征显现，如体格粗壮、肌肉发达、喉结突出、嗓音变得低调而浑厚、胡须、阴毛开始出现等；当睾丸及附属生殖腺发育成熟后，除分泌更多的性激素外，还会产生精子，分泌精液；当精液在体内越积越多，在大多数情况下，即使没有外界性刺激，也会排出体外，即出现遗精，可以说处于青春期的孩子遗精多数属于一种"精满自溢"的正常生理现象。遗精后，即释放了性紧张也为新产生的精子提供了生存空间。当然遗精还与性欲冲动或生殖器受到外界刺激有密切的关系，比如性自慰、看有性爱镜头的画面、穿过小、过紧的内裤、盖过厚的被子等。在性刺激下，精液有时就会不自觉地排出体外。

家长发现孩子出现了遗精现象，应该像亮亮妈妈一样，明确地告诉孩子有关遗精的正确的知识，千万不能骗孩子，否则他们可能害羞、害怕，或者通过不正当途径寻找答案。要告诉孩子遗精是一种正常生理现象，不用紧张，也不用担心，有了一次遗精以后，每隔几星期还可能出现遗精，这是身体发育的必然现象。要教给孩子如何处置遗精，告诉他们要讲究卫生，男孩也要每天清洗下身。同时父母不要让孩子穿过小、过紧、面料粗硬的内裤，内裤清洗后要在太阳下晾晒，应注意不要腹向下卧睡，最好醒来就马上起床，避免发生自慰行为。

有调查表明，有 17.29% 的青少年对遗精感到恐慌，有 64.73% 的青少年对自己的遗精毫无思想准备，由于对遗精的知识不了解，如果再受不正确思想的影响，有的青少年在心理上就形成沉重的负担，感到害怕和焦虑。所以家长要给孩子介绍关于遗精的正确知识。

家长要注意的是由于男孩的遗精经常发生在夜间不经意的时候，遗精不像女孩的月经容易观察，如果孩子不说，家长不容易及时发现，会给孩子造成一定的困惑与恐慌，所以，当孩子到了遗精的年龄，家长要注意观察孩子的生理、心理变化，及时给孩子介绍遗精的知识。

> 家长要学会和孩子一起用科学的知识和态度面对孩子的发育。

十一、如何给男孩和女孩讲授乳房发育的知识？

男孩亮亮害怕地对妈妈说："我的乳头好像变大了许多，碰一下还有些痛呢，我会不会得了什么病？会不会越长越和女孩一样呢？"

女孩芳芳悄悄地对妈妈说："我的乳房摸起来软软的，有点痛，我担心是不是得了什么奇怪的病？"

每个少男少女都会遇到乳房发育的问题。对于女孩来说，乳房发育早的孩子她们可能会感到害羞，有的孩子甚至会想办法束胸，若处置不当将会造成驼背、含胸。对于男孩来说，对女孩的乳房发育会感到好奇，产生联想，而对自己身体的乳房发育会感到困惑，因为许多男孩认为乳房只有女孩才会发育。孩子们都不太清楚乳房发育的知识，也不了解相关保健知识。

家长与孩子最亲密，能够时刻观察到孩子的个体发育情况。家长要告诉孩子，乳房是个多变的器官，男孩女孩乳房都有一个发育过程，只不过男孩女孩乳房发育有很大的差别。要告诉孩子们乳房发育的几个时期的表现，让孩子心里有数，有思想准备，并且能够及时发现乳房发育过程中的问题。

家长要告诉孩子，女孩子的乳房会随年龄、月经周期、有无怀孕而在大小、功能等方面发生明显的变化。

在幼儿期及儿童期，乳房没什么发育，而且乳房发育开始阶段不会有什么感觉，因为这时的一切都在人的体内悄悄地发生着。女孩到 10～12 岁时由于性激素的作用导致乳房组织迅速生长。一般青春期的乳房发育分成五个阶段：第一阶段，乳头开始突出。第二阶段，从 10～12 岁左右乳房开始发育，乳晕也变大，乳房形成一小丘状。第三阶段，13～14 岁左右，乳头及乳房继续发育。第四阶段，从 14～15 岁左右，乳晕及乳头开始隆起，而乳房也逐渐成球状。第五阶段，十五岁以后，乳房发育渐渐成熟、定型。女性如果怀孕，在受孕后数周最明显的变化是乳房胀大并且持续整个怀孕期。

家长要告诉孩子女孩的乳房和子宫内膜一样，会受体内各种激素的影响而产生变化，当乳房发育的时候，乳房有一点点痛是正常的，因为这时的乳房正在经历一个剧烈的改变。这时精神要放轻松，佩戴合适的乳罩。但是如果女孩感到的是刺痛，同时还伴有红、热、皮肤肿胀，或是发现了以前没有的肿块和硬块，或是乳头出现任何分泌物，一定要告诉家长，最好去看医生，以确保健康。

家长还要注意告诉孩子踏入青春期的男孩子有相当一部分也会出现乳头变大，碰一下还有些痛的现象，其实这是所谓的乳晕现象，是因为男孩性激素暂时性失调所致。男孩子产生这种现象，大部分在半年至两年之内便会消失。

家长朋友，不论您的孩子是男孩还是女孩，您都有必要及时给他们介绍有关乳房发育的知识，使他们了解自己、了解异性的乳房发育，知道悦纳自己，善待异性，特别是让男孩懂得不能碰触女孩胸部的原因，要尊重并善待女孩。

> 家长一定要及时给孩子讲有关性发育的知识，这样会避免孩子发生很多不该出现的烦恼。

第二部分
营养、生活与学习卫生

一、龋齿病仅仅是危害孩子的牙齿吗？

案例

1995 年全国牙病防治指导组组织第二次全国口腔健康流行病学调查的结果显示我国 5 岁年龄组儿童龋齿患病率为 77%，平均每个儿童有 4.5 颗龋齿，全国牙病防治指导组组织开展的第三次人国口腔健康流行病学调查显示：我国5岁年龄组儿童龋齿患病率为66%，平均每个儿童有3.5颗龋齿，近十几年来国家投资为儿童免费提供口腔检查和龋齿预防性治疗，儿童龋齿患病水平呈现下降，中国儿童的龋齿减少了一千多万颗。

　　国家为什么如此关注儿童牙齿健康？龋齿病仅仅是危害孩子的牙齿吗？

　　龋齿也就是俗话说的"蛀牙"或"虫牙"，是一种由致龋细菌作用，是口腔中食物残渣发酵产酸而破坏牙齿的疾病，牙齿结构被破坏后，会引起严重疼痛。龋齿病是儿童中的一种常见病，很多家长认为龋齿病仅仅是"牙坏了"，并没引起足够的重视。

　　儿童发生龋齿，会造成乳牙在正常换牙前缺失，即乳牙早失。孩子乳牙早失，将使咀嚼功能下降，食物在口腔中得不到充分咀嚼，加重胃肠消化负担，影响食物的消化和吸收；孩子在咀嚼食物过程中，会对颌骨产生生理刺激，促进颌骨发育，乳牙早失，使孩子得不到足够咀嚼力的刺激，使颌骨发育不足，影响脸型发育；另外乳牙在引导恒牙正常萌生出起着重要作用，若孩子乳牙过早缺失，继替恒牙尚未萌出，以致恒牙错位萌出，形成牙列拥挤畸形，影响颜面美观。孩子发生龋齿后，由于牙疼或牙齿缺失，导致孩子在进食时，不能充分咀嚼食物，增加胃肠负担，长期不充分咀嚼食物，会引起胃痛。

　　龋齿病还可继发牙根尖发炎，病变区的有害代谢产物或细菌的毒素，可由血液或淋巴带到身体其他器官，引起心内膜炎、关节炎、慢性肾炎、虹膜睫状体炎等，这些继发病对孩子健康危害很大。

　　因此，家长特别要注意对学龄前及小学低年级孩子的乳牙及刚萌生恒牙的龋齿病预防。龋齿病的预防主要从以下几方面着手进行。

　　（1）祛除牙菌斑：祛除牙菌斑就会破坏致龋细菌的生态环境。没有致龋菌斑的存在，龋齿病就不会发生，因此祛除牙菌斑是预防龋齿病发生的一个重要而有效的途径。控制牙菌斑的有效方法是用药物牙膏刷牙抑制和杀灭菌斑中的致龋微生物、提高牙齿的抗病能力。因此，家长应监督孩子早晚刷牙、正确刷牙，用保健牙刷和含氟牙膏刷牙。另外，家长应给孩子选择小头牙刷，使牙刷在孩子的口腔内上下运动灵活，能较好地清除牙菌斑。某些添加化学制剂、药物的牙膏，对抑制牙菌斑的形成、预防龋齿有明显效果，家长可以帮孩子选用合适牙膏，并与氟化物共同使用效果更突出。

　　（2）调节孩子饮食预防龋齿病：家长一定要限制孩子吃糖类食物，因为糖类食物是致龋细菌的食物，家长要督促孩子尽量做到吃完糖、饼干后漱口，不给致龋细菌的生活和繁殖提供营养和能量。

　　（3）增强孩子的抗龋能力：牙齿在发育过程中所遗留的窝沟太深或牙齿排列拥挤不齐，往往容易使食物残渣、细菌滞留，易形成牙菌斑，这些部位极不容易清洁，为龋齿病的发生提供了有利条件。许多临床研究报告表明，封闭窝沟对预防龋齿的效果很好。

　　食物中的矿物质，特别是钙、磷对牙齿的矿化很重要，因此家长要加强对孩子钙、磷的补充，培养孩子好的饮食卫生习惯，全面平衡的营养，有助于增强孩子牙齿的抗

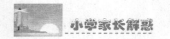

蝺力。

科学的基础是健康的身体。

——居里夫人

二、怎样对待孩子吃饭慢的问题？

　　红红5岁多了，但她的吃饭问题一直困扰着妈妈。红红在幼儿园里吃饭很慢，幼儿园老师用了很多的方法，也没有改变她吃饭慢的问题。在家里，妈妈也想办法鼓励她，引导她，甚至也打过，但都没有用。红红委屈地说："妈妈，我想吃快都吃不快，是不是我的嗓子眼细啊？"

　　很多家长都会受到孩子吃饭慢的困扰，其实，只要家长和老师引导好，这个问题就会随着孩子的年龄成长而慢慢消失。

　　孩子吃饭慢，可能有如下的几个原因：孩子从小就是被大人喂大的。在孩子1岁半左右的时候，是孩子养成自喂习惯的一个关键时期，如果在这个时期，没有好的自喂训练，这就如同你没有给孩子学习机会，却要求孩子考试得高分，那是不可能的；家长还要反思，在孩子小的时候是不是给孩子的食物都过于细软，其实在孩子1岁以后，就可以让孩子吃中等硬度的食物，如果孩子的咀嚼功能没有得到锻炼，以后吃饭当然会慢；还有就是习惯的问题，家长应该留心观察孩子在做其他的事情时是不是也慢呢？有些孩子吃饭慢可能是因为孩子的性情本就如此，孩子的性格就是比较慢的那一种，这不是什么毛病，细心的家长一定要好好的观察清楚。

　　家长要想改变孩子吃饭慢的毛病，首先要改变孩子吃饭的时间，规定好吃早饭、吃午饭、吃晚饭各自需要的具体时间。即使孩子这段时间吃的少一点，也不要紧张。要先制订好时间，和孩子讲清楚，不管吃什么，只要他们15～20分钟吃完，妈妈就高兴。如果孩子做到了，家长要拥抱他们，夸奖他们。

　　等孩子完全把这个时间建立起来了，家长开始实施第二步。家长应在孩子吃饭过后的两、三个小时以后，给孩子准备一些水果、糖果或者小点心，避免孩子产生饥饿。但不要让孩子多吃，要告诉孩子，如果吃太多了，午饭或者晚饭就吃不下去了。

　　家长在纠正孩子吃饭慢的过程中，一定要注意养成孩子吃饭不看电视的习惯，更不能让孩子边吃边玩、边吃饭边说话，使孩子的注意力要全部集中在吃饭这件事情上，孩子吃饭的速度才能加快。否则孩子的注意力时不时地分散，不仅吃饭速度慢，还不利于孩子进行消化。

随着年龄的增长，习惯的逐步养成，孩子吃饭慢的问题自然而然就会得到解决，所以家长千万不要急躁，要以安详的态度和切实的行动来感染孩子，做孩子的好榜样。

家长一定要把握好"细嚼慢咽"和"吃饭慢"的度，不要催促孩子，否则孩子会为加快吃饭速度没有将食物充分咀嚼，影响消化，或孩子由于着急而出现呛噎的情况。

孩子的唾液分泌较少，所以在吃馒头等主食时，家长要注意教孩子随时用汤来润嗓子。但家长千万不要为了加快孩子的吃饭速度而让孩子吃汤泡饭，吃泡饭对处于生长发育期的孩子来说，尤其有害。因为长期食用泡饭，不仅妨碍孩子胃肠的消化吸收功能，还会使孩子咀嚼功能减退，让咀嚼肌发育不良，严重的还会影响成人后的脸型。同时，吃泡饭还容易让孩子养成囫囵吞枣的不良饮食习惯。

> 家长朋友，不要心急，只要孩子养成好的进食习惯，吃饭慢的问题自然会得到解决。

三、怎样让孩子养成学习环境通风的习惯？

案例

小华和伙伴们每天在教室内学习、吃饭、玩耍，可是每天到了下午的时候，小华都会感到脸发胀、通红、不断地出大汗，慢慢地还会觉得自己的头有些晕，注意力总是集中不了，没有早上那样有精神。其实，小华的这些症状是由于他的学习环境没有经常通风，导致室内二氧化碳过高而产生的身体不良反应。

教室通风不良的情况主要发生在冬季，在教室内有数十名学生进行学习，若教室窗户紧闭，室内的空气很快就会变污浊，而教室空气中孩子呼出的二氧化碳的含量逐渐增加，氧气越来越少，不良气味随之加重。尽管课间教室会开门，由于空气不对流，教室内二氧化碳浓度在课间虽然有所降低，但仍高于教室卫生标准要求。有学者对教室空气中二氧化碳浓度进行检测发现，上午第四节课后室内二氧化碳浓度远高于早晨第一节课前，最高时教室内二氧化碳浓度达到正常值的 3～5 倍。室内闷热和高二氧化碳浓度的空气会引起孩子疲倦、头痛、精神不振、注意力不易集中，大脑工作能力下降。孩子的学习环境不经常通风换气还会导致微生物污染超标，空气死循环，使有害气体、病菌、悬浮微粒在孩子体内不能及时排出，容易引起孩子上呼吸道感染等疾病，危害孩子健康。

新鲜空气对于正在生长发育的儿童少年来讲是必不可少的。一般而言教室空气中二氧化碳浓度的标准以不超过 $0.1\% \sim 0.2\%$ （$1000 \sim 1500ppm$）为宜。通风的目的是通过空气的流动，排出室内的污浊空气，送进室外的新鲜空气。为了保证教室内有新鲜空气和适宜的微小气候，要注意使孩子养成合理通风的好习惯，保证教室充足的氧气供应，保证脑力劳动对氧气的需求，提高孩子大脑的学习效果。

合理的为孩子的学习环境通风还可以减少甲醛、苯等有害物质对孩子的伤害。甲醛、苯主要来自装修材料和桌椅。低浓度甲醛虽然不会引起急性刺激，但可能会增加孩子对过敏原的敏感性，引起慢性刺激，甚至诱发癌症。

家长应告诉孩子教室等学习生活环境不通风会造成哪些危害，孩子上学前提醒孩子课间要打开教室门和窗户，使教室内的空气对流，督促孩子课间多去操场活动，呼吸新鲜空气才能保证头脑清醒。如遇大风或暴雨等天气，家长应告诉孩子在楼道里活动。孩子放学回家后，要在聊天中"不经意的"向孩子了解教室通风情况，鼓励孩子给教室通风的行为。孩子冬天在家学习时，家长应提醒孩子注意每隔一小时就要开窗进行通风换换新鲜空气，家长要通过不断的督促和给孩子讲清通风换气的道理，使孩子养成给学习环境通风换气的好习惯。

> 疾病能感觉到，而健康则一点感觉不到。
>
> ——富勒

四、如何培养孩子良好的作息习惯？

1988 年 1 月 18～21 日，75 位诺贝尔奖获得者在巴黎聚会，以"21 世纪的希望和威胁"为主题，就人类面临的重大问题进行研讨。

在会议期间，有人问一位诺贝尔奖获得者："您在哪所大学、哪个实验室学到了您认为最主要的东西呢？"

这位白发苍苍的获奖者回答："是在幼儿园。"

提问者愣住了，又问："您在幼儿园学到些什么呢？"

科学家耐心地回答："把自己的东西分一半给小伙伴们；不是自己的东西不要拿；东西要放整齐；吃饭前要洗手；做错了事情要表示歉意；午饭后要休息；要仔细观察周围的大自然。从根本上说，我学到的全部东西就是这些。"

这段对话说明从小养成的良好习惯会影响人的一生，会时时刻刻起作用。诚如著名教育家蒙台梭利所说："三岁决定一生"。在《培根论人生》一书中，这位伟大的思想家曾专门论述习惯与命运的关系。他说：人们的行动，多半取决于习惯。我们常说的习惯在科学上称为动力定型，即将条件刺激按固定不变的顺序重复多次后，大脑皮层通过兴奋和抑制过程在空间和时间上固定下来，由此建立的条件反射越来越稳定、准确，即形成动力定型。

儿童一切技能训练和习惯培养都是通过条件反射建立的动力定型。建立动力定型以后，孩子的神经通路变得更通畅，因而条件反射的出现越来越恒定和精确，并成为条件刺激，孩子的大脑就能以最小的能量消耗，收到最大的工作效果。比如：孩子每天早饭后按时到校、课间上厕所、做好课前准备按时完成作业、按时睡觉等，在老师和家长的多次督促下，这种顺序和时间在大脑皮层上固定下来，有了规律，每到一定时间，孩子的大脑就知道该干什么了，干起来很自然。正如孔子所说："少成若天性，习惯如自然"。孩子一切技能和习惯的训练与培养，都是动力定型的形成过程。

影响孩子作息习惯的因素有很多，比如身体状况、睡眠质量、生活环境、生活习惯等。培养孩子良好的作息习惯，家长应从孩子的个性特点出发，不要千篇一律，通过观察孩子的兴趣、爱好、集中注意力的时间等，制订适合孩子的作息时间，在实践中慢慢验证并加以修正，再验证，直到形成有利于孩子发展的动力定型。

孩子有规律的生活能使大脑和神经系统的兴奋和抑制交替进行，天长日久，在大脑皮层上便形成动力定型，这对促进孩子身心健康是非常有利的；同时，孩子有了良好的作息生活习惯，会形成一个合理的生物钟，从心理学角度来说，思想决定行为，行为决定习惯，而习惯又影响一个人的性格、思想品德的形成，因此，养成好的生活习惯尤其是良好的作息习惯，对于孩子将来学业、工作、生活都有积极的促进作用。家长如果能够正确地、科学地帮助孩子养成良好的作息习惯，将会给孩子带来享用不尽的好处。

有规律的生活原是健康与长寿的秘诀。

——巴尔扎克

五、怎样帮助孩子养成良好的个人卫生习惯？

案例

一本杂志上曾经报道过一位从国外考察回来的学者提到的这样两件小事：他在欧洲一个城市的海滨公园的草坪边的椅子上歇息，看见旁边长椅上与父

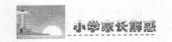
母在一起的一个四五岁的小女孩，走到十多米外的一个垃圾桶，把一张巧克力的包装纸扔了进去，又高高兴兴的走回来。那位学者便问小女孩，你为什么走那么远去扔一张纸呢？那女孩认真地回答，这草地那么美，要是我把废纸扔在上面，它就不美了。

回国后，那位学者在上海一个街心花园的草地边，也碰到一个四五岁的小女孩与父母一起散步，那女孩吃过冰淇淋后，也走到垃圾箱前把包装纸扔了进去，学者便问她："小朋友，你干嘛走那么远去扔一张纸呢？"女孩悄悄地说："妈妈说，城管叔叔就在那边，乱扔要罚钱的！"

上述案例反映家长的教育观念和教育方式的不同。我们总说家长是孩子第一位老师，家长的言行对孩子有着极大的影响。生活中孩子会本能地模仿成人（特别是家长和教师）的言语、行为，很容易地接受他们的观念。因此，家长要给孩子做出好的榜样，这是培养孩子良好的卫生习惯的重要方法之一。另外家长要注意用形象、科学或美丽的语言影响孩子对养成卫生习惯重要性的认识，提高孩子的思想境界。如在春天踏青时，遇到草坪里有果皮，家长可以说：小草是春天的使者，给春天披上的绿衣真美，那块果皮要是朵小花多好啊！然后家长用纸巾包起果皮扔到果皮箱中；当家长发现孩子早晨自觉的洗漱并收拾干净后，可以赞扬孩子像清晨刚用露水洗过脸的花朵。相信这样的家长教养出的孩子一定是有良好的卫生习惯并懂得欣赏环境的孩子。

孩子的个人卫生习惯是条件反射长期反复形成动力定型的结果。卫生习惯是"习以为常"的卫生行为，家长必须通过反复实践来培养孩子的习惯并使其加以巩固和保持。

家长要本着"从小抓起、适合年龄特征、循序渐进、持之以恒、切合实际"的原则来培养孩子的个人卫生习惯。孩子的年龄越小，可塑性就越大，更容易建立条件反射，形成习惯。

培养孩子的个人卫生习惯，要与孩子的生理和生活需要相适应，少年儿童在不断生长发育的过程中，对外界环境因素的适应能力也在不断地提高，因此卫生习惯的培养必须从简单到复杂，要考虑孩子原有的水平，不可脱离实际、过分要求。

家长应培养孩子的个人卫生习惯包括以下几点：孩子个人身体和环境的清洁卫生，避免其所处环境受污染；有规律的日常生活卫生；科学合理的生活起居习惯；合理的饮食卫生习惯；对即将或已经进入青春期的孩子，家长还应注意培养孩子的青春期卫生习惯。

家长应帮助孩子逐步建立各种有益的条件反射。先建立的条件反射为后来更复杂的条件反射准备条件。从心理上讲，家长要先培养孩子对外界具体事物（或动作）的兴趣，引起孩子注意，从而产生感性认识。随着儿童的年龄增长，感性认识在培养卫生习惯方面的重要性就更加显著。

儿童少年每日至少有2/3的时间生活在家庭中，家庭的合作与督促是非常重要的。家长需要重视学校培养孩子卫生习惯的具体要求，并积极争取合作。要求他们能把在学校获得的卫生知识和正在形成的卫生习惯，回家后加以保持、巩固而不致被改变、抵消。

良好的个人卫生习惯的养成是一个不断积累的过程，家长应时刻提醒孩子，使孩子习惯成自然。同时，当孩子开始注意养成某一习惯时，家长应及时给予表扬，并鼓励孩子坚持下去。总之，培养孩子良好的个人卫生习惯，要符合孩子生理和心理的发展规律，家长要帮助孩子不断强化，同时要注意讲解其中的科学道理，使孩子在感性、理性、实践多个层面认识养成良好卫生习惯的必要性。

> 家长朋友，只要循序渐进，您的孩子一定会养成良好的个人卫生习惯。

六、如何提高孩子的学习效率？

案例

　　小龙天资聪颖，家长觉得只在学校学习还不够，又给他报了电子琴、绘画、作文、围棋等学习班，结果这个孩子患了抽动症。

　　小萱已经上了数学奥林匹克班，家长又给他报了物理奥林匹克班，孩子不堪重负，结果患了强迫性思维症，只好停学休息。过重的学习负担不仅没有提高孩子的学习成绩，反而造成了孩子的心理障碍，影响了学习。

我们都知道孩子学习时间长并不等于学习效果好，要提高学习效率，就要先了解孩子的学习心理规律，处理好学与玩的关系。在休息日，我们经常可以看到家长送孩子去上各种各样的学习班，孩子们几乎没有时间自由自在地玩耍。

另外孩子本身学习能力不足造成的学习成绩差，但是家长不了解如何用科学的方法来提高学习能力，而是更加限制孩子的娱乐时间，整天逼着孩子学习，孩子一看到书本就头疼，故意磨磨蹭蹭，看到孩子是一天到晚坐在那里，实际上一点也没有学进去。有些家长一发现孩子学习效率低，就怀疑孩子智力有问题。其实，造成学习效率低的因素有多种，家长在焦急寻找解决办法之前，先要明确孩子学习问题的症结，才能对症下药，解决问题。

能力的个体差异：正如人的身高和肤色存在差异一样，大脑加工和处理信息的能力也存在着差异。有的人擅长用视觉进行学习，有的人对声音特别敏感，有的人则喜欢一边动一边学习。每个孩子都有自己最擅长的学习模式，没有找到适合自己的学习模式，学习效率自然就低。比如，擅长边动边学习的人，要求他们一堂课45分钟一动不动地端坐着听讲的方式对他们而言学习效果当然很差！

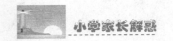

学习动力不足：学习动力与学习效率成正比。对小学生来说，学习动力大部分来自学习兴趣，孩子对学的内容感兴趣，学习就积极主动；孩子对不喜欢学的东西则千方百计地逃避，即使被家长逼着学习，也是敷衍了事，成绩当然不会好。对此类孩子，家长一定要在激发孩子的学习兴趣和提高孩子责任心上下工夫，多表扬、多鼓励。

学习习惯不好：良好的习惯受益终身。一个孩子如果上课不听讲，一边学习一边玩，总是写字潦草，做题马虎……这个孩子的学习成绩一定不会好。培养孩子良好的学习习惯应从孩子入学开始，如果已经过了这个阶段，就应该加强弥补工作，力求帮助孩子改掉不良的学习习惯。

学习方法不当：一只小虫碰到网上，中央的蜘蛛马上就知道了。知识也一样，如果学习方法得当，就能融会贯通，举一反三；如果死记硬背，抓不住重点和难点，不能形成知识结构，最后肯定学不好，一点效率都没有。对这类孩子，父母应加强对孩子学习方法的指导。

学习环境不良：有些孩子的学习问题是学习环境造成的。例如父母不顾孩子的特点把孩子送进重点班，孩子在激烈的竞争中总是落后，感受不到成就感，对班级环境越来越感到压抑；父母的朋友多，经常到家里串门，无法给孩子提供一个有利于学习的时间与空间；父母离异造成孩子很多心理困扰等，这些不良的学习环境都会造成孩子学习的低效率。

学习能力有缺陷：所谓学习能力有缺陷即学习障碍，与智力无关。主要表现为儿童在听、说、读、写、算等方面出现明显的困难。目前，被诊断为学习障碍的儿童人数虽然有逐年上升趋势（约占在校生的 5%～10%），但总数仍很少。而且，除个别发现有大脑损伤外，绝大部分孩子没有异常。对存在学习障碍的孩子，应当针对孩子特殊的学习能力不足进行专门培训。

家长要提高学习效率，就要了解孩子的学习心理规律，处理好孩子学与玩的关系。要从小培养孩子的效率意识，让孩子切实体会到高效率做事带来的好处。增强他（她）的时间观念，培养之初，在孩子做任何事前都要给孩子设定一个完成的时限，使孩子意识到做事不可以拖拖拉拉。如果孩子又快又好地完成了学习任务，家长要及时鼓励孩子，并把剩余的时间给孩子自由支配，让孩子感受到高效率学习的好处。

有的家长一看到孩子在玩，就很不高兴，不但要孩子按时完成学校布置的作业，还要求孩子学习更多的东西。爱玩是孩子的天性，据心理学家研究发现，在孩子心理发展的过程中，游戏是一个不可或缺的重要内容。游戏是孩子心理发展的重要活动，通过游戏，孩子的语音能力、归纳概括能力、抽象逻辑能力等将得到发展。那些缺乏游戏训练的孩子，尽管认字和算术能力挺好，但对自然和社会常识的了解甚微，智力活动的广度和灵活性较差。因此，家长不要一厢情愿地向孩子灌输知识，把孩子变成了被动接受知识的"机器"，要根据孩子的心理发育规律，因势利导，因材施教。该玩时就让孩子玩，并让孩子玩得尽兴，到学习时孩子的学习效率也就能自然而然地得到提高。

科学的幼苗要向爱迪生的母亲一样爱护才能保全。

——陶行知

七、孩子学习疲劳有哪些表现？

案例

　　赵宏今年11岁，上小学五年级，父母双双下岗，一家人的日子过得很艰难，但是爸爸妈妈全力支持女儿读书，希望她将来可以圆他们的大学梦。小虹也很争气，勤奋学习，回家吃完饭就做作业，从不舍得花时间玩，成绩一直名列前茅。到了六年级时，成绩略有退步。眼看要升初中了，学习压力越来越大，于是小虹不仅推迟了晚上睡觉的时间，连在学校课外活动时间也用来读书。一个学期下来，小虹脸色苍白，视力减退，一看书就头痛，记忆力大不如从前，成绩也越来越不理想。

　　其实小虹的这些症状就是学习过度疲劳的一种表现，父母希望小虹将来出人头地，而小虹为了圆父母的大学梦，发奋读书，本来无可非议，但是过于强调目的性，要求过高，不懂得科学用脑，误认为学习时间越长，成绩就越好。因此一味蛮干，日夜苦战，长此发展下来严重损害了自己的身心健康。

　　为了孩子的健康和可持续发展，家长一定要让孩子懂得科学用脑，防止因过长时间学习导致学习疲劳。学习疲劳是孩子在长时间学习的状态下大脑细胞功能损耗超过其功能限度时所引起的一种抑制，此时孩子大脑会停止工作，用来保证其功能的迅速恢复。因此，学习疲劳的出现实际上是孩子自身产生的一种保护性反应，是孩子在一定紧张程度和持续时间的学习后产生的一种生理现象。暂时性学习疲劳表现为孩子身体各个器官、系统的功能和全身的学习能力暂时降低，一经短期休息便能恢复，所以也称为急性疲劳。孩子早期出现疲劳主要表现为：做作业时显得不安静，也就是常说的"坐不住"，总是做一些不相干的事情，一会儿动动这个，一会儿摆弄摆弄那个，打哈欠，作业出的错误增多，思考的时间也越来越长。发现这种现象家长要注意提醒孩子停止学习，给孩子大脑充分的恢复时间。而不要逼着孩子"想不出来接着想"、"直到做出来为止"，如果这样就违背了孩子的大脑工作特点，对孩子的生理和心理的正常发育都会产生不良影响。

　　孩子学习过程中产生疲劳是不可避免的，重要的是家长应该帮助孩子采取一些措施使孩子大脑得到积极的休息。如各科作业轮流做，学习40分钟休息一会儿，学习2小时后提醒孩子听一会儿音乐或到户外活动一会儿。这样就可让大脑得到积极的休息，

缓解疲劳。

　　学习疲劳大致可以分为学习性生理疲劳和学习性心理疲劳两类。但事实上两者密切相关，难以截然区分。长期学习疲劳会导致过劳，使孩子出现亚健康状态，主要表现为：视力减弱，食欲不振，面色苍白，血压升高，大脑供血不足、失眠等。生理疲劳、过劳会进一步加剧孩子学习心理疲劳，孩子年龄小，对学习的主观能动性较弱，学习的目的性不强，而孩子学习时间过多，孩子所从事的学习活动与其心理需要不相符，因而孩子难以对学习内容形成积极的态度，从而出现学习性心理疲劳。学习性心理疲劳是一种主观上的疲劳，其主要表现为：对学习的厌倦，学习热情低、注意力涣散、思维迟缓、活动效率低等。孩子一旦发生学习心理疲劳，学习成绩会显著下降。

　　家长要想让孩子保持较好的学习状态，在平时的生活中要多关心孩子的身心健康，为孩子营造一个宽松、愉悦的家庭氛围和学习环境，避免长期学习疲劳，杜绝孩子学习过度疲劳症状的产生。

　　凡是身体精神都健康的人就不必再有什么别的奢望了。身体精神有一方面不健康的人，即使得到了别的种种，也是徒然。

——洛克

八、哪些营养会促进孩子的智力发育？

案例

　　人的大脑只有1400克左右，儿童的大脑更轻，一般来说，大脑重量只占人体重量的1/40~1/50，但它每天消耗的能量，却占全身消耗能量的1/5，这种情况提示我们，如果营养缺乏，最先出现反应的肯定是大脑，科学家们在对青少年进行的智力测验中看到，凡记忆力差，观察力减退的孩子，与儿童期或青春期长期营养不良有直接的关系。

　　谁都希望自己的孩子聪明伶俐、智慧过人。除了先天因素、一定的社会环境及后天教育外，家长们都可从日常的膳食中，为您的孩子智力发育提供良好的保障。

　　科学家认为，儿童大脑畸形的发生原因，是母亲在怀孕初期缺乏维生素所造成的，在所有的维生素中，对智力影响最大的是维生素B类、维生素C、维生素D和维生素E。

　　人的神经系统对缺乏维生素B类尤其敏感，如果缺乏维生素B_1，会导致神经细胞衰退，功能变弱，因此，不能让孩子总是吃精白米和精白面，而要经常吃些糙米，玉米等。另外，猪肉中含维生素 B_1 较多。

如果孩子缺乏维生素 B_6，神经系统的功能会造成紊乱，孩子会厌食，烦躁，注意力无法集中，这时应该让他们吃些含酵母的食品，如馒头等，也可以多吃些火腿，以补充维生素 B_6。

维生素 C 是神经传递介质的重要组成部分，承担传递信息的任务，缺乏它，大脑接受外来刺激，向外发布命令的"线路"就会变得不通畅，所以维生素 C 的供应会直接影响到孩子的智商。实验证明，维生素 C 的消耗量增加 50%，智商就能增加 4 个百分点，所以孩子更应该多吃富含维生素 C 的水果和蔬菜，至于维生素 D，它能使神经细胞的反应敏捷，人会变得果断和机智，鱼类食品可补充维生素 D。

维生素 E 前几年被人称为"美容素"、"抗衰老素"，具有防止脑细胞衰老的功效，如果缺乏，脑细胞膜就会坏死，人也就会变得呆傻。而补充维生素 E 的食物主要是动物肝脏、植物油以及含麦芽的食品，如啤酒、麦芽糖等。

维生素类为孩子智力活动提供能量，是造就聪明孩子必备的营养成分。

蛋白质是构成脑细胞的主要成分之一，成长发育阶段的少年儿童更需要大量蛋白质的供养。在鱼、肉、蛋、动物内脏、牛奶和奶制品中，都含有大量蛋白质，应给孩子适时补充以上食品。对于少年儿童来说，猪脑、牛脑、羊脑和脊髓是促进脑发育的极佳食品。因为这些食物中所含氨基酸的比例与人类大脑细胞的氨基酸比例十分接近，是健脑的最佳食品。

磷脂好比是机械运转时所必需的润滑油。大脑如同是机械的最精密部分，因此需要的润滑油也最多，神经细胞膜主要是由磷脂制造的，孩子的大脑在发育中所需要的磷脂供应也最多。芝麻、核桃、蛋黄、动物脊髓中含大脑所需的磷脂，也都是补脑的很好食品。

大脑的正常运转，需要足够的糖来供应，葡萄糖是大脑工作的能源物质。经过测试，大脑每小时要消耗 4～5 克葡萄糖，每天约需 100～120 克葡萄糖，相当于 24 块糖果或 240 克面包的含糖量，与全身对葡萄糖的消耗量相比，这是非常可观的。不过，需要提醒家长的是不要因为大脑需要糖，而让孩子去大嚼糖块，这样做是有害无益的。大脑所需最好的糖是所谓的"慢性糖"，即米饭，面包，玉米，土豆等食物中的淀粉，这些淀粉在消化过程中缓慢地被分解成葡萄糖进入血液，这样大脑细胞就能源源不断地接受葡萄糖的供应。

几乎所有的微量无机元素都与智力的发育有关，但有些是直接的，有些是间接的，对智力来说，锌、铁、铜这三种微量元素最重要。英国的一份研究报告说，患有诵读困难症的儿童往往缺锌。还有一些科学家用动物做试验，发现缺锌的动物模仿能力大大降低。补锌的食物以玉米、苹果和牡蛎等贝类为好。缺铁不仅会造成贫血，影响身体发育，还会使大脑的运转速度降低。补铁的食物以猪血、鸡血、鸭血等动物血为最好，其他食物有菠菜、贻贝、可可制品及含酵母的食物等。缺乏铜元素，会使人变得智力迟钝，而牛肝、羊肝中含铜较多，可以给孩子适量补充。

谷氨酸能改善大脑机能，对某些痴呆病有治疗作用。它还能消除脑代谢中的"氨"的毒性。家长要注意给孩子多吃些含谷氨酸的食物，如牛肉、大米、黄豆、乳酪和动物肝脏等。

磷是大脑重量活动中必需的一种介质，它不但是组成脑磷脂、卵磷脂和胆固醇的主要成分，而且参与神经纤维的传导和细胞膜的生理活动，还参与糖和脂肪的吸收与代谢。适当进食虾皮、干贝、黄豆等含磷丰富的食物，对大脑的智力活动有益。但磷与钙应按 1∶2 量供给，否则，磷摄入过多反而会影响钙的吸收。

现在城市儿童饮食普遍存在的问题是营养不均衡，粮食、蔬菜摄入少，蛋白质过剩，这对孩子的智力发育不利。

> 菽麦实所羡，孰感慕甘肥。
>
> ——陶渊明

九、开发孩子的右脑难吗？

案例

美国的中学教师爱德华，在上美术课时，发给每位学生一幅人物肖像画，让他们去临摹，但许多同学感到力不从心，无处下笔。正在他焦急之际，忽然冒出一个怪主意：让孩子们把肖像倒过来再照着画！这样做的结果出人意料，让学生倒着画，孩子们不费劲地将肖像的主要特征很快画了出来，真是又快又好。

为什么改变了画的位置后就取得了不一样的效果呢？这是因为，当画面正放的时候，孩子们看到的是一个"人"，因此就想千方百计地把这个人画得"像"，而这些思维过程是在大脑左半球进行的。我们知道，大脑左半球是指挥逻辑推理和语言表达的，右半球却具有空间、形象的思维功能，将画面倒过来，孩子们看到的就成了各种线条和空间结构了，只要将这些线条和空间结构画好就行了，将原本属于左脑的工作转移到了右脑，从而使右脑的功能得到开发和利用。

美国西北理工大学校长谢佐齐教授到中国访问时，曾经指出：中国教育非常严谨，具有十分严密的逻辑性和丰富的知识性，培养的学生抽象思维能力比较强，显然左脑比较发达，而动手能力和表达能力相对较弱，说明缺乏右脑的训练。他带过不少中国留学生，大多数的笔试成绩非常优秀，可是解决实际问题和协作的能力就比较差了，如有的人生活自理能力很差，有的人不善于与他人合作，有的人三分钟的即兴演讲很糟糕。他认为，问题的根源就是左、右脑的训练失衡，缺乏对孩子右脑的开发。

左右脑相比，右脑处于弱势，只有在左脑的兴奋镇静下来后，右脑才有"表现"的机会。右脑功能，主要表现在直觉、节奏、形象、想象、空间感、整体感等方面。我们学校的教育活动绝大部分是锻炼左脑的，如语言的学习、数学运算等，家长渐渐忽视了孩子右脑的开发。其实开发儿童的智力、提高儿童的多种能力、培养儿童的综合素质，就是开发儿童的右脑。只有不断刺激、激化儿童的右脑，才能促进右脑的健康发展，促进形象思维能力、创造性思维能力的不断提高。

开发孩子的右脑并不难，家长可以借助以下几种方法开发孩子的右脑。

刺激指尖法：苏联著名教育家苏霍姆林斯基说："儿童的智力发展表现在手指尖上。"他将双手比喻为大脑的"老师"。人体的每一块肌肉在大脑层中都有着相应的"代表区"——神经中枢，其中手指运动中枢在大脑皮层中所占的区域最广泛。现在许多父母让孩子学习弹琴，实际上就是很好的指尖运动（如小提琴）。随着双手的准确运动就会把大脑皮层中相应的活力激发出来，尤其是左右手并弹的钢琴、电子琴对开发右脑有极大的好处。

借助外语开发右脑：美国神经外科近年发现：儿童学会二、三种语言跟学会一种语言一样容易，因为当孩子只学一种语言时，仅需大脑左半球工作，如果孩子同时学习几种语言，孩子的大脑右半球就会自动"启用"。

借助音乐的力量：心理学家发现音乐可以开发右脑。所以父母应该让孩子学习音乐。此时，可以在孩子从事其他活动时，创造一个音乐背景。音乐由右脑感知，左脑并不因此受到影响，仍可独立工作，因此孩子在不知不觉中右脑得到了锻炼。

经常练习使用左手：有些家长害怕孩子成为左撇子，就强迫儿童使用右手。这些做法不利于孩子右脑发育。我们大脑皮层负责对侧肢体的感觉和运动，左侧的大脑半球支配右侧肢体的运动，右侧大脑半球支配左侧肢体运动。所以家长聪明的做法是应该有意识地教孩子学会双手并用，比如加强孩子在足球运动中用左脚踢球、篮球运动中左手运球的训练等。在运动中对右脑细胞激发比静止时来得快，由于右脑的活动，左脑的活动相应受到某种抑制，人的思想或多或少地摆脱了现成的逻辑思维方法，灵感经常会脱颖而出。

培养儿童形象思维的能力：教孩子指物画画、指物说词，听故事绘画、想象故事绘画，这些都有利于孩子右脑的开发，从而促进孩子的形象思维发展。

> 学会有效地、均衡地利用和发展孩子两侧大脑半球的功能，才能够使我们的孩子更聪明。

十、怎样避免孩子近视？

上小学四年级的小华回家抱怨看不清黑板上的字，爸爸很着急，带小华到眼科医院去看病，结果医生一检查小华的视力出现了问题。没办法，四年级的小华从此只能戴上一副沉甸甸的眼镜了。

由于儿童眼睛的近点距离近，所以当孩子们在读书写字时，往往会将书本放到离眼睛很近的地方。但这样时间久了，会使孩子眼睛的调节装置（睫状体）长时间处于紧张的调节状态，晶状体凸度增大，屈光能力过强，当孩子看远物时也不能放松，出现远视力下降，看远处的物体时会感到模糊，此时孩子的眼睛已经发生了近视，严重时还可能会出现头晕、头痛、恶心等症状。

在以下几种情况下孩子特别容易患近视眼，家长应引起重视：

1. 睡觉少的孩子：特别是 7～9 岁、12～14 岁的孩子，如果孩子睡眠时间少，或由于课业负担过重而人为剥夺孩子的睡眠时间，会引起部分儿童发生近视。

2. 早产儿：早产 2 周以上的孩子在儿童期常发生近视。

3. 出生体重轻的孩子：凡出生时体重低于 2500 克的小儿，在青春期前易发生近视。

4. 父母为近视眼的孩子：父母近视程度越高，遗传倾向越大。

5. 缺锌、缺维生素 A、偏食、体质虚弱的孩子。

当孩子读书、写字时，家长要检查孩子的坐姿，使孩子脊柱保持挺直，身体不前倾，不耸肩，不歪头，眼与书本的距离保持在 30～50 厘米之间。孩子看书、写字的时间不宜过长，每过 30～40 分钟家长要提醒孩子休息几分钟。不要让孩子在走路、乘坐汽车时看书，也不要让孩子在光线暗淡或强光下看书、写字，因为在这些情况下孩子的眼睛必须频繁地调节，很容易使眼睛产生疲劳。

孩子在看电视时，每过半小时到一小时就应该提醒孩子休息 5～10 分钟，时刻提醒孩子眼睛与电视平面之间的距离，应该是电视平面对角线长度的 5～7 倍；电视平面的高度可以略低于眼高；为了避免电视光耀眼，家长可以在孩子看电视时给孩子再开一盏小灯。

孩子使用电脑时，家长要注意提醒孩子，眼睛与屏幕距离保持在 50～60 厘米，屏幕中心高度应该比孩子眼睛的平视线低一些。根据孩子年龄，家长合理安排使用电脑时间，一般每使用三十分钟后，家长应督促孩子休息，以减轻由过长时间用眼而造成的视觉疲劳。

很多孩子生病在家休息时，由于无事可做，常躺在床上看书或看电视，这是很不好的习惯。生病使孩子体弱，特别是高烧之后，身体各部分功能下降，容易疲劳，眼睛也是如此，身体虚弱时过度用眼会导致近视或使原有的近视情况加重，所以孩子生病时一定要少看书和电视。

眼睛疲劳是造成近视的重要原因，打乒乓球能预防眼睛近视。打乒乓球时双眼必须紧紧盯着穿梭往来、忽远忽近、旋转多变的快速来球，使眼球内部不断运动，眼球内血液循环增强，眼神经调节机能提高，能使眼睛的疲劳消除或减轻，起到预防近视的作用。

家长应该督促孩子适当做眼保健操，眼保健操是系列的穴位按摩，通过按摩，改善眼睛的血液循环，消除眼部肌肉的疲劳，对孩子的视力有非常重要的保健作用。

家长还应注意孩子的饮食，据多年来的研究，硒缺乏是引起视力减退的重要原因，动物的肾、肝和眼睛含有极丰富的多种氨基酸及微量元素硒，是预防孩子近视的理想食物。此外家长要给孩子多吃含钙、磷和维生素 A 丰富的食物，如：鱼、虾、海带、南瓜子、杏仁、核桃、豆类等；也可适当给孩子补充维生素 B1。甜食、糖、大蒜、韭菜食用过多对视力有影响，家长应让孩子适量进食。

家长要注意定期检查孩子的视力，学龄儿童最好每半年检查一次，以便及早发现视力异常，及早治疗。

> 孩子拥有一双健康的眼睛，生活会更加美好！

十一、孩子看电视也有讲究吗？

案例

对很多孩子来说，长假就意味着整天泡在电视前。当今社会，一个孩子一天看上 3～5 小时的电视已经是很普遍的现象了。在美国，有调查结果显示，有些高中毕业生一天看电视的时间甚至可以达到与其上课时间相等的地步。随着电视节目变得日益丰富，看电视在孩子日常活动中所占的时间已经开始压倒其他的活动。

孩子通过看电视可以学到很多有趣的知识，还可以通过电视认识大千世界，看电视成了孩子日常生活的一部分，可是家长们，你们知道吗？孩子看电视也是有很多讲究的。

孩子看电视亮度要适宜：在收看电视时，不宜将电视机的亮度开得太亮。通常电

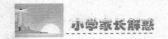
视机的亮度开关应处于中小档位置，使图像保持明暗适度为宜。若彩电亮度开得太大，荧光屏太亮，与室内光线的反差就会更大，会使孩子的眼睛疲劳，不利于保护孩子的视力。

孩子看电视距离要合理：孩子看电视时，家长应叮嘱孩子最好平视，让孩子保持与电视机的距离为电视机屏幕的 7 倍，也就是如果您家的彩电是 29 英寸，那么 29×7＝203 英寸，应让您的孩子与电视屏幕保持在 203 英寸以外为适宜。

孩子看电视光线要合理：对于 70 英寸以下的电视来讲，因为它不能占据孩子的所有视野，所以最好有环境光线，以免电视的高亮度与旁边的黑暗形成过分鲜明的对比。当您的孩子在昏暗的环境下看电视时，家长最好在电视旁给孩子开一盏小灯，以免孩子的眼睛由于亮度的过分鲜明的对比而产生疲劳。

电视的角度要合适：电视的角度摆放不合适，会导致孩子在看电视时由于反光等原因而产生视力疲劳。目前液晶电视的可视角度最大已经可以达到 176 度，电子扫描速度比普通电视明显加快，所以家长最好给孩子选择液晶电视，这样有利于孩子的眼睛的健康。

家长在孩子看电视时除了做到以上几点外，还有以下几点建议需要家长参考，尽量让电视能促进您孩子的健康成长。

首先家长应仔细留心一下自己的孩子一般一天都看多长时间的电视，并对孩子看电视的时间做出适当的限制。想完全禁止孩子看电视是不合实际的做法。但是，将孩子每天看电视的时间限制在 1～2 小时仍是比较合理的。家庭里还应有规定，即吃饭时间不能看电视。在家庭环境中，提倡大家多说话，多沟通。此外，家具的放置不要以电视为中心。卧室里最好不要放电视。

> 家长朋友，让我们学会利用好电视这个学习资源，千万别让电视成为影响孩子健康的杀手。

十二、十岁的孩子要注意补充哪些营养素？

小兰是小学五年级的学生，妈妈发现小兰开始进入青春发育期，明年就要升中学了，学习越来越紧张，小兰妈妈到处打听，这时该给孩子吃些什么？

孩子十岁以后就开始进入青春发育期，正处在旺盛生长时期，生长发育突然增快，身高年增长率为 3%～5%，体重每年增长 4～5 千克，个别达 8～10 千克。十岁的儿童生殖系统也开始发育，性腺发育，性激素分泌增多。这时儿童对热量的需要相对比成人要大得多，7～10岁的儿童每天需要2000千卡的热量供给量，10～13岁的儿童每天则需2300千卡。除热量的需要增加外，十岁的孩子对矿质元素也有特殊的需求。

蛋白质是构成人体结构的主要成分。我们肌肉组成的3/4的物质都是蛋白质，大脑组织中1/2是蛋白质。另外，我们的皮肤、毛发、血液等主要成分都是蛋白质。十岁儿童正处于生长发育旺期，肌肉开始快速增长，身高突增，器官发育都需要大量蛋白质供应，这个阶段儿童若长期缺乏蛋白质，就会导致生长发育迟缓、记忆力下降、体重减轻、容易疲劳、贫血、抗病能力减弱、创伤和骨折不易愈合、消瘦等现象。家长可从以下两种途径给孩子补充蛋白质：一是从鱼、肉、蛋、奶中为孩子补充动物蛋白质；二是从谷类和豆类中为孩子补充植物蛋白质。动物蛋白质特别是牛奶和鸡蛋中的蛋白质最容易被孩子消化吸收，营养价值更高。

儿童每日每千克体重摄入3克脂肪即可，脂肪提供的热量为孩子全天总摄入热量的25%～30%为宜。十岁儿童需要摄入一定量的脂类为生长提供原料，特别是脑和神经的发育需要磷脂的供应，充足的磷脂可提高神经系统的灵敏性，增强记忆力。磷脂含量较高的食品有大豆、芝麻、核桃、蛋黄等。另外，家长尽量让孩子吃适量植物油，因为植物油中不饱和脂肪酸的含量比较高，其中还有不少是人体自己不能合成的必需脂肪酸，这些必需脂肪酸不仅容易吸收，营养价值也比动物油脂高，这些油脂有利于儿童发育。

十岁儿童合成构成身体的蛋白质和骨骼生长都需要大量的矿物质，如钙、磷是骨骼和牙齿发育所必需的矿物质。十岁儿童开始进入身高突增期，此时的儿童对钙的需求量远远高于成人，一旦缺钙，孩子的生长发育变慢，特别是骨密度受影响，孩子还容易发生骨折，同时牙齿钙化不完善，易发生龋齿。牛奶是钙和磷来源的理想食品，不仅比例适当，而且容易被孩子吸收利用，家长可以合理安排在孩子的每日膳食中。

另外，家长还应注意给孩子补充一些微量元素。比如铁，是构成血红蛋白的重要成分，孩子缺铁将引起营养不良性贫血，一般动物性食品中的铁多以血红素铁的形式存在，易被孩子吸收，绿叶蔬菜和红枣含铁量较高，也是理想的补铁食品。微量元素锌参与体内多种酶、核酸和蛋白的合成，在新陈代谢中起着重要的作用。十岁正值生长发育的旺盛时期，此时孩子若缺锌，会导致生长发育迟缓、偏食、味觉改变，严重时还会引起近视，对大脑发育产生影响。最新研究发现，锌对钙的吸收和骨化过程都起到重要作用，孩子缺锌也会导致缺钙，影响生长，因此家长应适量给孩子补充含锌较多的动物性食品（如瘦肉）。十岁儿童进入了青春期，甲状腺迅速发育，甲状腺素分泌增多，促进儿童骨骼肌肉生长，甲状腺素合成需要大量碘元素。因此，家长要注意这个时期给孩子多吃些海带、紫菜等海产品，补充碘元素，保证孩子身体、大脑和腺体健康生长与发育。如这时儿童摄入碘不足会造成青春期甲状腺肿大现象。对于各种微量元素的补充，家长还可选择含各种微量元素的强化盐轮流食用，如强化锌盐、铁盐等。

家长朋友，为孩子进入青春期发育做好准备，为孩子提供一个合理的膳食计划，和孩子共同迎接新的成长旅程。

十三、怎样帮助孩子达到老师提出的写字要求？

 案例

小浩是一名一年级的小学生，妈妈发现，刚学写字的他，握笔的时候掌心是垂直向下的，小手握笔握得特别紧，由于握笔姿势不正确，所以小浩总是歪着头才能看见自己写出来的字。妈妈很着急，怎么才能帮助小浩达到老师提出的写字要求呢？

有人说低年级的孩子以识字为主，写字次之。可实际上孩子的写字训练不但与识字密切相关，相辅相成，而且起着重要的作用。

年龄小的孩子的特点一是缺乏耐心，二是喜欢受表扬，三是有好奇心、有冒险精神。针对孩子以上特点家长应采取相应的辅导方法，帮助孩子达到老师提出的写字要求，这对培养孩子以后的学习习惯起着"奠基石"的重要作用。

在孩子回家做作业的过程中，家长要注意纠正孩子的写字姿势，培养孩子写字的好习惯，使孩子在写字时坚持做到"三个一"，即身体离桌子一拳远，握笔的手指离笔尖一寸远，眼睛距纸面一尺远。

孩子在写字的过程中，要让孩子全身的重量平均落到臀部；双脚平放，略分开；保持挺胸、坐直，胸与桌沿保持一拳的位置；两臂自然屈伸，右手执笔，左手自然按于作业本的左侧面。对于刚刚学习写字的孩子，家长要教给孩子正确的握笔姿势，即右手执笔时，手指离笔尖一寸，用大拇指、食指分别从两个方向夹住笔杆，用中指的第一节垫在笔杆下端；大拇指不能压在食指上，无名指和小指依次自然弯向手心，并放在中指下方，笔杆后端在虎口上端处；眼睛需能看到笔尖。

孩子刚开始写字时，家长可以坐在孩子身边，叮嘱孩子每写一个字都要力求做到眼到、笔到、心到，保证每一个字书写得规范、端正、整洁，培养孩子的耐心。

低年级孩子的课文短，生字少，笔画简单。所以当孩子放学回家后，家长可以让孩子说出今天在学校学到的所有汉字，并分别说出每个汉字各自笔画的名称及它们在田字格中的位置，培养孩子的细心和耐心。让孩子将所学的每个生字认真地书写二遍，第一遍是由理性认识到实践，第二遍是巩固练习。这样做使孩子加深对生字的认识，为孩子独立书写打好基础。

家长还可以利用晚上的时间每天让孩子按照生字表上的字体临摹，每天不用练习很多，2~3 个字足够，经过一段时间的练习，孩子就可离开字帖，独立书写。

孩子写的字漂亮，家长要给予及时的表扬，对于孩子总是写不好的字，家长不要着急，劝导孩子静下心来一笔一画慢慢练习，给予孩子足够的鼓励与信任，直到孩子写好为止，此时要给予孩子及时的肯定，使孩子体会到成功的快乐。

此外，家长还应多与老师联系，询问孩子在学校时的写字情况，告诉孩子在学校时也要保持好的写字习惯。当家长得知孩子在学校写字得到老师的表扬时，应给予同样的赞赏，鼓励孩子坚持下去。

培养孩子养成一个良好的写字习惯是非常不容易的，孩子的写字习惯是一个不断积累的过程，并不是单靠在学校的几节写字课就能培养好的，所以当孩子自制力差时，家长的帮助与督促以及与老师的主动配合将有利于使孩子养成良好的写字习惯。

> 家长朋友，只要您有耐心和恒心，在您的帮助下您的孩子会迈好学习的第一步，养成良好的写字习惯。

十四、孩子唱歌要注意什么？

案例

孩子们都喜欢唱歌，很多家长给孩子报了各种各样和音乐有关的兴趣班：美声班、儿歌班、乐器班等。当家长听到他们清脆甜美的歌声时，打心眼里高兴。可是，并不是所有的孩子都能一下子唱出美妙的歌曲，有些孩子声音嘶哑，唱不出好听的歌声，令家长很苦恼。

孩子的发声器官正处在成长发育阶段，柔嫩而脆弱，所以在孩子唱歌的过程中应该特别注意保护好嗓子。这里，给家长们提供需要注意的几点做法。

唱歌前要让孩子认真做好发音练习。因为发声是唱歌的准备活动，犹如运动员在进行大运动量比赛之前，要做准备活动一样。因此发声练习不仅要练好音准，更重要的是要掌握正确发声、呼吸的方法。发声时，应提醒孩子放松喉部肌肉，声音要轻松、饱满，音域不宜过宽，音量要适中，呼吸要均匀。否则就像运动员不做准备就上场比赛会拉伤肌肉一样，不认真做好发音练习就开始唱歌，孩子的声带肌肉就会出现撕裂、破损，不利于孩子声带的正常发育。

不要唱超过孩子音域的歌曲，很多成人歌曲都不适合儿童歌唱。儿童年龄越小，音域范围越窄，根据孩子的不同年龄，要在音域范围上作不同的处理：3~4 岁可在 C 调的"1"到"6"范围内练习，4~5 岁可在 C 调的"1"到"7"范围内练习，5~6

岁可在 C 调的"1"到"2"范围内练习，7～9 岁可在 C 调的"1"到"3"范围内练习。如果家长不按照孩子自身的年龄给他选择适合的歌曲演唱，会对孩子的声带造成影响。音域过高的歌曲会使孩子声带处于高度紧张状态，过低又使声带受到压抑。

防止孩子大喊大叫。由于少年儿童的声带比较娇嫩，大喊大叫使声带处于超负荷状态，容易疲劳，过多的喊叫还容易引起孩子的声带充血，出现声音嘶哑，引起声带疾病。

注意孩子的变声期。一般来讲，女孩 13～16 岁、男孩 14～17 岁是变声期。这段时间，孩子的生理与心理都在发生变化，特别是男孩子发音变得粗而低，音域不稳定，甚至唱歌的兴趣也减退。因此变声期内应教育孩子正确认识这一生理现象及其卫生常识，尽可能给孩子选择适合他们唱的歌曲，并让孩子多用轻声练唱。女孩在月经期也不要长时间唱歌或唱音调过高的歌曲，避免声带充血造成炎症。

不要让孩子在尘土、风沙飞扬的地方唱歌，注意口腔卫生，防止呼吸道疾病，这是保护声带的一个重要方面。口腔与呼吸道的疾病都会轻重不同的影响声带，使声带充血、水肿，甚至嘶哑。有口腔与呼吸道疾病的孩子，家长应注意让孩子尽可能地少唱或者不唱。

要教育孩子少吃刺激性的食物与饮料，更不要让孩子在嗓子疲劳的情况下吃冷食，因为骤然的冷热刺激容易引起伤风感冒，导致发声器官发炎。

> 家长朋友，孩子唱歌时要注意卫生，孩子才会有一个美妙的歌喉。

十五、给孩子准备什么样的桌椅好？

案例

晓峰刚上学就赶上住新房子，爸爸特意给晓峰买了写字台，每天晓峰写作业时心里可美了，他和爸爸妈妈一样有个宽大的写字台了。可过了几天，小凤总感觉在家写作业累得快，写一会儿作业就想离开玩一会儿，妈妈对爸爸说晓峰条件越好越不知道努力学习。小凤听见有些委屈。

晓峰家的情况是很多家长在给孩子挑选桌椅时都会出现的问题。另外，在商场中的儿童课桌椅和写字台琳琅满目，家长真不知究竟选择哪种才适合自己的孩子。

儿童的骨骼每年都在生长发育，结构、大小合适的课桌椅才能使孩子保持良好的坐姿，减少疲劳，降低和防止孩子近视眼和脊柱弯曲的发生和发展。如果孩子长期在不合适的课桌椅上学习，就会导致孩子不良的坐姿，从而导致孩子发生近视、驼背和脊柱侧弯。有的孩子坐不住，写一会儿作业就要变换不同姿势，此时家长们不要急于批评孩子"注意力不集中"或是"多动症"，家长应留心观察一下，是不是孩子的课桌椅不适合孩子的身材？挑选孩子的课桌椅，可以参考以下几条标准。

椅高（即椅面离地面的高度）：若椅面太低，孩子的大腿前部便会抬起，此时就会减少支撑身体的面积。若椅面过高，则孩子的脚就会离地，此时孩子不但失去了足部的支持，同时孩子下肢的血管和神经也会受到压迫，孩子为了获得足部的支持点，就会把臀部向前移动，这样不稳定的坐姿势很容易使孩子产生疲劳。适合的椅高应略低于孩子小腿1厘米左右（穿鞋），当孩子坐下时的膝盖后窝处应没有明显的压力。

桌椅高差及桌高：桌椅高差即桌面与椅高之间的距离，当椅高确定之后，再加上桌椅高差则为桌高。桌椅高差在课桌中是最重要的因素，它对孩子就座姿势的影响最大。假如桌椅高差太小，孩子写字时上身必然前倾，或以一只胳膊支持上身的重量于桌面，而使脊柱呈侧弯状态，或者弯腰低头，使脊柱后凸。假若桌椅高差太大，孩子学习时眼睛与书的距离就会必然很近，两个肩膀上提，或以一只胳膊横架在桌面上，脊柱则成侧弯状态。对小学儿童来说，适宜的桌椅高差，应为其坐高（坐直后椅面到头顶的高度）的1/3；而对青少年来说，则应该再提高1~2.5厘米。

孩子生长很快，家长最好给孩子选择可升降桌椅，随着孩子的生长发育随时根据孩子的身高、腿长调整孩子的课桌椅高度。有些家长会直接给孩子购置一个大一些的写字台既美观又实惠，如果是固定高度的写字台和椅子，家长们可以借助不同材料根据孩子的身材给孩子调整到一个合适的高度，比如：在孩子的脚下垫木板或小凳子使孩子脚能踩实，在孩子臀部下方垫些坐垫从而调整桌椅高差等。

> 家长朋友，孩子身边的一切事物都是孩子的生长环境，它无时无刻不影响着孩子的健康。

十六、孩子为何每天至少户外活动三小时？

《中国青年报》消息，有数据显示：欧美等国的青少年平均每天的户外活动时间为2~3小时，而我国青少年平均每天户外活动时间不足一小时。

从去年开始，山东省委下属的山东省青少年活动中心进行了一项"山东省中小学生户外活动及健康状况问卷调查"。结果显示：70.6%的中小学生认为自己的户外活动时间不足或严重不足，48.3%的家长认为孩子应该增加户外活动时间。

如今城市的孩子，缺少玩伴，喜欢玩电脑游戏，户外活动越来越少。孩子长期缺乏户外活动，身体素质就会变差，视力也普遍下降；孩子缺乏群体的户外活动，就会缺少童年应有的快乐，长此下去心理问题会增多，思维能动性减弱，缺乏主动思考和创造冲动，而且也很难锻炼和提高孩子的人际交往能力、协作意识和意志力。

我们家长应该认识到，户外活动对孩子的身心发展和多种良好品质的培养是密切相关的。户外活动是在阳光和新鲜空气里，以个体或群体的方式，动用全身感官共同参与的活动。如与小朋友一起拍皮球、溜旱冰、"造房子"、跳橡皮筋、玩水玩沙，既满足了孩子爱玩好动的天性，又增加了他们与大自然的亲近感。所以，户外活动是孩子亲近阳光和空气，走近大自然的最佳途径，也是锻炼他们健康体魄、乐观人生态度的有效手段。

户外活动能满足孩子好动与探究的本性。在户外活动中，孩子所受到的制约大大减少，他们在更多的情况下是活动的主动参与者，因此能充分发挥想象力、动手能力和创造力。在户外玩耍，会使孩子发现很多自然现象，激发他们对自然的好奇，深入观察和思考自然现象。

户外活动往往是需要与小朋友一起展开的，即使是简单的游戏活动，也有不少规则，将有利于孩子的社会化发展水平的提高。如：几个小朋友在一起滑滑梯，就有一个先后次序的问题；一起搭积木或踢球，就有合作与配合的问题；孩子玩扔包，会锻炼孩子勇敢、果断、机智和救助伙伴的精神和素质。户外活动为孩子解决日常生活问题、积累为人处世方法提供了广阔的空间。孩子们往往将从游戏中积累的经验迁移到将来的日常生活和社会生活中去。通过游戏，孩子的社会智能会得到极大提高。

户外活动是提高孩子免疫力的最好方法。经常让孩子在户外新鲜的空气和阳光下锻炼，不仅活跃了他们体内的代谢过程，增强了体质，提高了孩子的免疫力。另外，让孩子参加户外活动对于提高孩子的睡眠质量也很有好处的。

户外活动三小时还能使孩子远离近视。一份在澳大利亚进行的针对6岁学龄儿童近视患病率的试验结果显示：每日有累计3小时户外活动的孩子近视率仅0.8%，每日有累计1小时户外活动的孩子近视率仅3%。而相同的试验在新加坡6岁的学龄儿童中进行，发现每日有累计半小时户外活动的孩子近视率为24%。因此，该试验证明，每日累计3小时户外活动，可使学龄儿童远离近视。

保持每天至少户外活动三小时，利用日光、空气等自然条件的刺激来提高孩子对体温调节的能力，有效增强冷热刺激以增进孩子的健康。经常在户外锻炼的孩子，受到寒冷的刺激，体温下降幅度小，恢复的速度快；反之，缺乏户外锻炼的孩子，体温下降的幅度大，恢复的速度也比较慢。随着寒冷的刺激，全身代谢加强，内脏器官内血液的供应量增加，内脏器官也得到了锻炼。所以前者就生病少，后者易患病。户外活动对增强孩子的呼吸器官功能、心脏活动能力，改善孩子身体各组织器官的机能，促进孩子身体新陈代谢都有积极意义。

当今社会，孩子的竞争越来越激烈，学习压力日益增多。考试、排名、考重点学校已经成为孩子们生活的重要内容，在这种环境下，孩子们越来越脆弱、急躁、自制能力差、偏执，这样很容易使孩子产生强迫感，从而引起心理疾病。每天进行户外活动，呼吸新鲜的空气，使孩子在和伙伴的嬉笑追逐中尽情享乐，忘记压力、忘记烦恼，缓解孩子因学习造成的压力和不良心理状态。

> 有健全之身体，始有健全之精神。若身体柔弱，则思想精神何由发达。
>
> ——蔡元培

十七、如何给孩子做饭更有营养？

　　笑天的妈妈为了儿子的一日三餐真是狠下工夫，听说吃肉好，补充蛋白，就经常给笑天炖肉吃；听说大豆是高蛋白食品，同时吃大豆比吃瘦肉好，可减少饱和性脂肪酸（动物脂肪）的摄入，又忙着去买大豆；听说生吃西红柿可补充维生素C，又忙给孩子做糖拌西红柿，可最近专家又说西红柿熟吃更有营养。笑天妈妈感觉真不知如何做饭才好。

　　给孩子做饭的确是每个家长最操心的事，既要讲究色、香、味，又要注意多种营养的搭配；既要考虑孩子生长对营养的需求，又要有利于孩子对营养的吸收。的确，给孩子做饭不是容易的，这里有很多科学的常识。

　　首先要从食物蛋白质营养价值的评定来选择食物。评定食物中蛋白质的价值要从质和量两方面来考虑。有些食物，虽然蛋白质的质量很高，但含量很少，就不能成为主要供应蛋白质的食品。我们对于蛋白质的评价应从三方面来认识。一看蛋白质的消化率，蛋白质的消化率是指蛋白质在人体内消化酶的作用下，被分解（消化）的程度。蛋白质在消化道内被分解的越彻底、消化率越高，被人体吸收利用的可能性就越大，这种食物的营养价值越高。从这一点考虑，动物性蛋白优于植物性蛋白。很多植物性蛋白往往外面包裹着纤维素，与消化酶接触程度低，消化率就低，如大豆就是一典型的实例，一般食用方法下的大豆消化率只有60%。所以吃煮大豆孩子很难吸收充足的蛋白质。蛋白质评分是评价蛋白质量的又一方面，蛋白质评分主要从蛋白质中氨基酸所含的比例与人体需要是否接近来考虑。因此，营养价值较高的蛋白质，不仅所含人体必需氨基酸种类齐全、含量丰富，而且各种人体必需氨基酸的比例与人体需要的相接近，所含的各种氨基酸会被人体充分利用。蛋白质评分标准以鸡蛋蛋白质或人奶蛋白质中所含的氨基酸比例为参考，定为100分。蛋白质评分越接近100分，其氨基酸的比例越接近人体需要，质量越好，蛋白质的生物学价值也越高。（表2－1）看了下表家长就知道补充蛋白选择何种食物好了。

表2－1　几种食品蛋白的评分

食品	评分	食品	评分
全蛋	100	花生	65
人奶	100	小米	63
牛奶	95	全麦	53
大豆	74	芝麻	50
稻米	67	玉米	49

　　蛋白质的生物学价值也是衡量食物中蛋白营养价值的很好标准，蛋白质的生物学价值表示蛋白质被人体吸收后利用的程度（表2－2）。不同蛋白食物含氨基酸比例不同，我们要求食物丰富不仅是摄入高质量蛋白，还需要多种营养素，因此，选择食物不能仅从某种单一食物蛋白生物学价值考虑，在做饭时，我们家长要注意想办法提高蛋白质的营养价值，一般把几种营养价值较低的蛋白质混合，可以使蛋白质的营养价值提高，这就是蛋白质的互补作用。例如，谷类食物的蛋白质中赖氨酸含量较少，但色氨酸含量较多，有些豆类食物蛋白质中赖氨酸含量较多，而色氨酸含量较少。如果把这两类食物混合食用，使两种氨基酸含量互相补充，在比例上就接近人体的需要，从而提高了蛋白质的营养价值。这样我们就可理解为什么杂豆粥的营养价值比纯米粥和纯豆粥的营养价值都高。

表2－2　几种食物蛋白的生物学价值

食品	生物学价值	食品	生物学价值
鸡蛋蛋白质	94	猪肉	74
鸡蛋蛋黄	96	大米	77
鸡蛋白	83	白面粉	52
鱼	83	熟大豆	64
牛肉	74	花生	59
脱脂牛奶	85	白菜	76

　　另外，一些食品通过加工才会提高人体对其的消化率，从而提高营养价值。如黄豆的外皮纤维素含量较高，黄豆内含有蛋白酶抑制素，影响人体对其的消化，如果将黄豆加工成豆浆，就可以去掉纤维素，高温加热一段时间可以有效地破坏蛋白酶抑制素，由此使人体对大豆蛋白的消化率提高到90%。如果将大豆和多种谷类食物用豆浆机加工成五谷豆浆，其蛋白消化率、蛋白的生物学价值以及蛋白的评分都会提高。

　　蔬菜中有很多孩子生长发育需求的维生素、矿物质等营养素，加工方法不当或搭配过于单一，就不能满足孩子身体的需求。我们提倡从孩子上小学开始给孩子经常吃些拌菜，拌菜既简单开胃，又能很好的保证蔬菜中的维生素不被高温破坏，如将西红柿、黄瓜、洋葱、彩椒、鸡毛菜等青菜加些白醋、糖、花椒油拌在一起，可使孩子获得多种维生素和微量元素。但胡萝卜里的胡萝卜素、西红柿中的番茄红素都属于脂溶性营养素，也就是说这些营养素溶解于油中，必须用油热加工后才能被人体有效吸收，发挥其特有的营养效用。所以有些蔬菜如西红柿生吃熟吃各有其营养价值。

另外，从中医学对食物"热性"、"温性"、"寒性"的角度考虑，在加工食物和食物搭配时，一定注意"寒"、"热"搭配，如给孩子加工和食用鱼、虾、螃蟹时，由于这些食物属"寒性"，故需要加入"热性"的姜来平衡；再如，给孩子加工鸡肉、羊肉，由于这样的食物属"热性"，最好不要用辣椒来加工，否则孩子易上火。

> 食物合理搭配和多样性是孩子营养的保证。

十八、孩子单纯性肥胖对发育有影响吗？

案例

　　孙天意从出生那天起，就是全家人的小皇帝，只要他一哭，家长或者喂吃的，或者抱着哄着，出生没多久，就比同龄孩子胖很多，胖嘟嘟地非常惹人喜爱。随着年龄的增长，饭量也增加很快，炸鸡、烤肉是他的最爱，他的食欲非常的好，每天晚上睡觉前还要吃夜宵。现在他开始上小学了，1.26米的身高，体重已达到57千克，而且每天总感到饿，总也吃不够。不要说参加体育活动了，课间操都懒得做，家长这下可着急了，孩子这么胖，会不会对发育有影响呢？

现在的孩子中小胖墩非常多，在所有肥胖者中，99%以上是属于单纯性肥胖。儿童单纯性肥胖是指由于能量摄入超过人体的消耗，使体内脂肪过度积聚，体重超过一定范围（超过标准体重的20%）导致的一种营养障碍性疾病。这种肥胖的确切发病机制还不十分清楚，比较肯定的是：任何因素，只要能够使能量摄入多于能量消耗，都有可能引起单纯性肥胖。这些因素包括进食过多、体力活动过少、社会心理因素、遗传因素、神经内分泌因素等。单纯性肥胖对孩子的生长发育、心理、体质、智能、行为等均有不利影响，严重影响儿童的生活质量。

孩子由于肥胖体型不美，行动不便，在集体活动中常受到排斥和嘲笑，易形成孤僻、自卑的心理。在学校的体育课及课外活动中，常常能看到一些体形过于肥胖的孩子不能参加集体活动，一个人在一旁看同学们快乐的游戏，久而久之，这些单纯性肥胖的孩子就有可能表现为缺乏自信、内向、敏感、缺少伙伴。当这些孩子产生了这类心理问题，又加之肥胖的躯体增加了活动中的心肺负担，所以就会使他们更不愿意参加集体活动和体育锻炼，活动量越来越少，形成恶性循环，使孩子的躯体更加肥胖，并由此形成懒惰、任性等不良性格以及体格发育上的障碍，所以，家长要高度重视单纯性肥胖对孩子造成的心理损害，及时对孩子进行心理行为治疗。

单纯性肥胖的孩子随着年龄的增长，开始意识到肥胖给自己带来的不便，想控制饮食，但又抵挡不住饥饿引起的食欲和食物的诱惑，长此下去，会感到自责，但又解绝不了问题，慢慢地就有可能在遇到困难时选择逃避、退缩。在学校里，肥胖的孩子学习成绩出色的往往不多。

儿童单纯性肥胖危害着孩子的身心健康发展。肥胖对孩子的生理发育也会产生影响。

大量医学研究表明：儿童、青少年肥胖更有可能发展为成年人肥胖，而成年人肥胖是冠心病、高血压、糖尿病等慢性疾病发生的高危因素。甚至一些与成年人肥胖相伴随的慢性疾病在许多肥胖儿童中也已开始出现。如：肥胖儿童中出现高血压症状，有的肥胖儿童还伴有脂代谢紊乱、胰岛素分泌异常、肌肉的有氧运动下降等症状。

肥胖还可导致男孩性发育异常。一般认为，肥胖会影响雄性激素的产生，并会出现睾丸缩小、阴茎不发育，形成小睾丸、小阴茎症及第二性征缺乏、女性化等病态。

另外肥胖儿童免疫功能降低，易受细菌、病毒感染，特别是易患呼吸道和消化道疾病。

孩子单纯性肥胖不但是一个严重的健康问题，还会给孩子带来心理上的伤害。家长朋友们，必须使孩子从小就避免过度肥胖，让孩子多吃蔬菜、水果，少吃肉食，少喝含糖量高的饮料，增加体育锻炼及劳动的机会，帮助孩子合理有效的控制并减轻体重，从而让孩子过上健康的生活。

> 贪食者用牙齿给自己挖掘坟墓。我们要让孩子懂得节制食欲，科学饮食。
>
> ——英国谚语

十九、如何预防孩子中暑？

 案 例

每年盛夏，随着气温的升高，京城各大医院门诊的发热病人日渐增多，而很多小孩更是接二连三地出现了高热不退、多饮、多尿、少汗或者无汗等症状。家长们常常怀疑是孩子在空调房间里待久了引起了感冒发热，但是在给孩子服用了抗感冒药物后症状并不见好转。其实除了一部分小孩是因为感冒而发烧，大多数的孩子是得了暑热症，发生了中暑。

中暑是指在高温环境下人体体温调节功能紊乱而引起的中枢神经系统和循环系统障碍为主要特征的急性疾病。中暑可分为先兆中暑、轻症中暑和重症中暑。先兆中暑主要症状为多汗、口渴、头晕、视物模糊、恶心、耳鸣、心慌、四肢无力、精神不集中、小便量少、呼吸浅速，如及时转移到阴凉通风处，补充水和盐分，短时间内即可恢复。轻症中暑除具有上述症状，同时伴胸闷、皮肤灼热、体温38.5度以上，面色苍白或潮红，如及时处理，往往可于数小时内恢复。重症中暑顾名思义，是中暑中情况最严重的一种，表现为昏迷、谵妄、皮干无汗、抽搐、体温高达40度以上或出现休克，如不及时救治将会危及生命。

孩子由于体温调节中枢发育还不完善，抵抗力比较差，特别是一些体质比较弱、脾胃失调，发育、营养不良，或久病体虚，气阴不足的孩子，入夏以后，不能耐受炎热的气候而容易发生中暑。

孩子预防中暑首先要从根本上解决问题，那就是养成良好的饮食、生活习惯，增强体质，增强抵御暑气的能力。

其次，进入夏季后要注意以下几个方面。

1. 注意房间通风，确保房间空气新鲜。特别是空调房间，每天一定要有一定的开窗通风时间。

2. 夏季饮食应以清淡为主，多补充优质蛋白、维生素 C 和 B 族维生素，增加营养。平时可多给孩子喝番茄汤、绿豆汤、豆浆、酸梅汤等。像生菜、西红柿、桃子、杏、西瓜、甜瓜、乳制品、糙米、麦胚、动物内脏、豆类、动物肝脏、香菇、菜花、丝瓜、苦瓜、荷叶粥、绿豆粥、炒西瓜皮等食物都利于增强营养、清热解暑，可给孩子食用。

3. 及时补充水分。培养孩子良好的饮水习惯，告诉孩子不要等口渴了才喝水，因为口渴了表示身体已经缺水了。补水方法以白开水、盐开水为夏季基本饮料，少量多次为宜，以免影响食欲。多吃新鲜蔬菜和水果，这样既可补充水分、无机盐，又可以通过水果中的有机酸刺激食欲而有利于食物的消化。

4. 保持充足睡眠。对上学的孩子来说，夏季正是期末考试、升学考试及军训阶段，而夏天又日长夜短，气温高，人体新陈代谢旺盛，消耗也大，容易感到疲劳。而充足的睡眠，可使大脑和身体各系统都得到放松，既利于学习，也是预防中暑的重要措施。但要注意睡眠时不要躺在空调的出风口和电风扇下，以免患上空调病和热伤风。

5. 外出时注意躲避烈日，做好遮光防护。最好不要在10：00～16：00阳光最强烈的时间段里行走，因为此时发生中暑的可能性是其他时段的10倍！若此时必须外出一定要做好防护工作，如打遮阳伞、戴遮阳帽、戴太阳镜、涂防晒霜、准备充足的饮料等。此外，在炎热的夏季，要给孩子随身带一点防暑降温药品，如十滴水、仁丹、风油精、藿香正气水等，以防应急之用。应给孩子穿一些宽松、棉麻类服装，以利于大

量出汗时及时散热，避免中暑。

6. 让孩子早晚出去做户外运动，但气温过高时，要避免大运动量活动，并注意及时补充淡盐水。

7. 孩子上学时家长可以给孩子带上一些自制的防暑解暑饮料，像菊花茶、绿豆酸梅汤、金银花汤等，都有防暑解暑功效。

如果孩子发生中暑，要立即将孩子移到通风、阴凉、干燥的地方，让孩子仰卧，解开衣扣，脱去或松开衣服，尽快散热，并采用物理方法冷却体温，清醒的孩子可饮服绿豆汤、淡盐水等来解暑，还可服用人丹和藿香正气水等解暑的药品。对于重症中暑的孩子，要立即拨打120急救电话，求助医务人员紧急救治。

家长朋友，行动起来，预防为主，让孩子们健康、愉快地度过每一个盛夏。

二十、孩子外伤出血怎样处理更好？

　　6岁的小女孩刘欢在外边玩耍时，不慎将自己的左手食指弄破了，妈妈看见孩子的手指出血后，随手找来布条将孩子手指的伤口处绑住，看不再流血了，妈妈就忙自己的事情去了。由于疼痛，孩子几次告诉妈妈，妈妈看了看，告诉孩子：过几天就好了，忍一忍吧。孩子又哭闹了几次，还是没有引起父母的注意。3天后，孩子的食指由于血流不畅，开始变色、肿胀，手指背侧出现溃烂，皮肤坏死，这时妈妈才吓坏了，赶紧把孩子送到医院救治，医生说：再晚点儿，孩子的手指就可能保不住了。

家长应掌握一些处理孩子外伤出血时的方法是非常必要的。家长遇到孩子外伤出血的情况时不要惊慌，首先要分析、判断出血部位，及时采取止血措施。导致孩子外伤出血的原因很多，以出血部位可以粗略地分为：动脉出血，血液从伤口流出得快，呈冒或喷出状。静脉出血，血液从伤口流出得慢，呈渗或涌出状。毛细血管出血，血液由伤口慢慢渗出（常见的孩子肘部、手掌、膝盖等擦伤多是这一种）。

比较常见的出血是鼻出血，很多家长在孩子发生鼻出血时，让孩子仰头，这种做法是不对的，孩子仰头，表面上看是血不流出了，但实际上鼻内出的血顺呼吸道流入咽部，如出血量大会堵塞呼吸道。正确的做法是让孩子低头，用手捏鼻子两翼5～10分钟，这时改用口呼吸，这样一般外伤引起的鼻出血就可以止住。

如果是轻微的擦伤或割伤，比如孩子跑时不小心摔倒经常擦伤膝盖、手掌或肘部，伤口小且出血量少，就可以自行抹点红药水，或用自备的创可贴包扎一下，不必上医院。如果擦伤的伤口有许多泥土，可以先用清水冲洗干净。

如果孩子不小心被剪子、小刀等锐器切伤、割伤手指、脚趾或其他部位，造成出血较多或伤口较深，这时的首要任务是止血。先把受伤的肢体抬起，使伤口高于心脏，然后根据受伤部位和出血量选择止血方法。常用的止血方法有直接压迫止血法和止血带止血法。

直接压迫止血法多用于少量出血。若伤口不大，可直接用手指压住出血点一侧的皮肤或压住伤口四周的皮肤，就可止血。要是伤口较大，可用干净手绢或干净的布当然若有无菌绷带就更好了，叠成小块儿，放在出血点上方，用手指或手掌压紧，也可以止血。经过3~4分钟的直接压迫后，检查一下血是否止住，如果血没有止住，应该继续压迫伤口。血止住后，就要清创、包扎。可用肥皂和干净水或无菌的布轻轻地清洗伤口，涂上抗菌软膏，以防感染和减少结疤的可能性，然后用无菌绷带包扎伤口，包扎时不要扎得过紧。如果需要缝合，当然要送到医院。

止血带止血法多用于出血量较大时。如果当时没有止血带，可以用洁净的布条，甚至围巾、领带等能找到的东西作为代用品。如果伤口过深或者是头部和四肢某些部位的大出血，就要在止血后，及时送医院抢救。紧急止血时要注意止血带的位置：头部、颈部、躯干等处的静脉出血，应缠在远心端；若是动脉出血，应缠在近心端；而前臂或手部无论是什么血管出血，止血带都应缠在上臂处；若小腿或足部出血，止血带应缠在大腿处。对孩子外伤出血进行处理时要注意止血带缠绕力量应以止血为度，否则，会造成组织坏死。止血时不要长时间包扎，应每隔半小时左右短时间放松一下止血带，以恢复养料和氧气对相关组织的供应。

孩子外伤出血还有一种情况是内出血。即体表看不见创口，外表看不到出血量，但已经有内脏的损伤或破裂。表现为脸色苍白、皮肤湿冷、脉搏加快而微弱、呼吸急促、烦躁不安、口渴等，这时要考虑有内出血的可能，要火速送医院抢救。

当伤口出现在脸上、头上，并且伤口较长或较深时，要及时到医院就医，以免留下遗憾。孩子外伤出血时要注意预防破伤风。

> 家长朋友，为以防万一请多掌握一些孩子外伤出血急救的方法，家里多备一些常规药品。

二十一、如何防止心理性生理疾患？

案例

冉冉已经上五年级了，是个品学兼优的孩子，家长、老师都非常喜欢她。可不知从什么时候开始的，只要学校一考试，她就发烧，考完试，烧就退了。

开始妈妈没有在意，只要冉冉一发烧，就给点儿退烧药吃，可是次数多了以后，妈妈发现了问题，一考试，她就发烧，不考试，一切正常，妈妈很是奇怪。

其实还有的孩子一看书就头痛，一到学校就肚子疼、拉肚子，不停地上厕所，甚至恶心呕吐，发低烧，可到医院一检查，各项指标正常，而且一放假就什么事都没有了，有人把这种情况称为"情绪胃"、"假痛症"，属于心理性生理疾患。有关专家表示，这些孩子主要是学习压力大，长期过度紧张，引起免疫力下降，导致躯体不适，造成胃肠道处于预激状态而出现胃肠功能紊乱，病根在情绪，表现为消化道症状，一旦诱因消失，症状也立即消失。除了药物调理外，放松思想，自我调节，尤其重要。

心理性生理疾患在两类孩子中出现的多一些。一类是学习问题不大或是品学兼优的孩子，他们自幼成长较为顺利，家庭条件好，父母的期望值较高，孩子对自己要求也高，但因种种原因没有达到预想的目标，造成理想与现实之间无法接受的差距，孩子看着父母期盼的眼神，却又没有让父母满意，焦虑的情绪就以生理疾患的形式表现出来了。还有一类孩子学习吃力，不管怎么努力都不能达到家长、老师的要求，时间一长，孩子的自信心、自尊心大受伤害，如果孩子再性格内向、家庭缺少温暖，孩子就可能长期处在紧张、忧郁、不安全、焦虑状态，当面临考试等强大压力下，就可能会以躯体症状的形式将内心焦虑的情绪表达出来。

预防孩子的心理性生理疾患做家长的要尽量宽容孩子，首先家长自己的心态要调整好，正确对待孩子的学习成绩，不能因为望子成龙或者期待孩子完成家长的心愿而给孩子施加太多的压力。不论是学习成绩优秀的孩子还是学习成绩欠佳的孩子，父母都要给孩子创造良好的成长环境和家庭氛围，使孩子感到父母是爱他们的，欣赏他们的，以他们为自豪的，成长中的挫折只能称之为经历，谈不上是失败。家长特别要注意对胆小、细心、敏感、忧郁的孩子的性格培养，切勿对这类孩子期望太高、要求过于严格。相反，应劝导这些孩子处事平和，引导他们以积极的态度看待成功与失败。由于这类孩子的性格特点，决定了他们经受失败和挫折能力较差，因此，期望太高易使这些孩子在不良的性格基础上增加心理压力，导致心理性生理疾患的发生。父母对孩子不要过分保护，使孩子对父母过分地依赖，要教孩子学会面对挫折、解决矛盾、化解冲突的办法，锻炼孩子的心理承受能力，使孩子能身心健康的快乐成长。当孩子情绪过于紧张、焦虑时，可以寻求心理治疗，以改变孩子对自我、环境、他人、未来的错误认知，慢慢扭转孩子一些错误的思维，使孩子试着把社会和家庭的需要变成自身的需要，成为自己努力的精神动力，而不是压力。家长朋友，优秀的心理素质比优秀的学习成绩更重要，为孩子提供一个轻松、愉快、平等、和谐的成长环境吧！

> 良好的健康状况和由之而来的愉快情绪，是幸福的最好资金。
>
> ——斯宾塞

第 三 篇

品　格　教　育

　　俗话说:"三岁看小，七岁看老。"小学阶段是孩子个性、品德、习惯形成和矫正的关键时期。如果这个阶段能够对孩子进行正确的引导和教育，孩子的个性、品德以及行为习惯方面，就会进入一种良性的循环。反之，如果错过了这个"最有效教育期"，任其自由发展，将使孩子在这个阶段养成很多坏习惯和毛病，那么，即使以后付出十倍的努力，恐怕也是难以纠正的。所以，帮助孩子形成良好的品格，是家长最重要的责任。

第一部分
家庭氛围

一、为人父母，你真爱孩子吗？

案例

　　从前有一个小男孩，他家的院子里种了一棵大树。大树枝繁叶茂，高大挺拔，淘气的小男孩总爱眷恋在它身旁玩耍。太阳大时他躲在阴凉的树荫下，下雨时大树为他打伞，困了就靠在树干上打个盹，渴了就随意爬上树摘果子吃。大树爱男孩，总是爱怜地疼惜着他。

　　有一天，男孩来到树下，没有往日的欢笑，愁眉不展。大树很焦急，问他为什么，他说："我想买玩具，可是没有钱。"大树说："你把我的果实摘去卖了吧，那样就有钱了。"男孩爬上树，摘了满满一筐果子，欢天喜地地走了。

　　时间一天天地过去，男孩渐渐长大，有了很多自己的事要做，来大树下的时间渐渐少了，大树有些寂寞了。一天，男孩隔了很长一段时间后，终于来到树下，大树欣喜若狂。但男孩却闷闷不乐。大树很担心，问他怎么了。男孩说："我想造一间自己的房子，但没有材料。"大树忙说："把我的树枝砍下来吧，那样就有材料了。"男孩依言带着砍下来的树干回去造了如愿的房子，来看大树的时间更少了，只留下大树那光秃秃的树干在风中独自摇曳。

　　又隔了很长的时间，男孩再一次忧郁地来到树下，大树高兴极了。男孩说："我想到外面的世界去闯一闯，在这里我快闷死了。"大树很舍不得他，但是他还是说："把我的树干砍下来做一条船吧，你能如愿的。"男孩砍倒了大树，带着树干，走了。

　　很多年过去了，大树，不，应该是老树桩，还在那里等着男孩的归来。终于有一天，男孩回来了，带着一身的疲惫和伤痕。他已经不能叫男孩了，他已上了年纪，成了老人。他说："我太累了，想好好休息一下，我哪儿也去不了了。"树桩说："可惜我已没什么可以给你的了，你就坐在我身上歇一歇吧。"

他就在老树桩上坐了下来，老树桩激动得泪流满面。

看完这个故事，许多人都会感慨为人父母的不易。故事中大树的言行就是生活中许多中国父母行为的映射。为了他们所爱的孩子，他们倾尽所有去满足他们孩子的各种愿望、要求。这种不计回报的付出，很崇高伟大，但并不是对孩子的真爱。还有的父母，强加给孩子许多要求而全然不顾孩子自身的需求，这也不是真爱孩子。

爱是人与人之间一种亲密的情感。什么是父母对孩子的真爱？美国家庭心理治疗家保罗夫妇对真爱的定义或许能给我们一些启示。保罗夫妇认为：真爱行为是一种抚育自身和他人情感与精神成长的行为；真爱行为助长个体的责任感。透过这个定义，我们可以清楚地知道：真爱不是挂在嘴上的，而是实实在在的行为；真爱的结果是双方情感的满足，责任感的增强和健康心理的成长。由此可知，父母对孩子的真爱是由父母的一系列旨在促进孩子与自身共同成长的行为构成。这些行为可概括为以下几个方面。

第一，付出——花时间和心血，为孩子改变自己，这种付出是心甘情愿、不求回报的，而不是为了讨得对方欢心的刻意表现，也不是要求对方必须满足自己的条件。

第二，关注——观察孩子的言谈举止、情绪变化，把握孩子与众不同的个性，捕捉到孩子隐蔽的细微需求，及时满足和教育、引导孩子。

第三，尊重——尊重孩子的自主性，倾听孩子的心声，能站在孩子的角度理解孩子的想法。对孩子的事情不包办、代办，能履行对孩子许下的诺言。

第四，鼓励——鼓励孩子的自主行为，鼓励孩子提出与大人不一致的想法，鼓励孩子去探索、动手实践。

第五，宽容——容忍、接纳孩子的过错行为，不抓住孩子的过错不放，批评孩子时不翻"旧账"，耐心等待，给孩子改正的机会。

父母对孩子的真爱是促进父母与孩子共同成长的力量。这种情感的最终落脚点是双方的成长与进步。对照上述行为，你做到了吗？

> 没有爱，就没有教育。
>
> ——夏丏尊
>
> 爱不只是一种情感，更是一种艺术。
>
> ——巴尔扎克

小测试：您关爱孩子吗？

下面的一些题目是孩子成长过程中时常遇到的问题。请依据你与孩子相处过程中的实际情况来回答。无需过多考虑，看后从 A、B、C 三个答案中，选出一个最适合你的答案即可。

1. 当孩子在学校受了轻伤时：（　　）

A. 不去理会   B. 询问几句，简单处理一下伤口

C. 非常心疼，立即打电话质问老师

2. 孩子写完作业，让你帮忙收拾书包时：（   ）

A. 坚持让孩子自己收拾   B. 太晚时就帮他/她收拾一下

C. 每次都帮他/她收拾

3. 见同学有游戏机，孩子也要买时：（   ）

A. 通常不买给他/她   B. 觉得可以就买给他/她

C. 只要孩子喜欢就买，别的孩子有的我们也要有

4. 当你忙于自己的事情，他/她有事情问你时：（   ）

A. 呵斥孩子，仍旧做自己的事情   B. 简单指点一下他/她

C. 马上放下手中的事回答他/她

5. 周末孩子和同学一起外出（较为安全的环境）游玩时：（   ）

A. 不太在意，任由他/她去   B. 嘱咐孩子注意安全，放心让其参加

C. 通常不让孩子参加

6. 当孩子说身体不舒服时：（   ）

A. 不太在意，任由他/她去   B. 试着询问，找出原因

C. 很紧张，马上带他/她去看医生

7. 当孩子考试成绩不理想时：（   ）

A. 骂他/她没出息   B. 告诉他/她："总结经验，下次努力。"

C. 不太在意，只要不是最差就行了

8. 当孩子闷闷不乐时：（   ）

A. 不太在意，任由他/她去   B. 陪他/她说说话，试着开导他/她

C. 立刻想尽办法逗他/她开心

9. 孩子的老师请你去学校时：（   ）

A. 呵斥他/她，要他/她等着瞧   B. 虽心中焦虑但并不责怪他/她

C. 推脱，请别人代去

10. 你平时会和孩子一起玩，做他/她的玩伴吗？（   ）

A. 没时间，几乎不做   B. 有时间就做

C. 常常陪他/她，当他/她的玩伴

每道题选 A 记 1 分，选 B 记 2 分，C 记 3 分。计算所有题的平均分（每道题得分总和除以 10），这个分数代表家长对孩子的关爱程度。如果你的分数低于 1.5 分，表明你对孩子缺少关爱；如果你的分数高于 2.5 分，表明你对孩子过度关爱，或者说有些溺爱了；如果分数在 1.5~2.5 之间，表明你对孩子爱而不放纵。

二、孩子刚跨进小学校门，
家长必须要做好哪些事情？

案例

　　辅导孩子的功课是很多家长心中的一件大事，有的家长不仅为孩子所上的各种兴趣班陪读，连作业都天天代为检查。同事小琳的儿子从中考至高考都是顺利通过，榜上有名。在朋友小聚上，朋友们都向她请教教子经验。因为朋友们看到在儿子的学习问题上，小琳好像没花费什么功夫，都羡慕她没为孩子学习操心。小琳说："我不会为孩子的学习成绩操心，因为我已经提前把心血花费在培养孩子的学习能力上，而且这种努力从儿子上学前班就开始了。从儿子上学开始，就坚决不做孩子的拐杖。即使在小学低年级，老师要求家长检查作业，签字时，我也只管签字认可，绝不检查作业。我告诉儿子，妈妈有自己的事情，而你的任务就是学好功课。作业的目的就是复习所学的知识，有了错误不要紧，最重要的是通过错误发现自己的学习漏洞。只要把不会的、不懂的及时向老师请教学会、弄懂就可以了。并对做作业的时间制订了规矩，培养了孩子放学进家门就做作业的自觉习惯……"

　　刚入学的孩子，从一个备受照顾、自由玩耍的幼儿园小朋友"换位"成一个背着书包的小学生，这是儿童生活的一大转折。陌生的校园、老师和同学，陌生的学习场景和学习活动……这一切，都需要孩子有一个适应过程。能否顺利渡过入学适应期，对孩子以后的身心发展有重要的意义。为帮助孩子尽快适应新的小学生活，家长应注意做好以下几方面。

　　第一，关心孩子，留意孩子每天情感的变化，及时发现孩子的问题并给予指导，鼓励孩子快乐地学习。

　　一年级孩子的脸就像"晴雨表"。可以随时反映其内心的喜怒哀乐。家长可通过观察孩子的面部表情及时了解孩子在学校的感受。在回家途中或到家后，主动询问孩子这一天在学校的学习活动情况、与老师同学交往情况等。要特别关注孩子的不开心、生气、难过、厌烦、自卑等消极情感，及时与孩子交流或与老师沟通，了解原因并帮助孩子及时排解，让孩子在起步阶段快乐地、充满自信地在学海中遨游。

　　第二，帮助孩子尽快熟悉新环境。

　　一个人在熟悉的环境中会产生安全感，就会主动、积极、放松地与环境互动。要帮助孩子尽快地熟悉学校环境，家长每天放学不要急于接孩子回家，可带着孩子在学校校园及周边转一转，玩一玩，帮孩子熟悉学校的自然环境。家长还可以让孩子每天

向全家人介绍一个老师，几个同学，这样既可以锻炼孩子的表达能力，又可以让孩子尽快认识老师和同学。

第三，培养孩子按时作息的良好习惯。

首先家长要帮助孩子认识到小学与幼儿园相比，小学生活的作息有着较为严格的要求，上课、下课、娱乐、活动……每个时间段都有着严格的规定，不能迟到早退，也不能想干什么就干什么。要帮助孩子顺利适应学校生活，家长就要与孩子一道，共同制订一个作息时间表，将这一天从早晨起床一直到晚上睡觉的活动做出科学的安排，尤其是放学后到睡觉这段时间的安排，家长要和孩子协商好，注意劳逸结合。做计划时要注意睡前不要安排使孩子过于兴奋的活动，要保证孩子每天有充足的睡眠。国外的研究表明，睡眠的质量影响孩子的学习效率和智力。每晚睡眠 10 小时以上的小学生，成绩较差者仅占 13%。长期缺少睡眠的孩子，会产生反应迟钝、吃饭胃口差、体重增长缓慢、记忆和理解力减退、注意力不集中等现象。因此，家长一定要保证孩子有充足的睡眠。作息时间一经制订，便要求孩子严格执行，家长也应以身作则做出表率，使孩子养成遵守时间，按时作息的好习惯。

第四，培养孩子的学习主动性。

学习的主动性是指孩子在主体意识的支配下，有目的的自觉、自愿的学习。入学后，学习成为孩子的主导活动，是孩子应承担的社会义务。由于年龄小，孩子们并不知道学习对于自身的意义，他们大多是为父母、老师学，是为了得到某种奖励而学习。这种被动的学习容易受外部因素影响，难持久。因此从孩子一入学家长就要让孩子明白学习是他们自己的事情，不是家长给的任务，家长只是他们的帮助者。让孩子讲讲每天的学习收获，培养孩子的学习主动性，及时肯定孩子在学习中的进步与成长，让孩子感受到学习的乐趣。在孩子学习的时候家长不要事事代劳，而要教给孩子学习方法，鼓励孩子自己动手、探索。如孩子遇到不懂或不会的问题，家长不要图省事直接告诉孩子答案或者替孩子做，最好和孩子一起分析，教给孩子寻找答案的方法，让孩子自己去解决问题，这样可以增加孩子的成就感。另外，凡是孩子能自己做的事情家长就要放手让孩子自己去做，如收拾书包、检查作业等，过多的包办、代办会让孩子产生依赖感，不利于孩子主动性的发挥。如果家长都能像案例中的小琳那样，即使孩子可能开始成绩并不突出，但由于孩子已然具备了学习能动性，拥有了进步向上的原动力，应相信自己的孩子一定不会落后。

第五，帮助孩子学会交往。

进入小学后，孩子接触、认识到许多老师和同学，开始了较为正式的集体生活。交往范围的扩大，机会的增多，学习及集体活动中的竞争与合作等对孩子交往能力提出了新的要求。研究发现，孩子交往中的成败是影响其心理发展的重要因素。特别是对于大多数成长在"四二一"家庭中的独生子女而言，交往能力的培养显得越发重要。要帮助孩子学会交往，家长首先要鼓励孩子与同学交往。要多给孩子创造与同学交往的时间和空间，让孩子"走出去"或"请进来"，扩大孩子的交往范围。此外，家长要让孩子懂得与他人交往的基本规范，如尊重同学，平等的与每个同学交往，自信而不自傲，交往中要尽力帮助他人，多为别人着想等。家长还要妥善处理孩子与同学交往中的问题与冲突，孩子能自行解决的，尽量让孩子们自行解决。如需家长干预时，要特别注意尊重每一个孩子，公正地加以处理。

> 家庭是习惯的学校，父母是习惯的老师。
>
> ——福泽谕吉

好的开始是成功的一半。做好上面几方面，既是今日家长的成功，也是明日孩子成功的保障。

三、家里一定要给孩子提供一个"私密空间"吗？

案例

新生入学的家长会上，班主任老师特别提出了家长在家里要给孩子一个安静的学习环境。散会后，几个家长凑在一起就讨论开了。思思的妈妈说："思思爸爸的书房就很好，不仅安静，通风、采光都好。以后就让思思和爸爸一起学习，这样检查、督促起孩子也方便。"贝贝妈妈不同意，认为还是让孩子在自己的房间里学习好，这样大人和孩子都方便。珊珊的妈妈可有点愁，家里只有两间房子，一间孩子和奶奶住着；另一间她们夫妻俩住，到哪儿给孩子找一个单独的学习空间呢？

从以游戏为主到以学习为主导，这是儿童进入小学后生活的一个重要变化。入学后，孩子除了每天在学校里完成必需的学习任务，回到家里还需要进一步的学习，因此给孩子一个固定的学习空间是非常必要的。

有的家长可能认为小孩子读读写写，有套桌椅就够了，不用那么讲究，更不用什么"私密空间"，其实不然。心理学的研究表明，每个人都是独立的个体，有自己的隐私和个人空间，一旦被侵入，就会表现得烦躁不安，忧虑戒备。只有个人空间得到充分尊重，才能心态平和，做事也会比较冷静。因此这个"私密空间"对孩子是非常重要的。首先，给孩子开辟一个独立的、属于孩子自己学习专用的固定空间——"私密空间"——可以让孩子感受到学习是一件非常特殊的、重要的事情，是需要认真对待的，这有利于培养孩子的学习责任感。其次，学习是一项艰苦的脑力劳动，需要踏实、专心，最忌讳浮躁、精力不集中。一个孩子在家里学习的时候，必须"入静"、"入境"，即做到目的明确、思想集中、踏实自信、心态良好。因此，家长要千方百计给孩子创设一个"私密空间"，让家里的环境适合孩子学习。

第一，给孩子预备固定的学习地点。有条件的家庭可以给孩子单辟一个学习房，一般家庭可以把孩子房间或其他房间中通风、采光较好的位置固定为学习角，给孩子配备合适的桌椅、台灯。一般来说，椅子的高度为：人坐在上面（端坐姿势）时，脚底可以轻松悠闲地踩在地板上，下肢弯曲的角度为95度。桌子的高度为：人端坐在椅子上，身体稍稍前倾时，桌面与眼睛之间的距离为25～28厘米。桌、椅高度符合要求，孩子就能够按要求正确坐姿，脊椎不受压，因而不会感到肩背酸痛和眼睛疲劳，学习注意力也就不会受到影响。桌椅要固定位置，不要随意搬动，这样孩子容易形成专心学习的心理定势，一进入这个环境，就进入学习状态。桌子上不能乱七八糟地堆放东西，只能放课本、作业本、文具以及必要的工具书，旁边有一个小书架更好。不要放玩具、零食，以免干扰孩子学习。

第二，学习房或学习角的布置要适合孩子学习。学习房或学习角的布置一般以干净、简洁、明快的风格为主，要注意摆放的物品不能太多太杂，以免分散孩子的注意力。墙壁以淡色为好，不要张贴很多东西。有的家长让孩子自己编写格言、警句贴在墙上，这个办法可以借鉴。

第三，在孩子学习时尽量不去打扰孩子，给孩子创设一个独立、安静的学习环境。孩子学习前，家长可以指导孩子根据学习任务安排好学习时间，一般低年级孩子以25分钟左右为一个时间段，高年级可适当延长，尽量不超过40分钟。两个时间段之间可安排10分钟的休息时间。在孩子学习时，家人应尽量不打扰孩子并注意保持安静，电视机、收音机最好不开，说话不应大声，尤其不要吵架。

上述几方面是孩子课外学习时必需的外部环境，家长们如能做到，就会在客观条件上给孩子提供了一个可以"全神贯注"的学习场所。

> 要想改变一个人，必须先改变环境，环境改变了，人也就被改变了。
>
> ——杜威

给孩子一个私密的空间，可以让孩子感受到尊重，感受到责任，有利于孩子自主学习能力的发展。

四、工作忙的家长该怎样关注孩子？

案例

"等他们老了，我也把他们送到托老院，不去看他们！"

一对父母因无法顾及刚上小学一年级女儿的生活，于是他们四处打听，选定了一个条件较好、已看过几个孩子的老人，决定将孩子寄托在她家，老人答应"试一试"。谁知，这一试就是4年。4年中，这个小名叫"佳佳"的女孩与老人同吃同住，关系融洽。同时，由于佳佳的存在，也给老人增添了难得的乐趣。而佳佳的父母更是放心，有时十天半月也不来看一次。一天晚上，佳佳一边写作业，一边流眼泪。警觉的老人以为她在学校受人欺负，很着急。经再三询问，女孩竟然哭着说出一番让人震惊的话："我上幼儿园的时候，他们就把我全托，一星期才能见一面。现在我上四年级了，他们还这样，等他们老了，我也把他们送到托老院，不去看他们！"

资料：在广州医学院儿童心理素质训练中心接待的近两百名患有自闭症或有自闭倾向的患儿中，有近六成患儿的父母都是学历为学士至博士的"高知人士"。据了解，由于高学历父母工作忙，平时没时间照顾孩子，极少与孩子交流，"高知家庭"的儿童患上孤独症的比例反而明显高于普通家庭。

现代社会是一个充满竞争与挑战的社会，迫于生活的压力，很多父母起早贪黑，终日奔波。就像案例中父母一样，他们将孩子或托付于学校，或暂时寄养在别人（亲戚、老师等）的家里。还有的父母虽然和孩子住在一起，但孩子的教育基本上是由爷爷奶奶或姥姥姥爷负责，甚至有的就直接由保姆全权代理。问及这样做的原因，大多数的父母都会说"实在是太忙了，没有时间管孩子"。

没有充足的时间和孩子在一起并不是父母的错。但若以此为借口，认为只要自己花了钱，有人管孩子就够了，自己却对孩子的成长漠不关心，这是父母缺乏责任感的表现。养育孩子，帮助他们健康成长是每一个父母应尽的社会责任和义务。父母在儿童成长中的地位及作用是无可替代的。儿童对父母的感情需求就像他们需要营养、水和睡眠一样，密切的亲子关系会让孩子有良好的自我感觉，乐于学习、探索，给他人关爱，并成功地应对生活中的挫折。反之，如果孩子感受不到与父母之间的亲密关系时，他们将无法正常思考，他们会不理睬任何人，对任何事都没兴趣，或沉浸在极端的一人世界里，或无端地对人发火。上述案例中佳佳的行为就是这种感情缺失的表现。长期生活在这种状态下，孩子心理的正常发展必然受到影响，这是每一个父母都不愿看到的。因此，再忙，家长们也要花些时间关注孩子！

首先，父母应该创造更多的机会和时间与孩子相处，加强沟通。父母再忙，每个星期也要有不少于2小时的时间来陪孩子。2个小时可能是一个饭局，一次美容或几圈麻将的时间，相信只要家长心中有孩子，这个时间一定能挤出。当然，陪孩子的时间越多，越容易了解孩子，走进孩子的内心。

其次，在有限的时间中家长不要只关注孩子的学习，而要全面关注孩子，尤其关注孩子的内心感受。家长和孩子在一起时除了关注其学习之外，还要多问些孩子的喜怒哀乐、兴趣爱好、班级趣闻、好友近况等，这样既可以全面了解孩子的生活，也可以拉近孩子与家长的心理距离，使孩子感到家长是真正关心他们，是一位"倾听者"，"支持者"，而不只是一位"学习检察官"。

最后，父母要围绕孩子的兴趣爱好与孩子共同玩耍、一起游戏，像朋友一样与孩子交流。游戏不但让孩子开心，还可以帮助孩子消除烦恼和恐惧。在游戏中，父母要以孩子为主，亲昵、活泼地与孩子接触，让孩子在游戏中占上风，留心孩子的想法与反应，帮助孩子在热烈活泼的气氛中通过自己的力量和智慧赢得比赛。这样既可以让孩子感到父母对他的毫无保留的爱，也可以帮助孩子解决有关的问题，建立自信心。

> 再忙不能欠孩子的！
> 给孩子一些时间，用孩子喜欢的方式走进孩子的内心。虽然时间不多，但却有化腐朽为神奇的力量，让孩子浸润于亲情中，自信、快乐、勇敢地学习、生活。

五、在家里，谁说了算？

这是一位美国的妈妈和孩子间发生的故事。如果换了你与孩子，将是一个怎样的结果？

有一天，小维妮对妈妈说："妈妈，我们一起去公园玩好不好？"当时妈妈正在写一篇论文，就对女儿说："等妈妈把文章写完后我们再去吧！""不，我就要现在和你一起去。""维妮，这篇文章很重要，妈妈必须先写完它。你先自己玩一会儿玩具，等会儿我一定会和你一起去，好吗？"过了大约一刻钟的时间，女儿又来催促了："妈妈，再等多久才能写完呢？"当妈妈告诉她还要再等一会儿时，维妮便一声不吭地走了出去。妈妈写完论文之后去叫维妮："我完成论文了，走吧，妈妈带你出去玩。""不，等一等，这个故事我正看了一半。"小维妮捧着一本书，模仿妈妈的口气说道。妈妈因为终于完成了论文，也很想马上出去走走，放松一下。但此时，这位妈妈却尊重了自己女儿的意见，坐在客厅的沙发上等起了女儿。最后，等到小维妮读完那个小故事，母女俩才一起出了门。

在家庭生活中，每天都会有很多与孩子相关的事情需要做出决断，如孩子的房间该如何布置、给孩子买哪些商品、孩子应该参加课外英语班还是课外美术班的学习等。一些父母总觉得自己是家中的权威，孩子太小，什么都不懂，自己富有经验，且出发点都是为孩子好，往往不顾及孩子的想法，在什么事情上都替孩子做决定。家里事无巨细，一切都要听家长的，孩子只能服从，不能反抗。殊不知，这种做法剥夺了孩子自主选择的权力和机会，对孩子自主性及自理能力的发展是极为不利的。

给予子女选择的权利，体现了家长民主、平等的家庭教育理念，体现了家长对孩子的尊重。孩子是成长中的、具有独立人格的个体，他们的需求、愿望，对事物的态度、判定肯定是不同于成人的。年龄小的孩子还没有形成自己独特的对自我及外部事物的判定能力，他们往往听从父母的要求。从三年级开始，孩子的自我认识不断发展，开始用自己的大脑进行思考并尝试不依赖大人而独立行事，这是孩子长大的表现。因此，给孩子选择的机会，尊重孩子的选择表明了家长对孩子长大的认可。

　　一些父母认为孩子还小，什么都不懂，他们没有能力做出选择。还有的家长担心孩子会做出错误的选择。这些想法都是很正常的。但是如果我们总是不给孩子机会，孩子做出正确选择的能力又从何提高呢？因此，家长在生活中要放手让孩子在一些事情上做选择，指导孩子正确做出决断。

　　首先，对于孩子自己的一些生活琐事，尽量让孩子自己做主，如穿什么颜色的衣服，用什么文具等，在这些非原则性的问题上听孩子的，让孩子按照自己的意愿去做。

　　其次，在给予孩子选择权利的同时，培养孩子的辨别能力，家长要教给孩子做决定的方法，和孩子一起分析某一决定可能产生的后果，需要承担的责任，帮着孩子出主意，辅助孩子自己做出选择。

　　最后，放手并非放纵。当孩子的抉择不合理时，家长要提醒孩子，指导其认识到不合理之处并加以调整。当父母与孩子的抉择出现不一致时，要和孩子平等地交流、沟通，各自说出自己抉择的依据，谁的更合理就听谁的。

　　每一个人都有自己喜欢和不喜欢的东西，都有选择的权利。身为父母，要尊重孩子的选择，让孩子自己的事情自己做主，不要把自己的意志强加给孩子。

　　在家庭生活中，无论是祖父母、父母还是孩子，都是人格平等的人。没有谁是绝对的权威，有时要听父母的，有时要听孩子的。通过平等的沟通、交流，谁考虑问题更全面，更合理，家中的事务就听谁的。

六、家里人闹矛盾，怎样不伤害到孩子？

　　吵架比离婚更伤害孩子心灵

　　某市对1000名未成年人的调查显示，在父母经常吵架的家庭中，子女的心理问题检出率为31.68%，比离婚家庭子女的心理问题检出率（28.33%）还要高！

　　此外，专家们指出，与离婚相比，子女对父母吵架的心理体验更为明显，

受到的直接伤害更大。经常面对家庭"战火"的未成年人，容易出现焦虑、抑郁、恍惚等心理问题，个别孩子甚至患上精神分裂症、狂躁抑郁症。这些孩子出现人际交往障碍、焦虑、多疑、缺乏信心，并且对将来婚姻产生恐惧等。

家庭冷暴力对孩子有不良影响

冬冬因多次离家出走被父母带到了心理咨询室。冬冬告诉医生，他的父母平时工作很忙，以前两人关系非常好，但一年前，两人开始大吵大闹。闹了几个月后，两人不吵了，见面也不说话。但看在孩子的份上，两人谁也没提出离婚，一直冷战。冬冬每天回到家，父母都不说话，他心里一直担心是不是父母不爱他了，每当自己想把学校发生的好玩的事情告诉父母时，但看到他们冷冰冰的脸，自己都不敢说话。而每次离家出走后，父母都对自己特别好，要什么给什么。于是，为了引起父母的重视，他一再出走。

俗话说：家家有本难念的经。一家中几个个性不同的人常年生活在一起，难免有磕磕碰碰的时候。虽然父母有一百个吵架的理由，可是如果一遇到什么不愉快，就肆无忌惮地当着孩子的面争吵或大打出手，这样久而久之会对孩子的成长造成不可忽视的负面影响，上面的两个资料从不同的角度揭示了家庭冲突对孩子的影响。

在年龄小的孩子的心目中，家庭是一个安全岛，父母是孩子最可依赖的亲人。如果家里经常发生争吵或更为激烈的冲突，就会使孩子丧失安全感而导致心理失衡，使孩子的情绪受到强烈的冲击，产生消极情绪如恐惧、悲伤、无助感等。另外父母的争吵也给孩子提供了一个攻击性行为的坏榜样，对孩子进行了错误的社交技能训练，使孩子误以为吵架、谩骂乃至打架都是解决冲突的办法。心理学的研究表明，长期生活在不和睦的家庭中，除了攻击性显著增强以外，孩子的情绪、性格发展都会出现扭曲，变得感情冷漠，对他人缺乏信任，为人刻薄，爱挑剔，脾气暴躁，或者性格内向，压抑，容易退缩，对外界事物丧失兴趣。这样长大的孩子，容易走入歧途。

如何减少家庭冲突给孩子带来的伤害呢？

第一，家长要注意尽量不在孩子面前爆发冲突，如无法避免或孩子恰巧闯入，家长要在争吵后向孩子做出解释，告诉孩子父母的争吵与他们无关，是父母彼此感到不满或两人意见有分歧导致的，是家庭生活中非常正常的一种沟通方式，爸爸妈妈依然爱他们。这样可以缓解孩子的恐惧、悲伤与无助感，让孩子安心，同时，也让孩子懂得人和人之间有矛盾吵架是很正常的。

第二，吵完架后，千万别忘记抚慰一下受了惊吓的孩子。大人最好能当着孩子的面和好，告诉孩子风暴已过。对于年龄大些的孩子，可以适当解释争吵的原因，以期孩子的理解。

第三，无论争吵中还是争吵后，都不要让孩子过多地卷入大人间的争吵，拉孩子做评判会让孩子感到无所适从。

第四，大人发生冲突后，千万不要拿孩子当出气筒，这不仅会引起孩子对父母的不满、怨恨，造成父子女或母子女间的隔阂；而且由于无缘无故地挨打受骂，还会使孩子感到委屈，认为大人不讲道理、不公平，从而引起儿童心理上的种种障碍，出现偏执、冷漠、甚至乖僻，严重危害儿童的身心健康。

> 父母送给孩子的最好礼物不是高档的童装或昂贵的玩具，而是良好的亲子关系与和谐、安全的家庭生活环境。

七、家人教育孩子意见不一致怎么办？

寓言：梭子鱼、虾和天鹅

梭子鱼、虾和天鹅三个是好朋友。一天，他们发现路上有一辆车，车上有许多好吃的东西。于是就想把车子从路上拖回家慢慢享用。三个家伙一齐负起沉重的担子，每个人都铆足了狠劲，身上青筋暴露，都累得气喘吁吁。可是，无论他们怎样拖呀、拉呀、推呀，小车还是在老地方，一步也动不了。原来，他们没有朝一个方向拉。天鹅使劲往天上提，虾一步步向后倒拖，梭子鱼又朝着池塘拉去，究竟谁对谁错？反正，它们都使劲了。

 案 例

一个郁闷的父亲

儿子放学回家，看到爷爷正在看电视，就也坐到电视机前看了起来。我叫了几次他都没动窝儿，我的火一下就上来了，拽着他的胳膊就往书房走。可能是用劲儿大了些，儿子大哭起来。爷爷见孙子哭了，有些不高兴，责怪我几句，这一来，儿子哭得更厉害了。爷爷见状一边安慰孩子，一边大声地训斥我，说我不会教育孩子，没轻没重，弄疼了孩子。哎呀，我真郁闷，既不能再去教育孩子，也不能反驳老人，否则给孩子留下不尊重老人的印象。

读了"梭子鱼、虾和天鹅"这则寓言故事使我们很容易联想到生活中家长对孩子的教育。父母对孩子的教育思想如果出现分歧，力量使不到一处，那么即使使出全身的力气，也会彼此抵消，没有进展。

在很多家庭中，父母之间、父母与祖辈之间，在教育孩子的问题上，观念常常不一致，方法也不相同，常常各执己见，各行其是。案例中那个郁闷的父亲与爷爷之间就表现出这种不一致——爸爸要教育孩子，而爷爷却护着孙子，训斥爸爸。这种情景相信在现实生活中也是常见的。

在儿童成长过程中，良好和谐的家庭教育，对儿童的成长十分重要。对孩子教育的不一致性，会令孩子无所适从，不知道听谁的才好。长此以往容易使孩子在不知所措中形成"看脸色"的毛病。这种毛病延续下去，会导致他们缺少独立性、自主意识，长大了，也会像一些成年人那样靠看别人眼色、脸色生活。有的家庭在教育孩子时甚至会有意识地"你唱白脸我唱红脸"，一个迁就、保护孩子；另一个则扮演严厉教育的角色，这对孩子是很不好的。情况严重的还会造成孩子的双重人格，在爸爸面前是一个样，在妈妈面前又是另一个样。严父面前的"乖宝贝"，慈母面前的"混驴儿"，爷爷奶奶面前的"小祖宗"，老师面前的"小羔羊"，这就是"两面派"孩子。此外，父母教育意见不一致还会直接影响父母的权威性，破坏父母在孩子眼中的形象，从而影响家庭教育的效果。孩子很容易在这种不一致中找到父母教育的"空子"，为避免惩罚而养成撒谎的不良习惯。

因此，要促进孩子和谐地发展，父母以及祖辈就必须学习现代家庭教育方面的知识，转变观念，交换想法，统一认识，互相配合，形成教育的合力，共同做好孩子的教育工作。

怎样做才能克服矛盾，形成家庭教育的合力呢？

首先，家长要树立"合力"教育意识。教育孩子，力量只能合，不能分。那么"合"在什么地方？应该"合"在正确的教育思想与教育方法上。这就要求家长认真地回顾一下自己的教育思想和教育行为有没有不妥之处。同时，也应认真吸取其他长辈教育思想行为的可取之处，谦虚的态度和必要的学习是必不可少的。

其次，在树立"合力"教育意识的前提下，经过认真思考，开一个统一"家庭教育思想、方法的家庭会议"。坐下来坦诚地交流彼此的想法，可以有不同意见，也可以争论，最后"求同存异"。在教育孩子时，按照已经统一的认识去做，定会起到良好的效果。

最后，全家在统一的认识下要分工协作，既有"总经理"，又有"协管"；既有人主抓学习，又有人负责生活。如果在具体的操作上有不同意见时，不在孩子面前争执，而在私下或"家庭教育会议"上交流、沟通。

> 孩子的教育是最重要的家事，只要全家统一思想，目标明确，齐心合力，一定会交出一份满意的答卷。

八、父母离异如何使孩子仍能健康成长？

案例

小军的父母是一对辛苦打拼过来的成功商人，他们一起牵手走过辛苦日子，虽苦也甜。后来日子好了，欲望也多起来，小军的父亲有了外遇，倔强的母亲愤然提出离婚，家产分割很顺利，争议焦点却在小军上。最后母亲争得了抚养权，但是每个周日父亲都要接小军度周末。为了争取小军，他的父母互相斗气用金钱娇惯着小军。这个送100元的衣服，那个就买200元的，这个给50元，那个就塞100元，慢慢的原来乖巧的小军染上了大手大脚花钱的习惯，脾气暴躁，学习成绩也成流星般滑落，孩子的未来令人担忧。

根据新的心理研究结果，夫妻离异不一定会影响孩子的发展。心理学家维利·塞茨最近在美因茨的一次会议上说，对子女发展起决定作用的不是离异本身，而是离异的状况。与父母中的抚养方有着良好关系，并能够感觉到父母双方关心爱护的孩子在个性特征上与其他孩子没有区别。相反，与抚养方父母关系差的孩子则显示出不同的个性发展：他们表现得不够自信，而且惧怕与人交往。塞茨称，当抚养方父母感觉离异以及离异带来的后果是一个负担时，孩子也往往表现出消极的状态。但塞茨说，离异家庭的子女比一般孩子表现得更加善解人意和通情达理。

社会发展了，思想开放了，感情丰富了，离婚率升高了。当婚姻成为幸福的桎梏时，父母们可以解除原有婚约，重筑爱巢。但对于孩子而言，父母的离异，使原本宁静温馨的生活被搅得支离破碎，小小的心灵就像进入灰蒙蒙的"雨季"，幼小心灵难免留下伤痕。父母离异对子女心身健康有不容忽视的负面影响。一项有关的研究报告表明：54%离异家庭的孩子在情绪和情感方面存在问题，表现为抑郁寡欢、心事重重，容易被激怒，与同龄孩子关系紧张，甚至自暴自弃，产生心理和行为的偏差。与完整家庭的儿童相比，离异家庭孩子的平均智商为96.95，学习成绩80分以上的占56.25%，而和睦家庭的则为101.18和80.2%。

美国心理学家杜威曾说过"家庭关系的失调是产生精神和情绪病态的肥沃土壤。"不可否认，父母离异会给孩子带来一些痛苦与伤害，但与整日生活在争吵、冷战环境相比，这短期的痛苦可能换来的是永久的快乐。如果离异后父母以及父母双方的亲属能给孩子正确的引导，孩子也能健康的成长。

第一，离异父母应真诚地向孩子讲述家里发生的事情。孩子是敏感的，会感受到家庭的变化。如果家长刻意隐瞒，会增加孩子的不安，失去对大人的信任。一般小学生在得知父母离婚的事实后通常会表现出异常愤怒或异常伤心。在告知孩子真情时要注意安慰孩子，同时要告诉孩子尽管父母离异了，但永远都是他的爸爸妈妈，会永远关心他、爱他。离异父母及亲友要注意尽量不给孩子"孩子没了爸爸（妈妈）"、"孩子可怜"等暗示，要引导孩子正确接纳父母离婚的事实——父母离婚不是丢人的事，而是抛弃痛苦追求幸福的勇敢行为！父母离婚，孩子心灵难免会受伤。但是，如果度过此段痛苦，未来会迎来长久的快乐。

第二，离异父母无论是否为监护方，都要继续关心孩子的成长，履行做父母的责任。婚姻结束，并不等于对孩子的责任也结束了。孩子是共同的，双方都要尽到抚养的义务和教养的责任。离异父母要经常保持和孩子的联系，满足孩子正常的物质需要，也要与学校老师保持联系，关注孩子的学习、生活。孩子的监护方，应允许另一方探视，并享受亲子之情。这样可以在最大程度上减轻父母离异对孩子的伤害。有些离异父母迫不得已选择让孩子与（外）祖父母一起生活，但一定要注意与老人共同商讨对孩子的教育，不能放弃父母对孩子的教育责任。

第三，离异父母要注意不要相互破坏形象，当着孩子的面，更不能使用污辱性的语言，一味指责对方，否则会使亲子关系疏远。要教育孩子学会宽容。另外，离异父母也不要试图将自己的创伤作为孩子今后成长的借鉴。"妈妈不要我们了"、"男人都是坏东西"之类的语言，会使孩子失去对世界的信任和对未来的信心。

第四，离异父母不要为了弥补而过度补偿。对孩子没必要百依百顺，对待他们的生活，物质和娇纵都无法替代精神上的缺失，对孩子的溺爱并不是补偿，相反可能使孩子变得任性、暴力。

第五，离异父母，尤其是单亲妈妈要注意别将一次婚姻的失败当做人生的终结，别将自己的希望全部放在孩子身上。"你是妈妈全部的希望！"只能给孩子带来难以承载的压力。作为父母，要给孩子树立榜样，积极寻找、开拓自己的新生活。这样才会给孩子带来真正的生活勇气和力量。

> 离异父母需要有足够的宽容和爱心，足够的智慧和耐心，以及非常好的人际关系处理能力，这样才能有足够的心理能力不让孩子承受父母离异的痛苦。

九、"言传"与"身教"哪一个更重要？如何进行身教？

红绿灯前的母女

早晨七点多，正是上班、上学的拥堵高峰。往学校拐的路口红灯刚亮。一辆电瓶车快速驶来。车上坐着妈妈，后面带着一个看上去也就一二年级的小女孩。只听小女孩说："妈妈，红灯。""不要紧的，没有警察，你只管坐好。"孩子紧张地坐在车上，电瓶车载着她和妈妈冲过停车线。

自此，孩子知道没有警察时红灯是可以闯的。

后来，孩子学会老师不在时可以不遵守纪律……

父亲和儿子的对话

父亲："儿子，你这几天总玩游戏机，就不能控制一下自己，把精力用到学习上吗？"

儿子："你还说我呢，爷爷经常让你不要在外面玩麻将，你怎么还总是整宿的玩呢？"

父亲：……

　　家庭是孩子最基本的生活和教育环境，在家庭生活中，父母常常通过言传——用言语告诉孩子应该如何做事，或采用奖惩——运用榜样、批评强化孩子的行为，或通过创设良好的家庭氛围，给孩子提供情感支持等方式对孩子进行教育、引导。但是很多父母忽视了一个更为重要的方式——用自己的行为影响孩子。案例中的情景在生活中是经常可以听到、看到的，孩子就是在观察并效仿父母的一些不良行为。

　　"孩子是父母的镜子"。小学生年龄小，好奇心强，好模仿，父母在他们的心目中威信最高。他们认为父母的一切言行举止都是最标准，最美好的，对父母的一切都有强烈的模仿欲望，很多行为习惯都是在潜移默化中效仿父母的行为而形成的。而此时的孩子抽象思维水平不高，分析辨别能力较差，无论父母行为是好是坏，他们"照单全收"。在孩子面前，父母从思想品德到生活小节，都没有小事。因此，面对天真的孩子，父母要注意时时处处为孩子树立好的榜样，时刻提醒自己"身教胜于言教"。

　　要成为孩子的榜样，父母要注意以下几方面。

　　第一，父母要以身作则。父母不仅是孩子的权威，而且是孩子言行举止标准的提供者，父母的表现在很多情况下会成为孩子的参照。身教对孩子的影响往往是在父母不经意间，通过潜移默化实现的。因此凡是要求孩子做到的事情，父母首先就要做到；凡是不良的言行，首先要杜绝在自己身上发生。父母要求孩子言行端正，品德优良，就必须先从自己做起。父母在行为习惯上，应自觉遵守社会伦理道德和社会生活规范。父母在人格特征上，应有广博的兴趣爱好，孜孜不倦地求知，健康、乐观的情绪，强烈的责任感、事业心等。

　　第二，父母要以身示教。身教就是通过自己有意义的言行来影响孩子，使孩子通过心灵内在的体验达到信服或模仿家长的教育方法。父母经常会对孩子说"应该这样做"、"不应该那样做"来规范孩子的言行。可是这种空洞的说教所起的作用往往微乎其微。而父母以身示教则能打动孩子的心。像上面案例中的父亲那样自己打麻将，却要求孩子好好学习，孩子是不可能照父母的吩咐去做的。

　　总之，父母的言行就是无声的老师，自觉或不自觉的榜样，强有力地发挥着潜移默化的作用。所以要想取得理想的教育功效，父母一定要以身作则，时时、处处、事事都严格要求自己，成为孩子人生的好榜样。

　　一个家长对自己的要求，一个家长对自己家庭的尊重，一个家长对自己每一个行为举止的注重，就是对子女的最首要、也是最重要的教育方法。

　　　　　　　　　　　　　　　　　　　　　　　　　　　——马可连科

　　在一个家庭里，只有父亲能自己教育自己时，在那里才能产生孩子的自我教育。没有父亲的先锋榜样，一切有关孩子进行自我教育的谈话都将变成空谈。

　　　　　　　　　　　　　　　　　　　　　　　　　　　——托尔斯泰

十、俗话说"严是爱，松是害"，
教育孩子是不是越严越好？

案例

　　小芳的妈妈是一名小学教师，爸爸做生意，家里经济条件优裕。从小，妈妈对小芳的要求非常高，考试得了95分，妈妈会说"离100分还差5分呢！"得了100分，妈妈又会说"高兴什么呀，看看你的卷面，一塌糊涂。"其实，不过是试卷上有一些橡皮擦过的痕迹。如果她衣服不是特别整洁，妈妈会批评说"你长得这么丑，学习又不好，将来嫁人都没人要"。小芳小时候挺胖的，当她大口大口地吃饭时，妈妈会说她"吃没吃相"，当小芳因为不敢吃，导致营养不良而脸色不好时，妈妈的批评又来了"我们家又不是没有吃的，该吃的时候你不吃！"上小学后，小芳在学校受了什么委屈，回家就不跟父母说了，因为和父母说了，势必会受到妈妈的责备。在小芳的记忆中，她从小没讨妈妈喜欢过，无论她怎样做，总是不能让妈妈满意。在妈妈的记忆中，她真的从来没夸过女儿一句，她总认为对孩子要求严一点好。妈妈的责备型教育令小芳自卑，抬不起头。一次，因为和同学闹矛盾，老师不分青红皂白批评了无辜的小芳，小芳觉得委屈，不想去学校了！这时候，小芳的父母才意识到女儿的不正常，经医院检查后发现，小芳患了抑郁症。

　　俗话说"严是爱，松是害"。上述案例中的小芳妈妈对孩子的要求不可谓不严格，无论女儿表现得多么优秀，她从未夸过一句。从学习到生活，从穿衣到吃饭，孩子一直受到妈妈的指责与批评。妈妈如此严厉带来的结果是什么呢？——孩子的自卑、退缩，严重的心理失衡。这样的严不是爱，而是害，甚至是对孩子的摧残！

　　我国传统的家庭教育理念特别强调家长对孩子的严格要求，这种严格往往以牺牲孩子的人格尊严为代价，如父母可以大声命令孩子服从、用家规约束孩子举止、对犯错的孩子进行喝斥甚至体罚等。当然这种严格的教育方式还是可以让孩子很快了解并掌握行为规则与要求，避免走弯路。随着社会的发展，当前家庭教育中越来越重视儿童主体性的发展，强调父母与孩子的平等与相互尊重，提倡民主、宽松的家庭教育方式。需要注意的是，这种教育并非放纵孩子，而是在尊重孩子基础上的科学的教育。

　　教育要做到宽严相济，家长需要注意以下几点。

　　第一，严而有法。

小学时期是儿童掌握社会规范，形成良好品德的重要时期。对孩子的严格要求有利于孩子社会性的发展。严格要求孩子，就是要让孩子知道哪些事情可做、哪些不可以做；知道哪些做法是对的、哪些做法是错的；知道做错事后要承担责任，并接受必要的惩罚。严格要求的目的在于帮助孩子掌握规则，运用规则自主调节自己的言行。当然，家长在严格要求孩子的同时必须注意尊重孩子。如果家长不顾孩子自尊，侮辱孩子人格，不考虑孩子的身心承受能力，一味提出过高的要求，就会使孩子形成被动、退缩、怯懦、自卑的个性甚至导致孩子对父母的逆反与对抗。

　　严格要求孩子，父母首先要让孩子明确规则及其执行意义和具体评价指标；其次，父母要经常检查孩子的行为，奖励孩子良好的行为，分析违规行为，对不清楚或无意的违规行为进行指导，对有意违规行为进行适当的处罚，通过处罚让孩子知道承担责任。记住，对孩子的行为要多奖少罚。惩罚孩子时要让他们知道为什么，惩罚不能伤其自尊。

　　第二，宽而有度。

　　宽即宽松、宽容，是指在教育孩子时不要过多地限制孩子，要放手，给孩子自主发展的时间、空间；要理解孩子，容许孩子犯错。宽而有度就是指教育孩子时要有理智，有限度。孩子在做事时家长要告诉孩子行为的底线，即基本的规范，是不可逾越的，即什么时候都不能去做的事情。孩子在不触犯行为底线的前提下可以按照自己喜欢的方式去做事。

　　宽不是放纵，溺爱。现在不少父母对孩子宠爱有加，不严格管教孩子，任凭孩子养成"娇"、"懒"的习气。学习紧张一些，就怕累坏孩子，总是降低对孩子的要求。在家务劳动方面，宁肯父母多劳动，也不愿孩子吃一点苦。有的家庭对孩子的要求百依百顺，结果，过分的宠爱，无休止的满足，逐渐使孩子形成任性和自私自利的性格。这样的教育就是宽而无度的表现，这不是爱孩子，而是害孩子。

　　第三，宽严相济。

　　宽严相济是在尊重孩子基础上的严格要求的教育。每个家庭的环境条件是不同的，每个孩子也是独一无二的。家长要根据自己孩子的特点有针对性地、宽严结合地对孩子进行教育。一味地顺从与赞扬，对孩子的性格形成有害而无益；而适当地严格要求，反而有利于孩子的成长。凡事不能走极端，该惩罚的时候不能手软，该表扬的时候也不应吝啬。

　　　　娇子如杀子，莫娇莫惯。

　　　　　　　　　　　　　　　　　　　　　　　　——郑板桥

十一、被孩子问倒，真的很丢人吗？

　　一位母亲的忠告

　　那天我正忙着做饭，忙得团团转，顾不上孩子，就给他一本图画书，让他自己看。孩子特别好奇。隔一会儿就拿着书来问我这个是什么，那是什么，为什么会这样，为什么不是那样。你知道，我当时心情本来不大好，又手忙脚乱的，看他问起来没完忍不住来气，当时也有一些问题的确也难倒了我，一是确实忙得慌，二是自己出于自尊就吼了他一句："哪儿来的那么多为什么！自己想！"自那以后，他再也不问我为什么了，话也说得少了，常常一个人坐着，一个人玩。我在想，是不是那天我把话说重了。现在很后悔，又很自责，哪怕被孩子问倒又如何！

　　刚入学的小学生好奇心很强，他们经常会给父母、老师提出各种各样、千奇百怪的问题。好问的孩子常常让大人觉得很烦，而且往往是越小的孩子越爱问，问题也越刁钻，常常把老师和家长难住。一些家长觉得被一个小孩子问倒，威信扫地，很没面子。一些家长就像案例中的妈妈一样常粗暴地拒绝孩子的问题。殊不知拒绝孩子的问题实际上是拒绝了他的好奇心，同时给孩子传递一个信号：父母不爱学习，和父母无法平等交流。

　　在现代信息社会中，孩子们可以从多种渠道获取信息，认识千变万化的世界。在很多方面他们懂的、会的比家长要多得多，家长不能回答孩子的问题是一个再正常不过的现象，这并不是什么丢人的事情。之所以有被问倒丢人的心理，是家长头脑中过于强调自己在孩子面前的"权威"地位所致。其实，很多时候家长坦白地承认自己不懂或不知道，比死要面子地呵斥孩子，拒绝孩子的问题更能赢得孩子的尊重。

　　当被孩子提出了你不知道或难以回答的问题时，聪明的家长可以尝试用下面的办法去做。

　　首先，耐心听完孩子提出的问题，肯定孩子敢于质疑的行为，可以用这样的话鼓励孩子："我真喜欢你爱提问题！"、"这是一个不错的问题。"、"问的好！爸爸（妈妈）都没想到这个问题"。

　　其次，对于自己不知道、不会的问题千万不要胡编乱造，敷衍孩子，而应坦白地告诉孩子自己在这方面也不是很清楚——当然，这并不是结束。更为重要的是家长要和孩子一起探讨这个问题，凭自己的经验谈对这个问题的看法和与此相关的一些事情，找到答案的可能途径与方法，鼓励、指导孩子自己去解决这个问题。这样做虽然没有直接解决孩子的困惑，但在探讨中使孩子对问题的认识、解题的思路等方面都有收获，孩子非但不会看不起家长，反而会从内心更尊敬父母。同时，家长的"知之为知之，不知为不知"，勇于承认自己不足的坦诚精神、与孩子平等探究、共同成长的做法为孩子树立了榜样，是孩子成长中的重要财富。

最后，家长要不断学习，努力提高自己的知识水平和文化修养。一次被问倒不丢人，两次被问倒也不丢人，但每问都被问倒就不太光彩了。社会在飞速发展，知识日新月异。在社会发展过程中，孩子的知识是递增的，父母的知识是递减的。在家长慢慢变老，知识不断退化没有更新的时候，恰恰是孩子知识最为广博，思想最为活跃的时候，同样也是问题最多的时候。家长要想在学习型社会中不落伍，要想保持自己在孩子心目中的权威地位，就应不断充电，和孩子一起学习，共同成长。

> 问题本身不是问题，如何应对才是问题。
> ——维琴尼亚·萨提亚
> 情况是在不断地变化，要使自己的思想适应新的情况，就得学习。
> ——毛泽东

十二、你对孩子有多少了解？

"我有优点！"

有一次，我刚刚结束家庭教育讲座，一位家长就急匆匆地拉着自己四年级的孩子找到了我。这位母亲情绪激动地对我说："这个孩子什么都不成，快把我急死了，您帮助我想想办法吧"，看到母亲的态度，我估计是她已经对自己的孩子丧失了信心，就有意识地问她："帮助您没问题，但是您要先说出孩子的十个优点"。母亲气愤地说："十个优点！一个优点也没有"。我坚持地说："不可能，一定要找出十个优点来"。母亲仍然说："没有，没有，一个优点也没有！"……

这时，孩子突然哭丧着脸抗争着说："我有，我有优点"，我感兴趣地立刻问到："那你自己说说有什么优点？"孩子一边看着母亲，一边怯生生地说："我爱帮助人"，我立刻兴奋地说："啊呀！这是了不起的一个优点啊"。可是母亲却不屑地说："这算什么了不起，有本事把自己的分数帮上去……"

如果问家长：你了解自己的孩子吗？相信很多家长都会毫不犹豫地回答："我的孩子我当然了解了！"、"还能有谁比我更了解他（她）的呢。"真的是这样吗？上面案例中的家长和孩子自己评价上的差异告诉我们，很多时候家长并不了解自己的孩子，或者家长所了解的并非是孩子的真实情况。

有些家长可能很困惑！怎样才能了解自己的孩子呢？这里给大家提供一些方法。

第一，全面了解孩子。

入学后，孩子的生活空间不断扩大，活动内容越加多彩，心理发展水平逐步提高。但许多家长对孩子的了解仅局限在某一方面，而不是全部和完整的。他们对孩子的了解只停留在孩子物质需要和身体一般状况的层次，只要孩子"身体没病，成绩不错，没挨批评"即可，而对孩子的精神、心理发展关注不够或很少关注。更有部分家长就像上面案例中的妈妈那样，仅对孩子的学习、考试分数关注，其他全然不顾。这些都是非常不妥的。家长应全方位地了解孩子，特别要关注孩子的精神需要——安全感需要（这是孩子最需要的）、交往的需要、被信任的需要、创造探索的需要、成功的需要、表露情绪的需要、独处的需要等，这是孩子心理发展的内容，更是孩子成长的动力。

全面了解孩子还包括既要看到孩子的优点，也要看到孩子的缺点。优点显示了孩子发展中的优势，已有的成绩；缺点则指明了今后发展需要注意的方面。两者均不可或缺。

第二，客观评价孩子。

评价是在社会比较基础上对孩子发展状态的一种判定。所选择的比较对象不同，对孩子的评价也是不同的。每个孩子都是不同的，家长在对孩子做评价时既要避免主观臆断，也不能盲目地进行横向比较，最好的办法是在与孩子过去比较后给孩子一个客观的评价。

第三，在倾听中了解孩子。

很多家长对孩子的了解只是自己的主观臆断，而不是与孩子交流碰撞的结果。孩子小的时候，在父母面前的表现几乎是全透明的，总是围着父母转，心理也很简单，父母对孩子的表现和想法了如指掌。但当孩子入学后，环境变了，心理也在发生变化，如果家长与孩子缺乏沟通，将不能全面真实地了解孩子。因此耐心地与孩子交流，倾听孩子的心声，可以增进孩子对家长的信任感，有助于家长了解孩子真实的状态。

第四，在活动中观察、了解孩子。

在很多问题上小学生的认识与行动是不一致的，有时他们只会做，不会说，而有时则只会说，不愿做或不会做。因此仅听孩子说是不够的，家长只有"听其言，观其行"才能深入了解孩子。这就需要家长多花些时间陪孩子，在与孩子共同的活动中观察孩子的言行，全面了解孩子。

和孩子一起做！下列问题可以测试你对孩子了解的程度。请拿出纸、笔，和孩子一起答吧!

1. 在学校里孩子最喜欢什么课程?
2. 孩子最近读什么课外书?
3. 孩子最喜欢上的课外补习班是什么?
4. 孩子最愿意在什么时间做家庭作业?
5. 孩子最喜欢什么样的体育活动?
6. 孩子最喜欢什么节奏的音乐?
7. 孩子最喜欢什么样的电视节目?
8. 孩子最喜欢吃的水果是什么?
9. 孩子最喜欢的房间是什么颜色?
10. 孩子最喜欢什么动物?
11. 什么事情最令孩子烦心?
12. 什么事情最令孩子愤怒?
13. 什么事情最令孩子伤心?
14. 做什么事最令孩子入迷?
15. 孩子最珍爱你给他(她)的礼物中的哪一件?
16. 孩子对家庭的最大抱怨是什么?
17. 今年最使你孩子失望的是哪件事?
18. 孩子是否担心别人对他(她)的态度?
19. 谁是孩子最要好的朋友?
20. 谁是孩子心目中最伟大的人?
21. 孩子老师对他(她)总的看法是什么?
22. 孩子以后最想从事的职业是什么?
23. 孩子最常说的一句话是什么?
24. 孩子最突出的五大优点是什么?
25. 孩子最大的缺点是什么?

结果说明:

把自己写的和孩子的回答对照一下,一致的就可以记1分,将25道题的分数之和乘以4,就是你对孩子了解的分数。记住:满分为100分。你的得分越高,说明你越了解自己的孩子。如果你的分数在90分以上,在了解孩子方面,你是优秀的!如果低于60分,则是不及格的分数,你要好好反思自己,要花时间补课,对孩子多些关注吧。另外,也可以看看自己最了解孩子哪些方面,最不了解哪些方面。其中,1~5题是与孩子学习有关的;6~10题是反映孩子生活方面的;11~17题是关于孩子情感的;18~25题是反映孩子的个性与人际关系方面的。不足的地方今后可要多留意哟!

十三、如何面对孩子说出的"不"？

　　妈妈下班一进门便兴冲冲从书包里掏出一件新衣服让彤彤试，彤彤看看衣服的颜色，撇了撇嘴："这么难看，我不要!"，"怎么难看了，这不挺好的吗？快试试，明天穿上跟妈妈一起去参加同学聚会去。"妈妈压下心中的不满，劝着彤彤。"你们同学聚会最没劲了，总说那些无聊的事。第一，我不要这件衣服；第二，我再也不跟你去参加什么聚会了！要去你就自己去吧!"听着平日乖顺的女儿说出这一番话，妈妈有些火了："你怎么能这样……"

　　在日常生活中，我们常常看到这样的场景，父母教育孩子或者让孩子去做某件事情，孩子总说"不"，一听这样的对抗语言，大多数父母就来气："怎么能这样?"、"小小年纪就这样，将来还得了?"……

　　细心的父母不难发现，一向乖顺、听话的孩子到了四五年级开始变得不那么听话了，甚至有时候他们还会和家长顶嘴，公然顶撞父母。面对孩子说出的"不行"、"不去"、"不愿意"、"就不"，家长该怎么办？

　　第一，正确理解孩子说"不"的行为，平静倾听，避免对立。

　　小学是儿童自我意识快速发展时期，一般低年级孩子自我评价能力较差，他们主要以成人的评价为参考，教师和家长处于权威地位，他们的话就是"真理"，是要服从的。三年级后孩子逐渐形成了独立的评价事物的准则，不再事事顺从成人了。向家长和老师说"不"，就是孩子长大、独立的表现，说明孩子开始有自己的思想了，这应是值得高兴的事！虽听着有些不顺耳，但做父母的应从心底为孩子高兴，不能吹胡子瞪眼，大声训斥。更应压抑住自己的怒气，平静地倾听孩子，欣喜地接纳孩子的成长。

　　第二，认真分析孩子说"不"的原因，并区别对待。

　　一般孩子说"不"可能有以下一些原因。

　　1. 父母的要求不尽合理，没有考虑到孩子的需要。也可能是提要求时有以大欺小之嫌，没有考虑孩子的自尊。这种强制性的要求常会引起孩子强烈的逆反心理。在这种情况下，父母要平等地与孩子交流，讲明自己提要求的理由以求孩子理解，必要时可接纳孩子的意见，调整要求，同时要针对自己的言行向孩子表示道歉。并在以后与孩子的交流中注意改变自己说话的方式，不再用命令式、对抗式的语气让孩子做事情，尽量用商量的语气和孩子说话。

　　2. 父母的观点错误，孩子坚持真理，对父母观点坚决说"不"。在这种情况下，父母应勇敢地承认自己的错误，对孩子表示感谢和道歉，给孩子做一个有错就改、宽宏大度的榜样，借机树立自己的民主、平等的形象。

3. 双方无所谓对错，只是看问题的角度不同而形成不同的观点。这时父母可以和孩子进行充分的交流与沟通，在阐明各自观点基础上达成共识。

4. 孩子放纵、任性，胡搅蛮缠。对待这样的孩子，不能"针锋相对"，试图把孩子的"气焰"给硬压下去。你越压，他（她）就会越任性，和你"较劲"。家长最好能心平气和地、耐心地给以批评、劝说、诱导，需要有耐心、理智、自我克制能力。

> 孩子爱顶嘴，说明他（她）反应快，说明他（她）的思维跟得上你的思路，甚至已超越你的思维。他跟你顶嘴，说明他（她）有思想，思维敏捷，所以不应该简单地加以抑制。
>
> ——陈忠联

十四、孩子总是不如家长愿怎么办？

案例

　　彬彬的爸爸是一家公司的职员，妈妈为了照顾彬彬辞去了工作，成了全职妈妈，虽全家只靠爸爸一人的收入但日子过得也还不错。彬彬上四年级了，听说学外语、奥数在孩子"小升初"考试时有帮助，妈妈就给彬彬报了一个有名的培训学校。几次课下来，彬彬感觉外语课对自己还是挺有帮助的，可奥数课就有些晕了，上课听不懂，作业不会做。渐渐地彬彬就不想去了，可妈妈一再要求他坚持，"越不会越要去，慢慢听听就会懂了，不然和别人的差距会越拉越大。"搞得彬彬很烦。为了让彬彬有更多的时间解奥数题，妈妈逼着彬彬退出了他自己报的轮滑班，为此，彬彬与妈妈大吵一架，赌气不上奥数班，就连学校的数学课也不好好听了，考试成绩直线下降。妈妈觉得自己辛辛苦苦，省吃俭用，为孩子教育花这么多钱，可孩子还不领情，不买账，真是太不争气了！气得大病一场。

在中国的传统文化中望子成龙、望女成凤一直是父母教育孩子的目标。尤其是现代大多是家庭独生子女，父母对孩子更是寄予了深厚的希望。为了"不让孩子输在起跑线上"，很多父母想尽一切办法让子女成才。像彬彬妈妈这样的家长比比皆是，他们对孩子的未来寄予厚望，期望着孩子成"名"成"家"，出人头地，以满足家长自身的攀比心、虚荣心，或补偿自己未尽的梦想。殊不知，这种超出孩子实际过分的期望给孩子带来的是沉重的负担，是不利于孩子健康成长的。

家长对孩子的期望带有一种隐蔽的强化功能，适度的期望是促进孩子学习、进步的重要动力。近几十年来，国外研究发现家长对子女期望水平在其总体上与子女的教育成就呈正相关，即家长对子女的期望水平越高，则子女对自己学习成就的愿望越强烈，其学业成就也就普遍越高。

过度期望实质是父母的意志强加给孩子，是家长不尊重孩子的人格，对孩子自我需要的一种剥夺。这样做的后果，常使孩子的"自我效能感"下降，形成退缩、厌学、缺乏主见、自卑、压抑的行为和心理特征，或使孩子对家长的督促产生反感，产生逆反心理，与家长对立。父母不可对孩子无期望，也不可对孩子期望过高。

期望总是走在发展的前面，是以孩子明天发展作为方向和目标的，对于孩子具有导向和定位作用。如果一个孩子的言行总是不如家长愿，那么家长首先要反思一下：是否自己的愿望、要求有些不切合孩子的实际？是否自己的意愿只关注了孩子的学习，忽视了孩子的健康、快乐及和谐发展？是否自己对孩子的期望过于主观，对孩子过于苛责，没有尊重孩子的情感、意愿？在反思中，家长应适当调整自己的期望值，使之更符合孩子的现实。其次，孩子不如家长愿时，家长要学会接纳孩子。家长对孩子的愿望仅是家长自身对孩子未来的一个美好的期待，它的实现是需要孩子付诸努力的，受孩子自身条件及诸多外部因素的影响。若孩子付出了努力但最终还不能如家长愿，家长应正视孩子的本能，肯定孩子的努力，体谅孩子的失误，接纳孩子的失败。只要孩子努力了，只要孩子学着在挫折中成长了，无需责怪孩子的不如愿。过程比结果更重要。

> 如果你不能成为山顶上的高松，那就当棵山谷里的小树吧——但是要当棵溪边最好的小树。
>
> 如果你不能成为一棵大树，那就当丛小灌木；如果你不能成为小灌木，那就当一片小草地。
>
> 如果你不能是一只香獐，那就当尾小鲈鱼——但要当湖里最活泼的小鲈鱼。
>
> 如果你不能成为大道，那就当一条小路；
>
> 如果你不能成为太阳，就当一颗小星星。
>
> 决定成败的不是你的尺寸，而在做一个最好的你！
>
> ——道格拉斯·玛拉赫

十五、"自家的孩子总是不如人家的好"怎么办？

案例

孩子作文：自家的孩子不如人

每当家里有客人来时，家长总会把自家的孩子和别人家的孩子做比较，而且总是把自己说得不如别人。记得有一次，妈妈单位上的一个阿姨来我们家玩。阿姨看见了贴在我们家墙上的奖状，就说："你们家孩子的学习成绩这么好啊，一点也不像我们家孩子，整天就知道玩。"我听了阿姨的话之后，十分开心。可就在这时，妈妈来了一句："好什么好呀！就这几张奖状还好呢！"我听了之后十分气愤，要不是阿姨在，我早就和妈妈吵起来了。我走进了我的房间把门一关，干脆不理他们了。在房间里，我还听到妈妈说："这孩子，脾气真是倔强！"

在生活中，经常可以听到一些大人这样训斥自己的孩子："你怎么一点不懂事呢？你看看人家××，又听话，又聪明，你连人家一半儿都不如，真给我丢人！"家长以为这样能够激励孩子上进，而实际上很多时候却是事与愿违，不仅没有起到激励作用，反而让孩子与家长情感对立，与被比较的同伴关系紧张。还有一些家长虽没采用"激将法"，但囿于成人的交往"规则"，也会拿自己的孩子与他人比较，并有意贬低自己的孩子以示"谦虚"，上述学生作文中的妈妈就是这样的一个典型。殊不知，家长的这种做法对孩子的自尊心是一种极大的伤害。

"世上没有两片完全相同的树叶。"每一个孩子在世界上都是独一无二的，是不可替代的。每个孩子的能力、性格、天赋等方面是不同的，每个孩子都有自己的优势与不足。自己的孩子也许在某一方面不如别人家的孩子，但在其他方面可能比别人家的孩子强。如孩子学习不好，但可能有爱心，乐于助人；孩子有些淘气，但活泼，反应敏捷；孩子不爱说话，但踏实认真等。"金无足赤，人无完人"。总觉得"自家孩子不如人"的家长对孩子的评价是主观、片面的，是漠视孩子的独特性、不尊重孩子的表现。

俗话说："孩子是自己的好"任何时候，父母都要看到自己的孩子是最好的，是最有希望的，这样孩子也会朝着有希望的方向发展。在生活中，父母还要做到以下几点。

第一，用欣赏而非挑剔的眼光看孩子，善于发现孩子的优点。这里心态的调整非常重要。心态影响观察视角，从而影响观察结果。爱和欣赏可以帮助家长发现孩子身上更多的美，指责与挑剔只能让父母看到孩子更多的问题。

第二，真诚地表扬、鼓励孩子。对于大多数小学生而言，他们往往不能理解父母"假谦虚"或"激将"的做法，父母对孩子的损贬只会伤害孩子的自尊心，让孩子感到自卑，感到自己的努力未被认可，会泄气，从而产生挫败感。家长不妨转变一下做法，直接向孩子表达对他们的欣赏，真诚地赞扬孩子在学习生活中所做的努力，让孩子通过父母的表扬与鼓励体验到成就感，体会成长的快乐。

第三，保持一颗平常心，别拿孩子"货比三家"。生命因其独特而美丽，每个生命的成长历程都是不同的，桃花闹春，荷立夏塘，秋菊斗霜，梅花傲雪，每一个生命都以自己独有的方式诠释着生命的精彩，生命之间无从比较。家长要学会尊重，学会欣赏。不要一味地拿孩子和其他孩子比较，最好用孩子的现在和过去比较，只要孩子一直在努力，只要孩子不断在进步，就是最棒的！

尺有所短，寸有所长。

一个优秀的家长应当着孩子的面向外人大声夸耀："我家孩子很优秀！我家孩子是最棒的！"

十六、怎么对待老师的"告状"？

 案例

这个学期，阳阳的老师常向阳阳妈妈"告状"，说孩子上课注意力很不集中，经常东张西望，有时还招惹周围的同学；自习课更显得躁动不安。妈妈觉得小孩子都好动、贪玩，上课走神儿，做点小动作没什么。年轻的班主任老师有点小题大做了。

周五下午，菲菲的数学老师打来电话，说菲菲的数学成绩下降很明显。这学期已经几次没做数学作业了，还撒谎说忘带了。妈妈听后怒火中烧，待孩子放学回家后，板着脸痛加训斥，又给她布置了许多数学作业，并将每晚半个小时的自由活动时间改为数学学习时间。菲菲气得和妈妈大吵一架，心里对数学老师这个恨呀。自此，她更加讨厌数学了。

大多数家长都有过老师向其告状的遭遇，上述案例中阳阳妈妈和菲菲妈妈是两种极端反应的代表，这两种对待老师"告状"的态度都是不可取的。

作为家长，应该理解老师"告状"的真实用意。由于大部分家长日常工作都很忙，对孩子的关注不够，特别是对孩子在学校的表现了解不多。当孩子在学校出现一些过错行为时，老师往往采取与家长联系或请家长的方式，一是作为一种惩罚，教育一下学生（小学生一般都怕老师请家长或向家长告状，为避免老师的这种惩罚，他们就会克制自己，好好表现。）；二是借此机会与家长交流，希望家长能关心、指导孩子，配合老师对孩子进行教育，家校联手，形成教育的合力，共同促进学生健康成长。因此，对于老师的"告状"，家长要冷静对待，既不能向阳阳妈妈那样"护犊子"，不相信老师反映的情况，不配合老师工作，任意放纵孩子，这既是对孩子的不负责任，也是对老师的不尊重。长此以往会抵消学校教育的力量，对孩子的发展是极为不利的。当然像菲菲妈妈那样又有些反应过度了。有些家长自己很要强，做事追求尽善尽美，"不能让别人戳脊梁骨"。他们不能把自己和孩子区分开，认为孩子被老师批评了是很丢面子的事，加之个别老师言辞犀利，令家长更难堪，只好回家向孩子宣泄。这样一来，孩子的问题非但没能解决，反而会恶化师生关系，导致孩子出现更严重的问题。

当老师向家长"告状"时，家长应给予充分的理解，不要过于追究老师的措辞，而应认真、耐心倾听老师所反映的孩子的问题。听完老师的"告状"后，家长一定要心平气和地和孩子交流老师所反映的问题，听听孩子的看法。交流中要尊重、信任孩子，耐心倾听孩子的解释。等全面了解情况后家长可再和老师深入沟通，一起对孩子问题进行分析、诊断，找到原因，制订出帮孩子改进提高的行动计划，并指导孩子落实改进。在这个过程中，要处理好家长、老师和孩子三者之间的关系，用爱、尊重与理解编织和谐的家校关系、师生关系、亲子关系，在良好的氛围中促进孩子的成长。

> 面对老师的"告状"，聪明的家长会不急不躁，不羞不恼，用爱心、耐心和智慧引领孩子摆脱"危机"。

十七、家长应怎样夸孩子？

案例

儿子上幼儿园时，老师对妈妈说："你的孩子在座位上连5分钟都坐不到，你最好带他去医院检查一下。"回家路上，儿子问妈妈老师说了什么，妈妈说："老师表扬你了，说你原来在座位上坐不到3分钟，现在能坐5分钟了。"那天晚上，孩子高兴得又蹦又跳。

儿子上小学时，老师对妈妈说："这次考试，你儿子排第48名，我们怀疑他有学习障碍。"回到家里，妈妈对儿子说："老师说你很有潜力，只要学习认真些，就会赶上你的同桌，你的同桌考了第20名。"说到这里，她发现儿子深埋的头立刻高昂起来。晚上，儿子没有出去玩，而是在房间里写作业。

儿子上初中时，老师对妈妈说："你儿子现在的成绩，考重点中学是没有希望的。"她回到家里，对儿子说："老师说了，只要你努力，绝对可以考上重点高中。"

……

高考结束后，这位男孩被北京大学录取了。

看完这个案例，你一定会由衷地赞叹："多么聪明的母亲啊！用她的爱与睿智激发了孩子的潜能，帮助孩子走向成功。"确实，这是一位聪明的母亲，她的聪明在于她巧妙地将老师对孩子的否定转化为夸赞，利用夸赞唤醒了孩子的自信，并用夸赞引导、强化了孩子的积极行为，引领孩子走向成功。

教育孩子最重要的就是调动孩子的情绪，因为他们的行为在很大程度上会受情绪的影响，而赏识、夸赞是调动孩子情绪的最佳方法。但仅用"真棒"、"真好"这样笼统、模糊的方式表扬孩子，会让孩子无所适从，夸孩子也要讲究艺术。

　　家长在夸孩子的时候，要注意以下几个方面。

　　第一，内容具体，着眼于态度与努力。有针对性的具体表扬会让孩子更容易理解，并且知道今后应该怎么做、如何努力，这样可达到激励孩子的目的。如表扬孩子"学习进步了"不如表扬孩子"你的作业比以前写得工整了。"、"你上课听讲真认真！"、"你能写出这么好的作文真不简单！"

　　第二，抓好时机，及时夸赞。当孩子有进步时，家长要马上给予夸奖。比如孩子的作业非常工整，或孩子在自理、自立方面有了一点进步，或主动帮助周围的人做了一件事情，哪怕是微不足道的小事儿，家长都应该郑重地、认真地对孩子给予明确的表扬，使孩子确立自身的价值导向及成人对他的希望。

　　第三，态度真诚。家长应带着欣赏和喜悦，发自内心的、由衷地赞美孩子，而不是例行公事的敷衍夸奖。人的情感具有感染性，家长这种积极的情感可以传染给孩子，点燃孩子的情绪，增强孩子行动力量。

　　第四，用夸奖导引行为。夸奖是对孩子良好行为的强化，可以激励孩子保持这一行为。如果家长在夸奖孩子的同时能把家长的期望融入其中，则可以激发孩子产生家长所期待的行为，心理学上把这种给某人贴上某种"标签"，容易导致此人产生与标签相一致的行为的现象称为"贴标签效应"。如家长给孩子贴上好标签——用功的孩子、懂事的孩子、努力的孩子、自觉的孩子等，孩子就会如您所愿表现出努力用功、懂事、自觉学习的行为。因此，父母要善于发现孩子的闪光点，学会给孩子"贴标签"。要知道好孩子是夸出来的。

> 　　由宽大平和之中认识这世界的可爱和可颂赞之处，才不辜负这难得的一生。
>
> ——杰罗姆·布鲁纳

十八、怎样使"良言"不"苦口"？

案例

　　当年陶行知先生任育才学校的校长。一天，他看到一名男生打同学，遂上去将其制止，并责令他到校长室接受批评。陶先生回到办公室，见男生已在等候。陶先生掏出一块糖递给他说："这是奖励你的，因为你比我先到了。"

接着又摸出一块糖给他："这也是奖励你的，我不让你打同学，你立即住手，说明你很尊重我。"男生将信将疑地接过糖果。陶先生又说："据了解，你打同学是因为他欺负女生，说明你有正义感。"陶先生遂掏出第三块糖给他。这时男生哭了，说："校长，我错了，同学再不对，我也不能采取这种方式。"陶先生又拿出第四块糖说："你已认错，再奖你一块，我们的谈话也该结束了。"

批评是家庭教育过程中常用的一种教育手段。孩子犯了错误，家长往往会采用批评的方法，帮助孩子认识到自己的过错。每个孩子的成长都离不开批评，批评是因孩子违规行为或不良行为所呈现的不愉快刺激，它带给孩子的是不愉快地感受。但正像俗话说的那样"良药苦口利于行"，批评有助于孩子行为的改进。在教育中，许多家长和教师像案例中的陶行知校长那样，用爱心"包装"了批评，使"良药不苦"，收到了令人满意的效果。类似这样的批评的艺术有很多，家长如能领会并加以实践，就可以做到"良药"不"苦口"。

第一，包容孩子，以奖代罚，给孩子自我反省的机会。案例中陶校长就是使用这一方法触动了孩子的心灵。当一个孩子感受到教育者的尊重与宽容时，它内心产生的是深深的感激与强烈的震撼，在这种情况下，不必批评，也不必指责，孩子自己就心悦诚服地知错了。这是最高明的批评教育。

第二，沉默，无声的批评。一般批评都要诉诸声音、语调和动作，然而，在有些场合，家长有意识地沉默也是一种有效的批评方法。这种无声的批评，特别强调现场紧张、严肃的氛围，强调家长的表情的运用——表情严肃，态度冷漠，眼神专注等，这种严肃的气氛给孩子带来心理压力，孩子从家长的表情中感受到家长的不满、责备，在自我反思和检查中领悟到自己的不足和错误，收到"此时无声胜有声"的效果。

第三，商量、讨论性质的批评。对于认识及判断能力较强的孩子，家长切忌用居高临下的方式训斥和指责，而应以亲切、平和的态度，关怀、引导和帮助孩子。一般的做法是家长在宽松、愉快的气氛中把批评的信息传递给孩子，以商讨问题的方式和孩子一起讨论不良行为的后果及改进的办法，家长的亲切平和使孩子感受到家长完全是为自己好，消除了孩子的戒备与对抗心理，入情入理的分析使孩子心悦诚服地接受家长的批评，并主动改正错误。

第四，先扬后抑。孩子都喜欢听赞扬的话，不喜欢听批评的话。一开始就批评孩子容易引起孩子与家长的对立。先扬后抑就是指批评之前先表扬孩子的优点，这种方式适用于两种类型的孩子：一种是处于心理发展逆反期（10～14岁）的孩子；一种是缺点错误较多、自卑、自暴自弃的孩子。需要注意的是，指出孩子缺点时家长的言语技巧很重要，孩子最反感家长表扬后的"可是——"，父母可以将"可是"换成"如果"，巧妙地指出美中不足，让孩子在愉悦的心境下感受父母的期望，接受父母指出的问题。

不是锤的打击，而是水的载歌载舞才形成了美丽的鹅卵石。

——泰戈尔

批评是一门艺术，要想达到理想的教育效果，尊重孩子是前提，时机与方法也很重要。

十九、棍棒能"打"好孩子吗？

某调查结果显示

有 12% ~ 18% 的父母在教育孩子时，常常使用"打一顿"的方法。相信"打一顿"管用的，农村高于城市，爸爸高于妈妈。有些家长经常打孩子，有时打孩子和偶尔打孩子的比例更高。在某小学三年级一个班，全班43人，只有一个学生没有挨过打。

一个孩子家长的话

对不听话、乱发脾气的孩子，我主张打：让这些小家伙们知道，这世界上容不得无理取闹！小时候做坏事要受到家规的惩罚，长大了做坏事要受到国法的制裁！

在中国，"棍棒底下出孝子"、"不打不成人，不打不成才"、"打是疼，骂是爱，气极了，拿脚踹"、"三天不打，上房揭瓦"等老话，俗语经过一代一代家长们的口耳相传及身体力行，一直流传到现在。上述调查结果和家长的话也正反映了这样的事实：祖传的"棍棒"教育依然是现代家长常用的教育方法。

在传统教育中，家长和孩子的地位是不平等的，家长高高在上，孩子被当成家长的"私有财产"可以随家长的意愿随意处置。"棍棒下出孝子"这句话实际上是按父母的意志来改变孩子的行为。打是对孩子身体的责罚，被打的紧张与痛苦带给孩子的是刻骨的记忆。虽然这在一定程度上可以抑制被处罚行为的发生，但是"棒打"对孩子心理所带来的消极影响要远远大于其对行为改变的积极作用。经常挨打，使孩子产生怨恨、逆反、畏惧、报复等心理，孩子与父母之间的亲情日益淡漠，造成严重的亲子隔阂。常被父母打骂的孩子，自尊心会受到损害，会失去自信，在生活中表现得比较压抑、沉默、孤僻，严重的还会产生悲观厌世的情绪。另外，父母的打骂给孩子做了一个坏榜样，孩子从父母身上学到的是错误的解决问题的方式，他们认为可以"以暴制暴"，学会了"打人经验"，染上了暴力行为。一些孩子为逃避父母的打骂，学会了说谎。父母的暴力造成了孩子的人格畸形，孩子极易形成攻击型人格或形成猥琐、胆小怕事的性格等，将影响孩子的整个人生。

打不是教育孩子的好方法。无数事例证明，没有一个孩子是在父母的打骂中成才的。棍棒威吓可能会起作用，但只是暂时的，不会持久的。打，只会造成孩子种种不良的心态和心理偏差，绝不能获得有效地教育孩子的效果。而且，打骂孩子是对孩子正当权利的侵犯，这是法制社会所不容许的。其实，把孩子当朋友，不打骂孩子一样可以教出优秀的孩子。为了使孩子能够健康地成长，现代父母必须更新自己的家庭教育理念，提高自身的素质与修养，改变以打施教的教育方式，当孩子犯错误时，能克制自己的情感冲动，站在孩子的角度，理解孩子的想法，倾听孩子的解释，对孩子循循善诱，以理服人，引导孩子改正错误。

> 棍棒打不出人才！作为一名现代家长，请放下你手中的棍棒，用尊重、理解和爱给孩子的成长营造一个良好的环境和一片快乐的天空。

二十、如何帮孩子树立正确的"是非"观？

某市对近千户家庭所作的调查发现

对坐公交车不买票、在公共建筑上随意刻画等8项明显违反公共规范的行为认识上，只有"吸毒"因其明显的危害性，遭到绝大多数未成年人的拒绝。在对诚实、守信的评价上，46.1%的未成年人认为"诚实就意味着吃亏"。调查还发现，42.5%的小学生崇拜黑客，32.5%的小学生有当黑客的念头。父母在家庭教育中"知"、"行"分离现象突出，主观上将"道德教育"排在第一位（52.8%），但在客观上、在现实中的家庭教育任务排序却是"智力开发和学习成绩教育"（46.4%）位居首位，另外，越年轻的父母在家庭中给予孩子的道德教育越少。

一个男孩很文静，从来不跟人惹事。一天，班里一个"刺头"同学的书从桌面滑到地上，正好这个男孩从这里走过，并一脚踩在书上，他赶紧边捡书边道歉，"刺头"不由分说使劲用脚踹了他的肚子，痛得他眼冒金星，直不起腰来。妈妈听说后非常心疼，问孩子为什么不还手。孩子说："那样，同学岂不是也很疼！而且还可能受老师批评，老师教育我们不能打架。"妈妈百感交集：不会还手的孩子以后在社会上受到伤害怎么办？还手是否就意味着缺乏宽容？孩子之间打架，赢了则伤害别人的孩子，输了则伤害自己的孩子，

家长到底怎样教育孩子？

孩子在社会生活中能否表现出符合社会道德要求的行为，在很大程度上是由其头脑中的是非观念决定的。是非观是指孩子对社会道德规范、要求的基本认识，即知道在社会生活中什么是对与错、真与善、美与丑，并明白为什么。正确的是非观是孩子正确评判和约束个体行为的内在因素，小学阶段正是孩子形成正确是非观的重要时段。从上述调查结果我们可以发现，当前小学生在是非观上存在着问题，他们对一些基本的社会规范的认识模糊，甚至还存在着错误的观念，如对诚实、黑客等的认识，这必然导致孩子出现不符合社会规范的行为。因此，教育、引导孩子，帮助他们形成正确的是非观，使孩子能辨是非，知羞耻，成为当代家庭教育的首要任务，并成为广大家长的共识。

帮助孩子形成正确的是非观，这话说来容易做起来难。当代中国正处于转型期，旧的价值观念和行为规则受到质疑和否定，新的价值观念和行为规则尚没有完全形成。在这个古今中外多元文化冲撞、各种观念冲突的时代中，我们家长对当今社会的行为规则的认识也不是很清晰。因此，很多家长在教育孩子时会出现像案例中的妈妈那样的困惑。但"三岁看小，七岁看老"，帮孩子树立正确的是非观，对孩子的现在、将来都是具有重要意义。家长应学会在冲突中选择、在困惑中思考，不断更新自己的观念，首先自己形成一套明确的价值与观念体系并通过日常生活去影响孩子。这是一个学习的过程，家长既要向传统学习，也要向现实学习，还要向身边的孩子学习，和孩子共同成长。家长在教孩子的时候要注意不仅要告诉孩子应该怎么做，更要让孩子明白为什么要这样做。只有真正明白这样做的意义，孩子才能自觉地用它来约束自己的行为。

孩子正确是非观的形成离不开生活中的具体事件，这就要求家长要敏感、细心，要善于抓住生活细节引导、教育孩子。以上面的案例为例，做妈妈的不能只关心孩子身体是否受伤，而应从孩子对这件事的处理中看到孩子对行为规范的理解水平，肯定孩子的道歉、宽容、遵守老师教导的行为并引导孩子正确应对外界的侵害，学会自我保护。孩子挨打没有还手，家长千万不能抱怨自己孩子无能，否则就是对孩子宽容、遵守老师教导的否定，这样会使孩子觉得无所适从。而且，家长过激言行将向孩子传递出这样的信息——以暴制暴、受到侵害就要还击，以后孩子在受到侵害时就会表现出类似家长的攻击性行为。正确的是非观是孩子做人的根本，在孩子的成长中，家庭无小事，家长无小节。

> 是是非非谓之知，非是是非谓之愚。
>
> ——荀子

二十一、培养孩子的艺术素养一定要学乐器吗？

案例

一个音乐工作者对儿时的回忆

我的父母极爱戏。母亲只看戏、听戏、评戏，父亲则能唱，在小的时候，经常唱，一为取悦母亲，二为放松心情，三为诱哄我们。在二老的"熏陶"下，大姐喜欢听和看，跟母亲一般，二姐则能弹会唱了，而五音不全的我也因喜欢唱而成了音乐工作者。

琴童妈妈的心声

孩子从5岁起就学习小提琴，3年来学了不少乐曲，已经考过4级了，并且进了学校的乐队。孩子每天放学都要练2个小时的琴，有时候作业多，孩子也烦。但一想到周末要到老师家练琴，一想到要在小学毕业前考过8级的目标来，做妈妈的只能狠下心督促孩子。我每天都要陪她练琴，我觉得孩子学习乐器真的很苦，可已经学了这么多年了，又舍不得让孩子停下来。看着孩子一级一级的考过，看着孩子站在舞台上拉出优美的乐曲，做家长的觉得没白辛苦。

从20世纪80年代开始，一个席卷全国的少儿器乐热在中国兴起。许多家长带着孩子加入了学琴大军，电子琴、钢琴、小提琴以及民乐中的二胡、扬琴等辅导班成了热捧的对象，以致没有让孩子学乐器的家长都感觉亏欠了孩子什么似的。在这赶潮的人群中，许多家长是盲目的，他们对孩子为什么要学，自己的孩子适合学什么并不是很清楚。只是觉得"别人家的孩子都学了，咱的孩子也不能什么都不会吧。""学学挺好的。孩子能拉会唱，也算个特长。上中学时还能加分。"在这种认识的驱使下，考级，参加比赛，拿证书成了孩子学琴的主要目标。孩子每天在家长的监督下，花大量的时间练习那些枯燥的考级曲目，最初的学习激情慢慢熄灭。许多孩子仅仅是为了让家长高兴、为了家长的虚荣心在练琴。特别是上学以后，一些孩子因完成了任务（考到了家长期待的证书）或繁重的学习压力放弃了系统的器乐学习，当然也有孩子——像前面案例中的琴童和家长依然在辛苦中坚持着。音乐是人类美好情操和智慧的结晶，是一种美的艺术。如果孩子在学琴的过程中感受不到音乐带来的快乐与美，不学也罢。

每一个家长都希望自己的孩子具有较高的综合素质，希望自己的孩子有"艺术细胞"，有品位。培养有品位、高素质的孩子的途径有很多，音乐艺术教育是其中途径之一。音乐是一种表达心灵感受的语言，家长要明白，孩子学习音乐的目的并不是要去成为音乐表演家，而是去学会欣赏音乐。通过学习音乐可提高孩子对乐曲所表达的情感的感受和体验能力、陶冶孩子情操，培养孩子的艺术修养；此外，音乐还能丰富和美化孩子的精神生活，给孩子送去欢乐。孩子通过那美妙的旋律来感受美好的生活，可促进孩子成为一个全面发展的、具有高度文化素养的人。家长要清楚，器乐学习只是通往音乐这个美丽殿堂的一座桥梁。不可否认，器乐学习对于孩子的认知能力的开发、协调能力的发展、良好情感及意志品质的形成都具有重要的意义。但当前很多孩子学习器乐关注更多的是弹奏技巧，而忽视了音乐本身所蕴涵的思想和文化内涵，忽视了音乐作为一种重要的艺术形式对人的心灵的滋养和品德的熏陶。

其实，在家庭教育中提高孩子音乐素养的方法有很多，音乐是一个极为丰富的世界，音乐的表现形式多种多样。我们可以通过指导孩子学习音乐史、欣赏名家名曲、演唱歌曲、戏曲欣赏与表演、舞蹈欣赏与表演等方式提高孩子的音乐审美能力和创造力。只要孩子周围音乐环境条件好——耳边有乐，心中有歌，就像上面"儿时回忆"案例中描述的那样，即便手中没有乐器，孩子依然可以具有较高的音乐素养。

> 音乐能使人插上想象的翅膀腾空翱翔，飞到一个美好、纯洁、幸福的境界中去。音乐会唤起人们对生活的执著追求。让音乐环绕在我们的家庭中每一个角落，让音乐流淌在父母与孩子的心中！

第二部分
品行培养

一、怎样把孩子培养成"阳光孩子"？

案例

铭铭热情、开朗，思想活跃，他的兴趣、爱好广泛，喜欢摄影，篮球玩得也特别棒。在家里他和妈妈关系亲近，是无话不谈的好朋友。因为总是主动和邻居打招呼，经常帮邻居的阿姨、奶奶扔个垃圾，搬个西瓜的，大家都夸他特别懂事。老师也经常表扬他，说他有热情，做事主动、认真、爱动脑子，老师交给他做事非常放心。虽学习成绩在班里不是最优秀，但在班里特别有影响力，同学们都愿意和他做朋友，大家觉得和他在一起特别开心。

阳光明亮、耀眼，给人带来温暖。阳光形容人的个性，是主动进取、充满活力，积极向上的，是一个人良好品质的体现。阳光孩子就是那种心理需求得到了充分的满足、自我价值实现高的孩子，就像案例中的铭铭那样，阳光孩子开朗乐观、充满活力，好奇心强，敢于探索；他们爱思考，有主见，对自己充满了自信，他们富有爱心和同情心，有良好的适应能力，能主动去影响周围的环境和人，与周围的人形成和谐的人际关系。阳光孩子并不是没有烦恼，但他们总是以积极的态度去看待问题，且具有很强的自我调节能力，能让自己很快摆脱烦恼。阳光孩子是在学习和生活中品味成长的幸福和快乐的人，他们像阳光一样明媚、灿烂、自由、快乐，无论走到哪里，他都会把快乐带到那里。

把孩子培养成具有阳光个性的人是教育的最大目的。那么如何培养阳光孩子呢？上面案例中铭铭妈妈的一些做法或许可以给家长们一些启示。

铭铭妈妈认为自己能引以为荣的最大的成功就是培养出了一个具有阳光性格的孩子，拥有良好的性格对孩子将是终身受益的。在日常生活中，铭铭妈妈总是尽力扮演好自己的各种角色，在外努力工作，是老板满意的好员工；在家用心经营自己的小"窝"，做个好妈妈、好妻子。而她自己也是个具有生活热情的人，喜欢读书、旅游，周末也会忙中偷闲，去健身、美容。在教育孩子上，她从不逼迫铭铭去做他不愿做的事情。刚上小学时，妈妈也曾想让孩子学钢琴，但去老师家练过几次后发现孩子对钢琴没有什么兴趣，就停了下来。在学习上，铭铭妈妈从不给铭铭规定考试应达的分数，只要孩子努力了，能从考试中发现自己的问题并改正了就可以了。在家里，铭铭妈妈总叫铭铭是小男子汉，并教育他男子汉要有责任感，要帮助生活中的弱者。只要他帮助了邻居或同学，妈妈总会表扬他。铭铭也有犯错的时候，但妈妈总是旁敲侧击，从不大声训斥。一次妈妈和铭铭外出旅游，发现铭铭对摄影特别感兴趣，无论是构图，还是对人物表情的抓拍都特有感觉，于是就放手由孩子做这次旅游的总摄影师。回来后，妈妈专门请了一个老师给铭铭讲摄影的基本知识。孩子入门后，又给孩子买了比较专业的相机。节假日，妈妈有空就陪着铭铭去公园、去野外，或游走于大街小巷中，引导他观察生活，用镜头捕捉生活中的美。回到家里，又和铭铭一起分析、评价作品，照得好的就夸奖、鼓励，不好的也不打击，只是提示所要注意的问题，帮他从中吸取经验。现在铭铭的作品不仅在市里的比赛中得奖，还在杂志上发表了。孩子很高兴，也更有自信了。

透过以上过程，我们可以发现，要培养阳光孩子，父母要注意以下几方面。

第一，父母做榜样。首先父母要扪心自问：我阳光吗？我是否有爱心、包容心？我是一个乐观、积极向上的人吗？我是否能以平常心看待生活、看待自己与孩子的发展？这些都会影响孩子的心态，想要孩子阳光，父母自身要阳光。

第二，给孩子安全的环境。置身于温暖的家，被父母的爱环抱着的孩子内心会充满阳光。尊重、理解、鼓励、支持、宽容是保持孩子阳光的最重要的营养。

第三，培养乐观的态度。对一件事情观察的视角不同，解释不同，情感态度也会不同。家长要教育孩子凡事多从好处想，自己的心中有阳光世界才会有阳光。

第四，让孩子快乐学习。在学习上不给孩子过高的期望，引导孩子认识学习是自己的事而不是家长的事，培养孩子的责任感，帮助孩子发现学习价值、乐趣。孩子背负的压力轻了，孩子的心才会轻松，才会感受到学习的快乐。

第五，帮助孩子获得成功的体验。成功可带来满足与自信，家长要帮孩子制订适合其特点的目标，及时肯定孩子的进步，创造条件和机会帮助孩子在学习、生活、交往等儿童重大生活领域获得成功。自信的孩子更阳光。

第六，培养孩子的生活情趣，教孩子学会享受生活。孩子的快乐和他们是否能做他们有兴趣的事是有相当大的关系的。根据美国对1500名商学院的学生长达20年的追踪研究发现：追逐兴趣并发掘自身潜力的人不但更快乐，而且更容易得到财富和名利的眷顾。即便他们不能从这件事中获取财富和名利，他们也会得到终生的快乐和幸福。家长要给孩子创造机会，帮助孩子形成某一方面的兴趣爱好，掌握一种发现美、体验美、表现美、创造美的技能，如音乐、舞蹈、朗诵、绘画、体育等，在这个过程中感受生活的精彩，感受置身其中的幸福与快乐，并以自己独有的方式向外界传递与表达。

第七，培养孩子的抗挫折能力。没有人事事成功，面对挫折，家长要教育孩子不气馁，不逃避，指导孩子正确、全面地分析原因，对症下药，调整自己，战胜困难。

> 做一个阳光父母，把热情与温暖传递给孩子，让阳光洒满每个孩子的心田。

二、怎样才能使孩子具有爱心？

一位做父亲的心情非常沉重地谈过这样一件事：他感冒发高烧，三天未能上班，女儿却不闻不问，就跟没这码事一样。他平时对女儿非常关心，对孩子的方方面面都照顾得无微不至。可自己生了病女儿却无动于衷，为此他很伤心。

爱是付出、奉献，是人世间最纯洁、美好的情感。心中有爱的人是关心他人，并能设身处地为他人着想，尽自己所能去帮助他人的人。爱心使人有责任感或使命感，是一个人建立良好人际关系，立足社会的前提和基础。生活中许多孩子像案例中的女儿一样"薄情"，缺少爱心，"病"在孩子，根在家长，家长没能正确地引导和培养孩子去关爱他人。

爱的种子是需要培育的。教育孩子懂得爱，有情感，比教会孩子学什么东西都重要。

首先，父母要正确认识爱与孩子成长的关系。许多父母觉得孩子只要聪明，有能力，今后就会有出息，取得成功。但现代心理学的研究发现，人的成功与否最重要的是情商而非智商，而理解他人情感，调整自己，与他人建立和谐关系是情商的核心。这些品质都是以爱心为基础的。

其次，父母要为孩子关爱他人做出榜样。"爱不是教出来的，而是熏出来的。"父母不仅爱自己的孩子，而且爱周围与自己相关或无关的人，孩子浸润其中，日久天长，善的个性、爱的品格就会在孩子身上体现。

第三，把握对孩子的"爱度"，不溺爱。案例中那样无情无义孩子的出现，是对家长过度溺爱的报应。家长从小对孩子的一味付出，全部满足会让孩子觉得一切就该这样，因而不去珍惜，更不会用自己的言行回报。因此，对孩子适当的延迟满足和对不合理要求的拒绝，会让孩子体会缺失的"痛"，才会理解别人的"痛"，也才会去珍惜自己得到的爱。

第四，不断强化孩子的施爱行为，学会接受孩子的爱。很多家长已经习惯了对孩子付出。而在面对孩子的爱的付出时，他们会因为心疼孩子而做出"拒绝"的行为。殊不知，这样做其实不仅不能让孩子感受到父母对他的疼爱，有时反而会深深伤害孩子表达爱的积极性。家长们一定不要忘了，爱是一种双向的情感交流，孩子在接受爱的同时，也希望去爱别人，从而得到情感上的满足。

第五，鼓励孩子多参与社会生活实践，在和同学、老师及周围人的交往中，了解、体会他人的感受，丰富孩子的情感体验，培养孩子的同情心，将爱心由对自己的家人逐渐扩展到对同学、老师和周围的人，并由对人的爱扩展到对自然的爱。

孩子的爱心是稚嫩的，你在乎它，它就会长大；你忽视它，它就会枯萎；你打击它，它就会死去。如果你想拥有一个富有爱心的孩子，那就请你在生活中培养它、呵护它吧！

> 学会做人是教育之本，而做人的核心是拥有爱心。
> 予人玫瑰，手有余香。

三、如何培养孩子的同情心？

孩子为何如此"残忍"？

桐桐是家里的独生子，十一岁了。不知为何染上了一种极不好的行为：

残酷虐待弱小的动物。家里养了一只猫，他总爱抓住猫的尾巴使劲扯，弄得猫凄惨地叫个不停，猫被他吓怕了，看见他就逃，后来终于逃走了再没有回来。邻居家有一条刚出生几个月的小狗，被他活活砸死了。他姨家的一对金丝小熊，也被他用火烧得吱哇乱叫，四处逃窜。妈妈教育他几次也未见成效，妈妈很着急，也很担心。

人的情感是有感染性的，当一个人看到周围人的喜怒哀乐，自己也会产生相应的情感共鸣，"虽未亲历但感同身受"，就是同情心。我们看电影、听故事时常常为主人公的经历欢喜或流泪，表现出的就是同情心。同情心是人与人之间相互理解、建立和谐人际关系的基础。案例中的桐桐对小动物的虐待行为，就是缺乏同情心的表现，在人的性格上往往冷漠、孤独、自私、残忍。

造成孩子缺乏同情心的因素有儿时亲情的缺失、父母的溺爱等。生活在无爱的环境中，孩子感受到的是父母的冷漠与自私，自然会习得类似的行为；父母对孩子爱的过度，导致孩子根本不懂苦与痛，更不会体味别人的这种情感了。生活环境闭塞，缺少与周围环境的交往。会导致很多孩子社会知觉能力差，也就不能从别人发出的信息中觉察别人的情感，不会读或读不懂别人的表情，当然不会产生相应的情感。

要培养孩子的同情心，父母不妨从以下方面试着去做。

第一，丰富孩子的情感体验。不要过于保护孩子，在孩子的生活中既要让他们感受爱，也要让他们适当地感到"伤心"、"愤怒"等负性情绪。另外，多带孩子走出家门，看看周围的环境，多和大自然接触，和周围不同的人接触，体验他们不同的生活感受。

第二，训练孩子由己推人、由人推己的能力。经常让孩子把自己痛苦状态时的感受与别人在同样境况下的体验加以对比，体会别人的心情，学会理解别人，同情别人。

第三，采用"角色扮演法"，帮助孩子体会不同人的心理状态，增进孩子对他人情感的理解能力。如有些家庭之间搞的"换子行动"，让孩子到不同的家庭中生活，可增进孩子、父母之间的理解；家庭内部的"今天我当家"，让孩子做一天主人，体验父母的辛苦，可以帮助孩子更理解父母。

> 同情心是人性善良与爱的体现。
> 将心比心。你用什么样的态度对别人，别人也会用什么样的态度对你。

四、如何帮孩子学会谅解别人?

故事:

一位有名的律师因逃避战乱来到异国他乡,穷困潦倒的他急于找份工作。因为懂多种外语,他就向几个进出口公司发出求职信,希望得到秘书工作。几个公司都回信委婉地拒绝了,但有一人在回信中写道:"你对我生意的了解完全错误。你不仅弄错了,还很笨,我根本不需要任何替我写信的秘书。即使需要,也不会要你这个连信都写得满篇错字的秘书。"读完这封信后他气得发疯,立即写了一封会令来信人大发脾气的信。但接着他就停下来对自己说:"等等,我怎么知道他说的不对呢?又不是用自己母语写信,也许我真的犯了许多语法错误呢。如果那样,我要找到一份工作,这个人可能还帮了我一个大忙,尽管他的本意并非如此。他用这么难听的话表达他的意见,并不表示我就应以牙还牙,反而我还要写封表示感谢的信给他。"

几天之后,他又一次收到了那个人的回信并被邀请去公司,他得到了一份工作。

这个故事告诉我们:对别人的冒犯,如果能够予以包容、谅解,我们自身得到的要远比失去的多。

谅解是指一个人对曾经冒犯或伤害过自己的人和事能不计前嫌,坦然面对的品质。谅解可以帮助我们赶走他人伤害我们时所带来的伤心、愤怒、怨恨等不良情感,让我们平静、快乐、健康地生活;谅解,也是维护良好人际关系的重要准则。每个人都会犯这样那样的错误,有意或无意间侵犯别人。对于别人的侵犯,如果我们"以血还血,以牙还牙",其结果必是两败俱伤。但如果我们能原谅别人,明明知道别人错了,而不过多计较,于己于人都会有利。

现代的孩子大多为独生子女,他们从小受宠爱,凡事自我中心,不知体谅别人的难处,不会原谅别人的过错。加之一些父母担心孩子在竞争中处于不利的地位,从小就教给孩子凡事要与别人一争高下,错误地认为原谅别人就是放弃了获胜机会。这样的教育使得孩子常常抓住别人的错误不放,不依不饶,缺乏宽恕、忍让之心。

真正的强者是能原谅别人、宽容别人的人。家长应教育孩子,从小要心胸开阔,要学会原谅别人,得饶人处且饶人。

首先,家长要以身作则,原谅孩子的过错行为。对于成长中的孩子而言,犯错误是正常的,不犯错误是不正常的。对于孩子已经认识到的缺点、错误和问题,家长应予以

宽容、谅解，不是啰啰唆唆、紧追不放，更不该"新账旧账一起算"。真正的谅解是接纳孩子的问题，和孩子一起分析问题产生的原因，并引导孩子在今后避免出现类似的问题。

其次，家长要正确处理孩子与同学、老师交往中出现的问题，当孩子受到冒犯或伤害时，家长一方面要注意帮助孩子调控情感；另一方面要用自身的宽容之心引导孩子做出恰当的行为反应。家长要教孩子分析各种行为的可能后果，用宽容之心接纳他人的冒犯或伤害。要让孩子记住："海纳百川，有容乃大"。

最后，家长要教育孩子学会忘记。真正的谅解是忘记别人对自己所做的不好的行为。正如美国华盛顿所说："如果你希望赢得人生的快乐与成功，你必须是个善于忘记仇恨的人。否则，你的心里只会充满不快乐的报复！"家长要引导孩子忘记他人过错带给自己的不快，并从中寻找对自己有价值的内容，就像案例中描述的律师那样，我们才能笑对伤害过我们的人并心存感激。

> 一个不肯原谅别人的人，就是不给自己留余地，因为每一个人都有犯过错而需要别人原谅的时候。
>
> ——福来
>
> 说"我能原谅，但我忘不了"是"我不能原谅"的另一种说法。
>
> ——比彻

五、怎样让孩子知恩图报？

那个周末，妈妈留下了一张字条后走了。字条上说，外公病了，需要她去照顾。所以，也许三天，也许一个星期，她不会在家，希望两位宝贝能好好照料自己。

第一天，兄妹两人尽情地打闹，把房间搞得天翻地覆。没错，什么都不用担心，可以自由地看电视、打游戏，出去玩耍也没人管。

直到臭袜子爬满窗台，洗衣机被脏衣服塞满，用过的餐具在水池里泡得变色，床单不再给他们温暖洁白的拥抱。男孩开始害怕，女孩小脸上全是沮丧的表情。

这时候，他们不约而同地想起了妈妈。啰嗦的妈妈，忽然变成了伟大的妈妈。他们从没发现妈妈原来这么重要，他们是如此想念妈妈。

后来，在妈妈给他们和从前一样的照顾时，他们不再抱怨，而是会说几个字："谢谢妈妈。"答案就是这样简单，长久地爱一个人，他（她）会渐渐忘记那是爱，而会觉得，那是应该的。

上面的案例描述了一个妈妈是如何在"不经意"间教育孩子知恩图报的。相信对许多妈妈都会有所启迪。

知恩图报是指一个人对为自己无私奉献、帮助过自己的人的发自内心的感激，是每个人不可或缺的道德准则，是做人的基本修养。当一个人懂得感恩时，便会将它化作行动，实践于生活中。一个人会因感恩而感到快乐，一个不懂感恩的人，将不会了解什么是真正的快乐及满足。

现在的孩子从小受呵护，很多父母只知道为孩子无私付出，却从来不知道教孩子回报父母、感谢父母。长此以往，我们培养出来的就是只知关爱自己的、自私的孩子。一个对为自己付出很多的父母都不知道感恩、回报的孩子，又怎能指望他（她）具有社会责任感，去报效社会呢？之所以孩子们不懂得感恩，主要因为父母没有很好教育孩子、没有给孩子感恩的机会。

从小培养孩子感恩，这不仅是一种礼仪，更是一种健康的心态，也是一种社会进步、文明的体现。在教育孩子时可以从以下几方面做起。

第一，以身作则，为孩子做个知恩图报的好榜样。父母要注意自己的言行，当周围人特别是自己的孩子为我们提供方便或帮助我们时，一定要首先真诚地道谢。并教导孩子要像父母这样向为自己付出的人表达谢意。

第二，给孩子机会，让其了解父母及他人为自己所做的一切，理解其中的艰辛与不易。现在的孩子不知道父母是怎么工作的，不知道父母每天为自己做了什么，付出了多少。就像案例中的儿女，父母在日常生活中所做的点点滴滴，他们已习惯性地接受了，而当他们要自己做的时候，才发现其中的辛劳，才了解了妈妈的辛苦和不易，才知道热爱妈妈，回报妈妈。因此在生活中，家长可以让孩子多观察、体验不同的角色生活，让他们感受到他们的辛劳、理解他人的艰辛，并用自己的言语和行动感激他人。

> 生活就像一面镜子，你笑，它也笑；你哭，它也哭。你感谢生活，生活将赐予你灿烂的阳光；你不感谢，只知一味地怨天尤人，最终可能一无所有。

六、怎样帮孩子消除自卑，树立自信？

一位妈妈的求助

我女儿上小学二年级，我发现她在与小伙伴交往时特别不自信，明明是自己的想法正确，可不敢说，怕说错了别的同学笑话。上次班里选班干部，她的票数很多，可她说什么也不愿意当，说不会干，干不好。为这事儿愁了好几天。后来在老师和同学们的鼓励下，她担任了班里的文艺委员。可最近由于组织联欢会受到了阻力，她又开始打退堂鼓了。怎么才能让孩子相信自己的能力呢？

心理学认为，自信是一个人对自己积极、正确的认识和评价，它就像生活中的能量催化剂，可以将人的潜能调动起来，积极乐观地对待学习生活中的各种困难，并想尽办法战胜它，直至成功。生活中每个人对自己或多或少都带有一些不恰当的认识，自卑就是一种过多自我否定而产生的自惭形秽的情绪体验，是一种认为自己在某些方面不如他人的自我意识和自己瞧不起自己的消极心理。案例中的小姑娘总是"害怕说错"、觉得自己"干不好"、"不会干"、"打退堂鼓"等想法和行为就是缺乏自信、自卑的表现。孩子自卑主要是由过低的自我评价导致的，而自我评价的高低与多种因素相关。从主观上讲，与孩子自身的能力和成功的体验有关。自身能力强，在生活中成功体验多的孩子一般对自己的评价更积极，表现得更自信；反之，孩子会表现出自卑心理。从客观上讲，与家长与教师的教育密切有关。小学生，尤其是低年级儿童对自身的评价大多以成人的评价为转移，生活在父母、老师肯定、欣赏、鼓励与赞扬中的孩子比生活在否定、打击、批评中的孩子更自信，反之，孩子更多体验到的是自卑。

因此，要帮助孩子消除自卑，树立自信，家长还可从以下几方面做起。

首先，对孩子要多鼓励、夸赞，少打击、批评。切忌跟孩子说："你懂什么!"、"你真笨!"、"你要是能行，太阳打西边出来了"等否定孩子、伤害孩子自尊心的话语，这会降低孩子的自我评价，从而导致孩子产生自卑。即使孩子做错事、失败的情况下，家长也不应怀疑、否定孩子，而应积极鼓励、耐心帮助。

其次，帮孩子建立恰当的自我发展目标，为孩子创造成功机会，让其体验成功。家长要指导孩子根据自己的特点制订自己的发展目标，"永争第一"的精神很好，但第一只有一个，大多数孩子体验的多是挫败感，这会增加孩子"己不如人"的自卑感。恰当的目标是经孩子努力可以实现的目标，孩子感受到自己的成功，可以强化孩子"我能行"的意识，增强孩子的自信心。此外，家长要给孩子成功"搭桥"，特别是对于自卑感较强的孩子，当他们第一次做某件事或做有较强挑战性的事情时，家长要事先和孩子一起准备，适当为孩子做些铺垫，以帮助孩子获得成功。待孩子成功后及时强化孩子的这种感受，让孩子体会"只要我努力，别人能做到的我也能做到"的自豪感，增强孩子的自信心。

最后，家长还要让孩子认识到自己的与众不同的优势，让孩子在与同学的比较中能够自信地说出"你行，我也行!"。每个孩子都是独特的，都有自身的优势，教育的本质就是让孩子成为出色的自己。因此，让孩子认识自己的优势，展示自己的优势，孩子自然就会认识到人与人之间是"你在这儿行，我在那儿行。你行，我也行!"，从而消除自卑，树立自信。

　　相信案例中的妈妈如果能多鼓励、赞扬孩子，全面、恰当评价联欢会的组织，帮孩子总结联欢会组织中好的方面、欠缺的方面，指出今后要注意的问题并在孩子今后组织活动中，和老师一起多帮帮她，让孩子体验成功，最后孩子一定能充满自信地、微笑地站在老师、同学和家长面前。

> 自信是成功的一半。
>
> ——爱默生
>
> 有信心的人，可以化渺小为伟大，化平庸为神奇。
>
> ——萧伯纳

七、如何培养孩子的生活自理能力？

案例

　　一个三年级的孩子因妈妈出差，临时住到邻居阿姨家。妈妈特别嘱咐阿姨："学校午饭不太好，每天早上要给孩子带个鸡蛋和水果。"阿姨认真执行妈妈的嘱托，早上上学前在孩子的书包里装了一个鸡蛋和苹果，并且嘱咐孩子："午饭后别忘记吃。"晚上接孩子回到家，看到孩子书包里的鸡蛋、苹果一点儿没动，阿姨很奇怪，问孩子为什么没吃，孩子回答说"每次妈妈都把苹果切成小块儿，这个苹果太大了，没法吃。""那鸡蛋呢？""没剥皮，怎么吃呀？"听到孩子反问，阿姨哑口无言。

　　读完这个案例不知你有何感想？可能大多数家长都会有同样的反应：啊？！不会吧？可这就是我们生活中真实的一幕。案例中孩子已习惯于家长给她做的一切，过着饭来张口，衣来伸手的日子，而自己却不知没切开的苹果、没剥皮的鸡蛋该如何吃。今天我们可以给孩子代劳一切，那明天、后天呢？我们不在时孩子该怎么办？缺乏生活自理能力的孩子连自己都照顾不好，又怎能承担社会责任呢？

　　生活自理能力是一个人不依赖他人，能独立照顾自己的生活起居，自己管理自己的能力。由于现在的独生子女越来越多，溺爱、娇惯孩子的家庭又为数众多，因而使得小学生的生活自理能力普遍下降。有的二、三年级的小学生不会自己穿衣服，鞋带松了也不会自己系，而不会扫地、擦桌子的更是大有人在。造成孩子自理能力低下的原因主要在家长，一些家长宁肯自己苦些、累些，也舍不得让自己的宝贝孩子做家务；还有的家长明确告诉孩子，不用做家务，只要学习好就可以，学习好以后有了出息，做家务可以请保姆。还有一些家长嫌指导孩子学做家务事麻烦，认为孩子干这些事儿还不够添乱的。各种原因使得当今的家长不给或很少给孩子提供培养、锻炼自理能力的机会。没有实践，孩子的生活自理能力又怎能提高！

要改变这种状况，家长首先要更新观念，要懂得生活经验的学习和书本学习对孩子的发展同等重要。参加家务劳动，是孩子获取直接经验的过程，这些直接经验对孩子理解书本知识，对于孩子今后个性的发展都有好处。其次，家长要放手让孩子去做力所能及的家务活。不要担心做家务活会累坏孩子，其实这恰是培养孩子良好意志品质的机会。不要害怕孩子做不好，学习做家务的都会经历由生到熟的过程，孩子做不好或出问题时家长不要急、不要指责孩子。最后，由不会到会，除了孩子自身的探索外，家长的指导也是必不可少的。家长要教给孩子如何穿衣、梳头，如何擦桌、洗碗、扫地、墩地。开始时一定要耐心细致，讲解最简单的技能及操作技巧，待孩子学会后再教孩子新的技能如做饭、洗衣服等。在教孩子学习基本生活技能时家长要多鼓励孩子，让孩子体验到掌握这些技能的乐趣。

> 凡是儿童自己能做的，应当让他自己做。
>
> ——陈鹤琴
>
> 滴自己的汗水，吃自己的饭，自己的事情自己干，靠人靠天靠祖宗，不算真好汉！
>
> ——陶行知

八、孩子人云亦云，缺乏主见怎么办？

案例

薇薇妈妈真的有些犯愁了：薇薇今年上四年级了，学习成绩很好，但是她对任何事情都没有自己的看法。在家，她经常问妈妈："妈，我明天是穿裤子，还是穿裙子呢？"在生活中也是一样，别人问她什么都得说一句我要问我妈妈。在学校里，老师说什么，她就做什么；同学讲什么，她也就信什么。原来一直觉得孩子乖巧、听话，现在觉得孩子是太没有自己的主见了。

生活中有很多孩子就像案例中的薇薇一样，小时候谁见谁都会夸她们"乖巧可爱"，可大了却发现孩子没有主见，什么事情都等大人拿主意。孩子人云亦云，缺乏主见，就是心理学上说的"从众"，从众的孩子易受周围环境影响，有时候会迫于同伴的压力，和其他孩子一起做错事或养成不好的习惯。

造成孩子人云亦云，缺乏主见的原因很多。小学低年级的学生做事大多以自我为中心，家长如果不能体察他们的内心世界，不注意尊重他们的自主要求，一味按照家长自己的想法为他们规定学习和生活的模式，以家长的选择来替孩子做主，不给孩子自主决定的权利，时间一长，孩子就会养成懒于思考，被动听话的个性；或者家长经常用"真乖！"、"真是一个听话的好孩子！"、"这么不听话！"等言语评价孩子行为，在孩子的观念中就会认为自己的选择总没有别人的好，或自己再怎么想最终也要听父母的。因此，凡事都由父母决定好了。久而久之孩子自己也就不爱思考、没有主见，依赖性越来越强。这样的孩子长大后，很可能会做事优柔寡断，遇事毫无主见。

生活就是不断做选择的过程，做事有主见是一个人很重要的能力。有主见意味着孩子面对多种情况或复杂的局面时，能够运用自己的原则，通过自己的思考，迅速果断做出选择。许多家长都觉得孩子大了，自然就有主见了。殊不知，有主见的孩子是需要从小开始培养。

第一，父母要更新观念。

父母不应该认为孩子的顺从、听话是一种了不起的美德，更不应该用只要顺从父母的意志就值得表扬这样一种意识影响孩子。父母最好把"听话"、"不听话"、"乖"一类语汇自觉剔除掉。父母要把孩子当做和自己一样的平等的人，尊重孩子的抉择。小学高年级的孩子在很多事情上会自己做决定了，当孩子小心翼翼地向你征求意见时，你不妨放开权力说一声："这件事由你自己做主，我们相信你一定会做好的。"或"我只提示你这两点，其他的事你自己决定。"相信孩子一定会为你的话感到满心欢喜。

第二，不代替孩子选择，给孩子做主的机会。

生活中一些与孩子相关的事情，如衣服、文具的选择、孩子自己房间的布置等，父母要多与孩子商量，放手让孩子自己做决定。

第三，培养孩子独立思考的能力，教孩子学会做主。

做主就是对事物、现象进行分析后做出自己的决断。对于孩子合理的选择，家长应鼓励、尊重、采纳；对于不甚合理的选择，家长不要急于指责，要听听孩子选择的依据，吸纳合理成分，指出不合理的地方，说明原因，在这个过程中让孩子明白抉择是在对事物做出分析判定，权衡利弊基础上做出的。教孩子学会自己做主。

第四，鼓励孩子敢于说不。

每个孩子都会有自己对事物的感受，很多孩子不敢表达，主要受周围环境的影响，如家长过于强势、独断、缺少宽容，孩子说出自己的不同想法要么不被理睬，要么受到严厉指责，所以与其说，不如不说。家长要想让孩子有主见，就要给孩子一个民主、宽松的环境，让孩子能充分表达自己的想法。

最好的鼓励就是接纳孩子正确的意见。特别是在孩子与家长意见不一致时，家长要肯定孩子并鼓励孩子否定自己，会让孩子形成"没有人绝对正确"、"真理面前人人平等"观念，这对于孩子主见个性的形成及今后人生观的形成都是大有好处的。

对于个性柔弱、有自卑感的孩子，家长要注意细心观察孩子的言行，耐心引导孩子表达自己的感受，并及时肯定孩子自我表达的行为，接纳其合理的想法、意见和建议，让孩子感到自己说出来的是很有价值的，从而帮孩子树立自信心。

鹦鹉学的话再多也不及刚会说话的婴儿，因为它仅仅是重复人的话语，而婴儿是在表达自己的思想。

"横看成岭侧成峰，远近高低各不同"，凡事绝难有统一定论，谁的"意见"都可以参考，但又不能代替自己的"意见"。没有自己的原则和立场，不知道自己能干什么，会干什么，自然与成功无缘。

九、怎样帮助孩子养成有计划做事的好习惯？

案例

小哲放假在家，每天晚上不睡，早上不起。想想孩子平日的辛苦，家长也就放松要求，不去管了。这下可好，小哲看电视，打游戏，玩得酣畅淋漓。家长催他写作业，经常听到的回答是："离开学还早着呢，不着急。"临到开学前，小哲才发现原来有这么多的作业，只好开夜车，突击。终于在返校前赶完了。

与小哲相反，小远在放假的第一周，每天从早到晚就是写假期作业。因为妈妈说了"写不完作业什么都别想"，为了能有玩的机会，小远不怕疲劳，终于用一周时间完成了作业。作业写完了，家长也不好说孩子什么，由着小远去玩了。开学后发现，一个月没动书本，孩子把以前学得都忘得差不多了。

案例中两个孩子虽行为表现不同，但都反映出相同的问题：做事缺乏周密计划，自我管理能力差。

做事有计划是指一个人能全面、系统思考问题，制订合理计划并落实、检查、反思的个性品质，是一个人面对工作、学习、生活养成的良好习惯，更是一种积极的生活态度。现在的孩子大多从小被父母宠爱，所做之事都是父母安排好的，很少自己思考，而当他们需要自己独立做事时，往往会表现得像案例中小哲和小远那样混乱不堪。

做事有计划不仅是一种做事的习惯，更是一个人性格的一部分。对于孩子来说，做事情缺乏条理、没有计划是儿童时期的一种自然反应，但如果不注意引导，孩子们往往会养成不良的个性。因此家长需要注重在日常生活的细节中培养孩子做事有计划的个性。

要培养孩子做事有计划的好习惯，建议从以下几点做起。

第一，让孩子做事有条理。

父母做事有条理、有计划是教育孩子的前提。父母可以在日常生活中给孩子做出榜样并要求孩子像父母那样做。比如，房间要整理得井井有条、东西不要乱放、用完的东西要放回原处，衣柜里的衣服要分类摆放等，这些细小的行为都可以影响孩子养成做事有条理的好习惯。当然，孩子养成做事有条理的习惯不是一朝一夕的事，需要家长的耐心和恒心，还要善于抓住教育的契机进行适时引导。

第二，教孩子学会做计划。

做计划就是要全面统筹考虑需要做的事情，按轻重缓急合理安排每件事情的时间的过程。做计划的首要任务是对事件进行分析。家长开始教孩子时，可以让孩子把一段时间内（一天、一周、放学后的一段时间等）需要做的所有事情罗列在纸上，对每件事情的性质（重要程度、难易程度、完成的时间限定、预计所需时间多少等）做初步分析，在此基础上，将复杂有难度的事情分解为一个个简单的步骤，大致列出预计完成的时间。

完成任务分析后家长要指导孩子合理安排时间。家长要教给孩子一些基本的原则，如重要的事情要先做，简单的事情可先做，基础的事情要先做等。整块儿时间做重要的事情，零碎时间做细小的事情等。

第三，监督孩子严格按照计划去做。

仅有计划是不够的，重要的是用计划约束孩子的行为。因此制订好计划后，家长一定要督促孩子落实计划。要让孩子意识到计划是精心设计的，需要严格遵守，不能轻易变更的。为保证计划的落实，家长可以和孩子一起制订出相应的奖惩制度。奖励孩子按计划做事的行为，而惩罚没有任何理由违反计划的行为。

第四，引导孩子学会随环境变化适当调整计划。

让孩子认识到计划可提高一个人日常学习、生活、活动的效率，其制订与落实对人非常重要。但也要让孩子明白，计划是人在头脑中对未来的一种设计，现实生活中会有很多突发的事件是在做计划时考虑不到的。因此，要不断反思，及时调整自己的计划。另外当环境发生变化时，所做计划也要做相应的调整，这样的计划才是行之有效的。

> 敏捷而有效率地工作，就要善于安排工作的次序，分配时间和选择要点。只是要注意这种分配不可过于细密琐碎，善于选择要点就意味着节约时间，而不得要领地瞎忙等于乱放空炮。
>
> ——培根

十、孩子做事虎头蛇尾怎么办？

　　儿子上一年级了，可做事总是虎头蛇尾，三分钟热度。作业本前几行写得还像那么回事，越往后写得就越不认真。给孩子报了一个美术班，开始还挺喜欢，每天回家都要练，可去了几次之后，劲头儿就不那么足了，每天都要催着才画。看见别的小朋友学轮滑，他也觉得好玩，非要报名。结果在后来的训练中摔了一次，也不愿参加了。

　　怎样才能让孩子养成善始善终的习惯呢？

——一位发愁的妈妈

　　从案例中妈妈的描述，我们可以看到这个孩子喜欢的事情很多，但大多是开始热情高、劲头足，到后来热度逐渐消退，不了了之。这种情况说明孩子的毅力较差，做事缺乏坚持性。

　　坚持性就是不达目的绝不罢休的个性特点，就是"不抛弃，不放弃"的精神，它是一个人重要的意志品质。有坚持性的人，能够用目标激励自己，克服各种困难，直到目标实现。而缺乏坚持性的人就像案例中的孩子一样做事经常是虎头蛇尾，开始轰轰烈烈，最后却半途而废。

　　小学生的自我控制能力较差，常会受各种新事物的影响而使行动偏离最初的目标，做事缺乏坚持性是这一时期特有的一个特点。坚持性是一个人成长过程中的重要品质，历史上许多胜利往往存在于"再坚持一下"的努力之中。因此，要使孩子有所成就，就必须从小注意培养孩子的坚持性。

　　首先，要让孩子明确自己的目标及意义，知道自己努力的方向。目标即行动的结果，它对孩子的行为具有导向作用。心理学家曾做过这样一个实验：让两组孩子在操场站立，其中一组孩子被告知的"站在这里是在执行坚守弹药库的任务。一旦弹药库失守将全军覆没。所以站立的时间越长。越有利于最后的胜利"，而另一组就是让孩子站在那儿，什么都不说。结果发现，第一组比第二组坚持的时间要长得多。

　　案例中的儿子无论是画画、学轮滑还是做作业，他自己甚至包括他的妈妈可能都不清楚做这些事的目标是什么，每天应达到的目标是什么？为什么要做这些？不知道自己要的是什么，又怎么评价行为呢？没有了评价，孩子的行为动力当然会受到影响。

　　帮孩子制订目标要注意不能过高，也不能太低，应是孩子通过努力可以达到的。太高难以达到，这种挫败感常会导致孩子放弃；太低，孩子会觉得无聊，失去兴趣，也不会坚持多久。

142

其次，家长要培养孩子做事坚持到底的精神。电视剧《士兵突击》里的主人公许三多"不抛弃，不放弃"就是这种精神的反映。家长可以和孩子一起看看这部影片，从许三多的成长经历中汲取养分，也可以用他激励孩子。

　　一般孩子身体疲乏时、兴趣减弱时或遇到障碍时往往会打退堂鼓，遇到这种情况，家长不必着急、生气，也不要硬让孩子完成，而是要耐心引导、鼓励孩子"再坚持一下!"成功后家长一定要强化孩子，让孩子体验通过努力克制自我获取最后成功的喜悦。

> 　　伟大高贵人物最明显的标志，就是他坚定的意志，不管环境变化到何种地步，他的初衷与希望，仍然不会有丝毫的改变，而终将克服障碍，以达到所企望的目的。
>
> ——爱默生

十一、孩子受挫时怎么办?

案例

　　丁凡是学校田径队的主力，擅长中长跑。他每天早上和下午放学都和体育老师一起训练，希望能在区运动会上取得好成绩。好不容易盼来了运动会，预赛毫无悬念，丁凡顺利进入了决赛。站在跑道上的他，跃跃欲试，对胜利充满了信心。可谁知比赛中由于身旁的运动员在第三个弯道处的突然摔倒，一下影响到他冲刺的速度，结果他被挤出前三名。愤懑、沮丧，丁凡快要崩溃了。

　　本来充满希望，要在比赛中拿第一的丁凡因为他人的意外而使自己痛失奖牌，这对于他而言是一个不小的打击。他的失落、沮丧及愤懑，是很正常的表现。像丁凡这样在活动中遇到障碍或干扰，不能达到预定目标，无法满足需要时的情绪失衡状态就是平常所说的挫折。

　　人生不如意事常八九。在人的生活中，总会遇到或大或小各种挫折，一生顺顺利利、从未遭遇过挫折的人几乎是不存在的。一般人们在遭遇挫折时，总会出现一些消极的反应：如逃避、退缩、攻击或者敏感等，在孩子成长的过程中，是否能正确地认识和面对各种挫折，会直接影响他们的身心健康和人格的健全发展。

　　当孩子面对挫折时，家长首先要接纳孩子的情感，鼓励孩子平静地接纳挫折。挫折是一种需求未遂的状态，往往伴随着负性情绪。特别是对于从小生活在蜜罐里，从未吃过苦，受过挫的孩子，那种体验会更强烈。家长要理解、接纳孩子的这种情感，千万不要指责孩子所表现出的痛哭流涕、愤懑等情绪。可以用"想哭就哭出来吧"等言语取代"就会哭，真没出息"当孩子感受到家长的理解与接纳后，引导孩子调整情绪。

心理学的研究发现。人的情绪并不是由事件引起的，而是由人们对事件的认识、解释决定的。因此正确认识挫折对于孩子情感的调整意义重大。家长应引导孩子认识到挫折虽然阻碍了成功的步伐，但它是人生的一笔财富。"天将降大任于斯人也，必先苦其心志，劳其筋骨，饿其体肤，空乏其身，行拂乱其所为"。挫折可以激起人的上进心，使人越挫越勇；挫折可以培养人的忍耐性，让人放慢脚步，学会分析与反思。引导孩子不要害怕、逃避，而应感谢挫折，在挫折中奋起。

当然，正确地应对挫折还需要家长和孩子一起分析造成挫折的原因并及时调整孩子的行为。

> 让我们学着像树木一样顺其自然，面对黑夜、风暴、饥饿、意外与挫折。
>
> ——惠特曼

十二、面对挫折，家长如何引导孩子 正确分析其产生原因？

期末考试结束了，小雨的外语只考了80分。心里很难过。妈妈对小雨的成绩也很不满意，问小雨："你不是说都复习好了吗？怎么只考了这么低的分数？"看着妈妈那张生气的脸，小雨半天才说出"太难了"。妈妈穷追不舍，"难？班里有没有考得比你好的？别人怎么能考好呀？"，"别人的家长都能在考试前辅导，可你们谁都不管我！"想想自己确实没有帮孩子什么，妈妈不再说话了。

孩子考试没有考好，这是所有家长都会遇到的情况。对于孩子来讲，考试没考好，没能实现自己的预期目标，会感到难过、沮丧，这是孩子的小小挫折了。面对孩子的挫折，当家长的不要着急、指责，而应平静地和孩子一起正确分析挫折产生的原因，有助于孩子今后取得更大进步。而像案例中小雨妈妈那样，又急又恼，一味地批评孩子，对孩子是没有帮助的，反而让孩子从心理上认为自己没考好就是老师出题太难了，家长不帮他们造成的，如果一个孩子认为自己的失败与自身无关了，又怎么会在今后的学习中去努力呢？

　　心理学家维纳的研究发现，一个人对于成功与失败的归因会影响其今后活动的动力。一般人们倾向于从自身聪明与否、努力程度以及外部的任务难度、运气等四个方面来解释自己的成功与失败。凡是把成功或失败归结于外部的原因，或者归结于自身比较稳定，难于改变的智力因素的人，往往在今后活动中的动力不强，而只有认为成败在于自身不稳定的，可以控制的努力因素的人，才会在活动中积极地投入，或一如既往的努力付出，或改变自己以前不努力的状态，让自己发奋努力。案例中的小雨就是一个典型的外部归因者，家长要引导孩子从自身的努力状况中找寻问题，变孩子的外部归因为内部归因。

　　首先，家长要平静地接纳孩子的挫折，鼓励孩子理性面对失败。家长的冷静，给孩子归因提供了一个较为安全的环境，对于孩子正确认识、接纳挫折都是一个榜样。如果像小雨妈妈那样咄咄逼人，孩子只能选择逃避，尽可能把自己撇清，以避免家长更多的指责。此外家长还要帮助孩子调整情绪，鼓励孩子不沮丧、不气馁，要勇敢地接纳挫折。

　　其次，引导孩子树立责任意识，从自身找寻失败原因。小学生的认识水平比较低，他们大多不能全面地分析自身失败的原因，家长可以先让孩子把导致失败的各种原因罗列出来，这时要引导孩子分析"自己做了怎样的准备"、"自己在活动中的表现怎样"，在此基础上让孩子总结"对自己满意的地方，不满意的地方"，家长要引导孩子认识到，挫折与失败正是由于自己"不小心……""没注意……""没做好……"造成的，也只有自己才能帮自己战胜它。

　　最后，家长和孩子一起针对归因的结果制订出今后改变自己的计划，并检查督促孩子在实践中落实。

> 　　生活中从未失败的人很少，但失败又是检验一个人品质的机会。因为有的人就此奋起，有的人从此一蹶不振，这其中的差别就在于接纳失败、挑战自我的勇气。

十三、生活中家长要不要有意识地给孩子"出些难题"？

案例

　　2005 年 8 月 12～17 日，由中国、韩国、日本三国 90 名青少年组成的国际草原探险夏令营活动在内蒙古自治区科尔沁右翼中旗进行。在为期 5 天的夏令营中，主办方精心设计了由科尔沁国家级自然保护区步行到内蒙古五角枫自然保护区和翰嘎利湖的活动，平均每天步行 30 千米，全部是野外宿营。正值当地遭受罕见的高温天气，整个行程十分艰苦。日本少年个个身背巨大的行囊，显然此前已经做足了准备，把野外生存条件的艰难想到了极致，当地随行的人员看到日本小孩瘦小的身体却背着与其不相称的包裹，想要帮忙，立即遭到严词拒绝，日本小孩觉得受到了侮辱。同行的中国孩子却叫苦不迭，队伍中手机铃声不断，全部都是中国孩子在向家长诉苦。活动结束时，日本、韩国的孩子对当地独特的蒙古族文化、丰富的旅游资源大加赞赏，他们说："头一次感觉到大地有这么大，原来只知道书本上说地球很大。"中国的孩子却不以为然，只盼望着早点回家。

从上面的案例我们可以看到，中国的孩子在生活自理能力、意志品质、学习精神等方面与日本、韩国的孩子还是有一段差距的。从 1992 年中日儿童夏令营，到 2005 年中日韩青少年的国际草原探险夏令营，整整十三个年头，但我们对孩子的独立、自主、顽强、抗挫折能力等方面的培养仍不尽如人意，令人担忧。

造成这种现象的原因主要是我们的家庭教育缺少了让孩子吃苦这一课。在生活中绝大多数的家长都是竭尽全力给孩子提供尽可能好的生活、学习条件，"再苦不能苦孩子"，只要是孩子的要求就全部满足，从不忍心让孩子吃苦。殊不知，这种太过娇纵的生活，只能软化孩子的精神，弱化其生活能力。一旦面对苦难，他们或者逃避，或者怨声载道，无以应对。

要培养孩子的吃苦精神，家长就必须改变观念，在日常生活中多给孩子"多些磨难"，让孩子通过自己的努力，克服各种困难，由"温室中的弱苗"成长为"暴风雨中的雄鹰"。

首先，家长不能代劳，要放手让孩子独立生活。凡是孩子自己能做的事情，家长都不要代劳。要让孩子自己穿衣服、自己准备学习用具、收拾房间等，还要让孩子适当参加家务劳动，如擦桌、洗碗、扫地、做饭等，让孩子在生活实践中体验各种困难与挫折，解决孩子所遇到的"不会做"、"做不好"的问题，增强他们克服困难的勇气和信心。

其次，让孩子体验挫折，许多家长担心孩子会被失败击倒，因此想方设法为孩子成功铺路搭桥，其实这样做反而不利于孩子的成长。有些时候，家长有意给孩子创设失败情境，让孩子体验挫折，会有助于孩子取得成功。"常在河边走，哪有不湿鞋的"，体验挫折，有利于孩子接纳挫折，有利于让孩子更关注活动过程本身而非最终结果。

最后，家长还可以在活动中适当给孩子泼点冷水，或让孩子适当受一点批评。泼冷水或批评孩子就是给孩子提供了一种挫折情境，可以增强孩子的抗打击能力，在反思或悔悟中提高自身的承受能力。

用痛苦换来欢乐。

——贝多芬

人要学会走路，也要学会摔跤，而且只有经过摔跤，他才能学会走路。

——马克思

十四、如何帮孩子战胜胆怯？

案 例

平平今年 8 岁，很聪明，就是胆小，内向。在人多的环境中，别的孩子敢说、敢笑、敢唱、敢跳，而她总是躲在后面，推都推不出去。在学校里有什么事情也不敢跟老师说，学习上遇到了问题也不敢问。别人呵斥一声便会掉眼泪，连说理的勇气都没有，被欺负了也是忍气吞声。

许多孩子像案例中的平平一样，内向、胆小，从不主动参与任何活动，不敢表达自己的需要与内心感受，他们害怕和别人交往，遇到挫折，常常是逆来顺受。他们是群体中"可有可无"的人，他们是游离于群体外的"旁观者"。以上是个性胆怯孩子的典型特征。

造成儿童个性胆怯的原因有很多，一方面与孩子的先天的气质类型有关，一般抑郁质的孩子大多会表现上述特点，人们常称其为气质型胆小；另一方面，孩子胆怯的个性也与其成长环境有关。家长过于溺爱，或管教过于严格，都易导致孩子的胆小与退缩，一般称其为保护型胆小或挫折型胆小。挫折型胆小还可能是儿童经历的某种挫折情境导致的。如孩子在回答问题时受到同学嘲笑，使其体验到紧张、恐惧，以后只要被老师点名，他就会感到胆怯、害怕。

那么，如何帮助孩子战胜胆怯呢？

首先，家长要给孩子创设和谐的成长环境，尊重孩子的个性，理解孩子的行为。放手但不放纵，严格但不严厉。让孩子在宽松的环境中做真实的自己。

其次，分析孩子胆怯的原因，针对不同的类型采取不同的指导方法。

对于气质型胆小的孩子，家长要给予孩子更多的关心体贴，关注孩子的情绪反应，与孩子多交谈与沟通，鼓励孩子大胆说出自己心里的想法，并循循善诱，帮助孩子摆脱自卑、建立自信，使孩子能够以豁达的态度接受生活中的成功与喜悦。多给孩子创造表现的机会，帮助孩子获得成功体验。孩子胆小，锻炼的机会必然少一些，而能力的发展是需要锻炼的。在家里，起初父母可以鼓励孩子表现自己，比如鼓励孩子唱歌、跳舞、背诗，说说学校发生的趣事等。然后逐步扩大范围，给他们更广的表现机

会，……这样逐渐锻炼，是会有效的。

应该注意的是，气质型胆小的孩子是因先天的气质类型决定了其行为的胆怯与退缩，一般这种情况很难改变，家长最好是找到孩子的气质优势，如细心、专一、感情细腻、喜欢深入思考等，帮助且鼓励孩子根据自己的喜好学习一技之长，例如：书法、下棋、演奏等。一有机会，让他们在众人面前展现自己的特长。达到锻炼胆量的目的。

对于保护型胆小的孩子，家长应注意增加孩子与外界的接触，让孩子多见世面，和周围的孩子多接触交友，参加课外、街道、社会举办的各种活动，也可以请邻居的小朋友到家里做客、来玩。有意识地让孩子经常和胆大勇敢的小伙伴在一起，跟着他们做一些平时不敢做的事情，并将胆大勇敢小伙伴的言行举止作为自己模仿的对象，耳濡目染，慢慢地得到锻炼，就会变得勇敢、坚强起来。此外家长要注意放手让孩子做力所能及的事，学会生活。如：自己睡觉、夜间独立上厕所、自己到商店买东西等。

对于挫折型胆小的孩子，家长除了遵照对气质型胆小孩子改进的一些原则外，还要特别注意保护孩子的自尊心，不在众人面前揭孩子的短。应在肯定孩子成绩的前提下，用希望和建议的口吻指出孩子的不足。另外，家长要教给孩子处理问题的方法，让孩子在遇到问题时，能灵活应对，不因怯弱而束手无策。

十五、孩子撒谎怎么办？

一位母亲说："正读小学五年级的女儿最近很喜欢说谎。有时学校要求交一些费用，女儿就会多报几元钱；有一次测验，她偷偷改动分数；还有一次她居然叫同学冒充家长在试卷上签字，她爸爸知道后气得狠狠地打了她一顿……我真搞不懂，孩子为什么喜欢说谎，怎么才能帮她改掉这个坏毛病呢？"

像这位家长所描述的孩子的问题就是在小学生身上很常见的不良行为——说谎。说谎是指为获取好处而有意欺骗，不说实话的行为。孩子说谎的具体表现主要有四类：歪曲事实、黑白颠倒；夸大事实、虚张声势；捏造事实，无中生有；虚实混杂，真假难辨。

说谎本身是一种道德问题，原因是多方面的。对孩子来说，有时是为了逃避某种不愉快的结局，如父母的责骂或惩罚（如案例中的改分数、冒充家长签字等）；有时是为了获得某种利益，如钱财、师长的夸赞、同伴的友谊等；有时还是一种模仿行为，当孩子看到成年人诸多言行不一的行为时，会不自觉地模仿，以至于慢慢形成爱说谎话的习惯；还有孩子是出于对某人的敌意而故意说谎诋毁他人，如有的孩子不喜欢某人就诬陷那人偷东西等。

诚实是人的一种美德，是一个人的为人之本，也是一个人立足社会的基础。撒谎是不诚实的表现，孩子撒谎一旦养成习惯，就很难取信于人，遭他人鄙视、唾弃，对孩子以后的发展产生不良的影响。为此，家长必须帮助孩子矫正撒谎的坏习惯。

第一，矫正家长自己对说谎的错误认识。有些父母对孩子说谎的认识有偏差，觉得孩子说谎是聪明的表现，在生活中不会吃亏。因此对孩子的说谎不仅不批评，反而大加赞赏，这样会害了孩子。现代社会，越来越重视一个人的诚信，没有诚信的人将无法立足社会。

第二，父母应以身作则，自己不说谎。父母在生活中要实事求是，讲实话，办实事，有了缺点和错误，要大胆承认，认真改正，为孩子树立诚实的榜样。

第三，创设宽松的家庭氛围，多与孩子沟通，信任孩子，让孩子敢讲真话。当孩子说真话时，要夸奖孩子。孩子做错事后只要勇敢承认了，就要鼓励孩子。

第四，不要轻易许诺、哄骗孩子，答应孩子的事情就一定要兑现。用自己的行动让孩子明白"一诺千金"。

第五，不要教孩子说谎。有时为了避免人际关系紧张，父母就让孩子撒谎，如"不要告诉奶奶我们去吃饭了，奶奶要问就说我们去上课了"等。这样一来大人间的麻烦少了，可孩子却学会了说谎。

第六，即便是"善意的谎言"也不要当着年龄小的孩子面说，孩子上五六年级后，可在适当时机告诉孩子，不伤害他人的"善意的谎言"是大人间交往的一种技巧，有时在生活中可用，但要慎用。

第七，赏罚分明，纠正孩子的说谎行为。

对于孩子的第一次说谎，父母要予以重视。不能让孩子再说谎，并明确告诫孩子承认错误有奖励、撒谎不可原谅，还会受重罚，把不撒谎列为家规以引起孩子的重视。

对于已养成说谎习惯的孩子，父母千万不能简单处罚，这样只会进一步强化孩子的说谎行为。父母要耐心和孩子交流沟通，给孩子讲说谎的危害，了解孩子说谎的原因并制订相应的教育措施。如与家长有关，家长要当面承认并勇于改正；如孩子合理需要当时难以满足，家长就要在今后予以满足。当孩子认识到错误后，家长要检查督促孩子在行动中改正，要特别关注孩子近期的行为表现，及时强化，以免重犯。

给予说谎孩子适当的处罚，当然这种处罚决定一定是在双方心平气和状态下商量后做出的，是家长刻意设计的，如罚孩子写篇日记或作文，罚孩子为所伤害的人做件事等，应是孩子愿意接受的。不是单纯为处罚而处罚，而是通过处罚让孩子记住不能说谎，让孩子学会对自己的行为负责。

> "狼来了"的故事早已家喻户晓，家长要让孩子记住这个故事并时时提醒自己，骗人者的最终结果是害人害己。

十六、怎样对待孩子"说到做不到"的行为？

案例

雯雯是小学二年级的孩子，妈妈说她有一个突出的缺点：说话不算数，言行不一致，亲口承诺的事却经常不兑现。如，答应妈妈要遵守纪律、认真学习，可上课时她却经常走神、玩手、玩铅笔，有时还下座位。明明明白在班里要和同学搞好团结，可三天两头被老师告状"和同桌吵了起来"、"打了前座男孩子一拳"。妈妈教育她，她经常会做出"妈妈，我下次再也不这样了！"、"我保证……"但过后依然如故。妈妈很苦恼，怎样才能让孩子说到做到呢？

许多家长有这位妈妈同样的苦恼，有的家长甚至把孩子言行不一致的行为归结为撒谎，不道德，甚至还担心孩子误入歧途。事实上，家长的这种担心是多余的。对于孩子经常出现言行不一、不履行诺言的行为，家长应该正确地加以认识。

儿童心理学的研究发现，小学儿童言行脱节是一个非常普遍的现象。造成这种现象的原因有很多，有的孩子是不理解家长或老师提出的要求，尤其是低年级的孩子，如孩子对守纪律的认识可能就是上课不说话，还很片面，她（他）并不知道玩手也属于不遵守纪律的表现，这属于孩子认识上的问题；有的孩子虽然明知自己的行为是不对的但管不住自己，意志力薄弱、自制力不强都有可能使他们说了不算，答应别人的事却又不做；还有的孩子是看到周围的人都这么做，自己也就模仿着做了，并非有意为之，他们并不理解行为本身的意义。所以，家长对孩子不能控制自己的行为，答应了别人要做某件事，却又"毁约"、"变卦"，不履行承诺的行为千万不要上纲上线，戴上"品行不端"、"道德败坏"的帽子，更不要因此而打骂孩子。

要改正孩子言而无信的缺点，家长可从下列几个方面做起。

第一，家长的言行要一致。儿童的模仿力很强，易受暗示。成年人如果像前面所说的那样言行不一，不履行承诺，孩子会受到暗示，跟着模仿。

第二，提高孩子的认识，让孩子知道为什么要这样做，帮助孩子掌握行为规范，让孩子明确如何把要求落实在行动上，并指导孩子学会自我检查。

第三，对孩子的言行不一行为，家长要及时指出，并讲明道理，不要因为自己的孩子还小，就放纵他们的缺点。家长在发现了孩子的弱点以后，应给他们指出来，并

150

督促他们按许下诺言去做，履行自己的承诺。同时，家长要经常讲讲信义在人际交往中的作用，让孩子懂得履行自己的诺言在人的生活中是多么重要。

第四，加强对孩子意志品质的训练，教给孩子一些自我克制的方法。如积极的自我暗示要言行一致等。

> 言必信，行必果。
> 守信是人生的一笔重要财富，守信可以为孩子赢得更多的机会和朋友。

十七、孩子偷偷拿了家里（同伴）的钱财（物）怎么办？

案例

淘淘是小学三年级的学生，每天早上，妈妈总是先到院子里把车子准备好，等他出来后把他送到学校。可今天等半天也没见他出来，妈妈于是进屋去催他。就在打开门的一瞬间，妈妈瞥见淘淘正从他们的房间里跑出来，当时也没在意，只是埋怨着孩子"怎么这么磨蹭"。晚上下班回到家里，淘淘爸爸问妈妈是否"私自挪用他的小金库"时，妈妈怔住了：爸爸的钱包少了50元钱。晚上趁孩子睡下，妈妈到孩子的房间，检查了孩子的书包、抽屉，发现了剩余的二十几元零钱。抽屉里有一些超级怪兽的玩具，印象中自己从没给孩子买过。孩子说向同学借来玩的一辆能翻跟头的小汽车也在抽屉里躺着……看着这些东西，妈妈震惊了：孩子可能不止一次拿他们的钱了。妈妈又气又急，又恨又恼，真的有些崩溃了。

在许多孩子的成长经历中，可能都会有案例中淘淘的行为，还有的孩子把同学的一些时尚新颖的学具、玩具据为己有。观察发现，孩子偷拿别人钱财（物）的行为的初次发生大多在小学三年级前后。心理学家指出，这一时期的孩子接触的事物越来越多，他们的思维、自我意识等较前几年有了很大发展，他们能清晰地意识到自己的需要，喜欢表现自己，渴望被同伴接纳，他们独立解决问题的能力也有所增强。但他们的道德认识模糊，是非观还不明确，加之自我克制能力不强，难于抵制诱惑，因此，很多时候他们会屈从自己内心的召唤，满足自身的需要而做出不符合社会行为规范的事情。对于孩子的这种行为，家长千万不要冠以"偷"字，因为孩子本身并不十分清楚"偷"的含义，研究发现，很多孩子拿家里或同伴的财物或出于无意——"拿来玩玩，过两天就还给他"或出于单纯的喜欢那个东西想占为己有，

或出于好奇,如看过《百变神偷》之后,也想试一把。这种认识与成人社会的偷的概念是完全不同的。

孩子在成长过程中出现这样的事情是正常的,这是孩子成长的必然经历,家长们不要害怕,更不要恼怒、急躁。只要细心的观察,及时地发现并制止,这种行为是可以转变的。但做家长的千万不可掉以轻心,这种现象如不加矫正,很可能就会发展成严重的问题。

教育有这种行为的孩子时,家长可以从以下几方面做起。

第一,给孩子讲清拿与偷的界限,提高孩子的认识。

告诉孩子未经别人允许私自拿别人东西就是偷,是不尊重人的表现,是可耻的事情,是被谴责和法律所不允许的。一定要克服这个坏毛病。不可以随便拿别人(家人)的财物。可以适当警告孩子,如果不听家长的话,再发生类似的行为,家长管不了就请学校老师、警察来管了,借此增加威慑力,帮孩子克制自己的冲动行为。

第二,让孩子将拿来的东西当面还给人家,并当面向受害人道歉。如钱财已被孩子花掉,父母可先垫付,但要让孩子通过今后自己的劳动付出加以偿还。这样做,一方面可增强孩子的羞耻心;另一方面,也让孩子学会对自己的行为负责。

第三,父母要管理好自己的财物,不给孩子提供偷拿的机会。同时也要留意孩子的日常生活,对于不属于孩子自己的物品要追问出处,督促、检查孩子,防止孩子再出现类似行为。

第四,在条件允许的情况下,适当满足孩子的合理需要。许多孩子拿家里或同学的财物,主要是不能克制自己对一些物品的喜好。在同学当中,孩子会有虚荣心,攀比心理,孩子渴望被同伴接纳,家长如果过于苛责孩子,会影响孩子的自尊心,孩子就可能采用这种错误的方法去满足自己的喜好。所以,家长要关心孩子,了解孩子内心的需求,并适当予以满足。

第五,培养孩子抵制诱惑的意志力。让孩子知道人的欲望是没有尽头的,盲目的攀比对自己没有任何好处,一个人只有抗拒住干扰,抵制住诱惑,才能静下心来做自己喜爱的事情。

如果家长采用多种方法仍不能改变孩子的行为,孩子自己也有强烈的改正意愿,但就是管不住自己时,家长就要到专业的心理咨询部门寻求帮助了。

> 欲望越少,人生就越幸福。
>
> ——托尔斯泰
>
> 勿以恶小而为之,勿以善小而不为。
>
> ——刘备

152

第三部分
人际关系引导

一、"小绅士"、"小淑女"是怎样培养出来的?

案例

1. 某小学制订的"小绅士"、"小淑女"标准

穿着较正式的服装,服装干净整洁;少先队员佩戴干净、鲜艳的红领巾;男生头发不得过长,女生头发要梳理好……课间文明休息,轻声慢步过走廊,不在教学楼内大声喧哗、疯跑打闹;文明用餐,不说话、不浪费粮食;孝顺父母……

2. 某小学制订的"小绅士"、"小淑女"的标准:(除德、智、体全面发展外)

"小绅士"还被要求:衣着干净、整齐;个人卫生如刷牙、洗澡、剪指甲等做得好;坐姿、走路的姿势优雅,无冲跑现象;与人谈话不高声喧哗,没有很多、很大的动作,特别忌前仰后合,忌粗话、脏话;尊重女生。不与女生争抢座位等,从思想和行为上都能表现出"女生优先"。"小淑女"还被要求:衣着干净、整齐、和谐;言谈举止文质彬彬、礼貌文雅。忌说三道四;举止和缓,讲话时总是伴随着"谢谢"等礼貌用语;坐姿、走路的姿势优雅,无冲跑现象。

比较上面提供的两校"小绅士"、"小淑女"的标准,我们可以看出所谓的"小绅士"、"小淑女"并非是小贵族,"小绅士"、"小淑女"就是讲卫生、讲文明、懂礼貌、有较高素养的现代小学生,只不过这里更强调基本礼仪的掌握和文明教养的获得,强调孩子的仪容仪态与内心品质完美的结合,"小绅士"要求男孩子要彬彬有礼,有风度;"小淑女"要求女孩子要温文尔雅,有气质。这里的风度、气质是一种高雅行为准则,一种博爱的精神,一种严于律己的道德要求的综合反映,是现代人文精神的体现。这与我们培养文明公民,构建和谐社会的目标是一致的。

"小绅士"、"小淑女"并非先天形成,而是教育者在孩子后天的生活环境中有意

熏陶、训练的结果。家长只有帮助孩子从小养成有礼貌、懂礼仪、有教养的良好习惯，长大后孩子才会在人际交往中受欢迎。

首先，父母要做有教养的人。

父母的一言一行对孩子的影响是巨大的。如果母亲说话大嗓门，那女儿讲话也必然不会细声细语；爸爸行为无所顾忌，儿子自然也会大大咧咧……所以要想培养出真正的"小绅士"、"小淑女"，爸爸、妈妈必须先做彬彬有礼的绅士和优雅的女人。

其次，让孩子明确"小绅士"、"小淑女"的行为标准。家长可以从仪容仪表、表情神态、言谈措辞、行为举止等几个方面给孩子提出合理正确的要求，具体可以参考案例中提供的两个学校的标准。父母向孩子讲解标准时，注意不要用教训、命令的口吻，而是要循循善诱、谆谆教导。必要时可辅以行为示范，以帮助孩子理解标准。

第三，鼓励孩子在各种生活情境中加以实践，如在家庭聚餐、外出访友、排队等车、旅游参观等活动中家长可以提示孩子怎样做才是恰当的行为，并对孩子的言行及时进行强化，奖赏孩子良好的行为表现，指出孩子不恰当的行为，并耐心地告诉孩子应该怎样做。家长要注意抓小事、细节，持之以恒地指导、训练孩子，这样孩子才能从机械的行为转化为自觉的行为，进而演变为行为习惯，最终发展为教养。

第四，培养有个性的"小绅士"与"小淑女"。"小绅士"、"小淑女"的标准中除了行为稳重外还包括知识、礼节、宽容、善良等，家长要根据自己孩子的特点，在尊重孩子个性基础上约束孩子的行为，耐心地、有针对性地引导而非强制孩子成为"小绅士"、"小淑女"。

仪表、态度上给人的最初印象，是足以决定我们成败的因素之一。美中之最美者，美丽之仪行也。

播下一个动作，你将收获一种习惯；播下一种习惯，你将收获一种性格；播下一种性格，你将收获一种命运。

——威廉·詹姆斯

二、怎样帮助孩子融于群体之中，与同伴和谐相处？

案例

西西是一个学习成绩优秀的五年级的女孩子。她关心集体，班里有什么事情都主动参与，加上西西做事又很认真，所以老师特别喜欢她，常委以重任，而每次西西都能出色完成，老师也因此常常在班上表扬西西。但是班里的其他同学对西西的意见可大了，有人说她对同学太"霸道"了，全班同学都得听她的，别人的意见再好她也不采纳。还有同学说她对同学不友好，常讽刺学习不好的同学，同学身体不舒服想不做值日回家休息，她坚决不同意。最让男生不能容忍的是她动不动就到老师那儿打他们的"小报告"。为此，全班同学联名向班主任"投诉"，表示西西担当班长不称职，不能"服众"，请老师重新任命。

案例中的西西是个很不错的孩子，她学习优秀，又有责任心，工作能力也很强。她得到了老师的夸赞，但却不被同伴接纳，以至于全班联名要"罢免"这个认真负责的班长。为什么会是这样的结果？家长该怎样帮助像西西这样的孩子呢？

入学以后，同伴间交往在儿童发展中的作用越来越大。能否与同伴和谐相处对儿童的自我评价、心理健康状态都会有很大影响。导致孩子"不合群"、"难相处"的原因有很多，由于现在的孩子多为独生子女，他们在成长中缺少与同伴交往的环境，缺少交往活动实践，因此许多孩子不知道如何与同伴交往，对于交往中出现的问题他们也不知该如何应对。这种经验的缺失使得孩子不合群、难相处。此外研究也发现，个性独特的孩子、优秀而自负的孩子（案例中的西西）、极具叛逆精神的孩子等一般都难以合群。

人与人之间的和谐相处是人世间最珍贵的宝藏。要帮助像西西这样的孩子融于同伴当中，与同伴和谐相处，家长不妨从以下三方面着手做起。

第一，教给孩子与同学交往的基本的原则，引导孩子学会尊重他人，善待他人。

西西这样的孩子比较优秀，在与同伴交往中易于形成一种心理优势，容易看不起别的同学，不能从别人的角度体会别人的感受，凡事光想着自己，处处想占上风，对别人斤斤计较。因此家长平时要教育孩子正视别人的优点和长处，对他人的缺点要能够宽容，不要因为某人有这个缺点那个毛病，就去鄙视人家、疏远人家。使孩子明白只有尊重他人、欣赏他人、宽容他人、悦纳他人才能被大家所认可、接纳。

第二，要适时修正孩子不当的交往行为。

孩子在交往过程中可能有一些习惯和行为是不恰当的，比如自负、不接受合理意见、讽刺同学、缺少同情心等，这些习惯和行为是不受欢迎的，它们对孩子的人际交往会产生十分不利的影响。因此，为了使孩子能够更好地与他人交往，家长应当对孩子的交往行为做出必要的修正与规范，要明确告诉孩子在交往中哪些事情应当做哪些事情不应该做，要教给孩子与他人交往的礼貌用语，使孩子逐步形成谦虚有礼的行为习惯，同时还要让孩子学会谦让和宽容。

第三，培养孩子的同情心。

家长可通过角色互换等方法帮助孩子克服自我中心倾向，让孩子体验同学们的感受，学着从对方的角度思考，不断调整与改变自己的人际交往。

对于案例中西西这样的孩子，家长要教育他们做好角色变换。作为一班之长，她是全班领导者，但在小组活动中她就是组长领导下的普通成员，不能再以班长自居，而应服从组长的领导，要做到根据不同情境去"扮演角色"。家长还要帮助西西把"干

部"与"朋友"这两种角色很好地协调统一起来。不仅要求同学,更重要的是自身要做到以身作则,积极地关心同学、为大家服务。只有这样,才能成为一个好干部,又能成为同学所信任的好朋友。

> 对于一个有优秀才能的人来说,懂得平等待人,是最伟大、最正直的品质。
>
> 如果你要别人喜欢你,或是改善你的人际关系,如果你想帮助自己也帮助别人,请记住这个原则:真诚地关心别人。
>
> ——卡耐基

三、怎样帮孩子学会与老师相处?

案例1:晨晨聪明、活泼但却很粗心,所以成绩在班里并不是特别好。课堂上他常接老师下茬儿,有时还管不住自己违反纪律。作为惩罚,老师把他从前边调到了最后一排。个头矮小,坐在后边的晨晨根本看不到老师黑板上的内容,非常生气,干脆就不看、不听了。心想:让你罚我,我不给你学了。

案例2:玲玲是个内向、害羞的孩子,她平时和同学交往都很好,就是特别怕老师,上课回答问题时从来不敢看老师,也不敢向老师提问。课间老师关切地问她平常生活中的一些事情,她也是低着头、红着脸,半天说不出一句完整的话。

案例中的晨晨、玲玲虽个性不同,但都表现出了共同的问题:与教师的交往沟通不畅。教师是继父母之后对孩子产生影响的另一重要角色,孩子入学后能否与老师建立亲密和谐的关系,将直接影响孩子今后的学习和生活。案例中的晨晨虽乐于与老师交往,但不会交往,而玲玲是不敢与老师交往,他们都需要家长的帮助与引导。

首先,家长要鼓励孩子勇敢地与教师交往。

对于像玲玲这样的孩子,家长要帮孩子打消顾虑,告诉孩子老师的工作就是培养学生、帮助学生,每个老师都是喜欢学生和他们交往的,让孩子在老师面前尽情地表达自己。家长还要鼓励孩子大胆地与老师交往,不怕出错,告诉孩子在老师面前出错没有什么不光彩的,而且只有出错才能发现自己的问题,才能将问题改正和促进自己进步。

其次,家长要教孩子学会尊重老师。

绝大多数小学老师为了孩子更好地发展而倾尽所能、不计回报、默默奉献。他们以自身的无私奉献赢得了社会上所有人的尊重。作为家长，要引导孩子在与老师的交往中多从老师的角度想一想，如果你是老师，班里其他同学也像你这样，你会怎么办？同时告诉孩子老师要对全班每一个同学的发展负责。老师是长者，作为学生应当爱老师、尊重老师。尊重老师的最好表现就是服从老师的要求，遵守纪律，认真学习。

此外，家长也要教给孩子与老师交往时的礼貌用语，教他们尊重老师。告诉孩子课上交流要考虑到课堂的氛围，讨论与课堂教学有关的话题，其他话题可在课下与老师探讨。这些对于孩子与教师建立亲密关系都是有帮助的。

最后，家长要教育孩子正确对待老师的过失。

引导孩子认识到老师也是生活中普通的人，就像身边的爸爸妈妈、叔叔阿姨一样，他们会有自己的喜、怒、哀、乐，也会有自己对问题的看法。老师不可避免地会犯错误，学生要宽容老师的过失或错误，用适当的方式与老师沟通，表达自己的看法。如对于案例中晨晨接下茬儿、违反课堂纪律而受到老师惩罚一事，家长可引导孩子换位思考，以帮助孩子理解老师的做法。另外指导孩子选择一个时机与老师沟通，向老师认错、道歉，希望老师谅解，把座位换回原处。告诉孩子如果他（她）能真诚认错并加以改正，老师是不会计较的。

除了教育引导孩子外，家长应该在师生交往出现问题时及时与教师沟通，了解问题的起因及过程，与教师共商引导教育孩子的策略，为孩子与教师的和谐交流铺路搭桥。

亲其师，信其道。

——韩愈

不管一个人取得多么值得骄傲的成就，都应该饮水思源，应当记住自己的老师为他的成长播下最初的种子。

——居里夫人

四、怎样建立和谐的亲子沟通？

案例

亲子沟通的相关调查结果

有51.7%的孩子会主动与家长谈论自己与同学或朋友间的事情，34.1%的孩子会在有问题时与家长交流，但也有14.2%的孩子缺乏主动与家长交流和沟通的意愿。而且，随着年龄的增长，子女与家长的沟通意愿也逐步递减，

沟通的主动性在逐渐降低。调查中，7～9岁和10～12岁的孩子主动与父母沟通的比例分别为55.1%和53.5%，而在13～15岁和16～18岁孩子中的主动性分别为46.5%和41.0%，下降了10个左右的百分点。

随着孩子一天天长大，父母会发现孩子不愿追随在他们的身边了，原来总是叽叽喳喳在耳边的笑闹声少了，孩子与家长交流时的话也少了，孩子对家长的一些提醒开始不耐烦了，听不进去了。于是，一些家长急了、怒了，与孩子交流沟通的效果也更差了。上述调查结果告诉我们，孩子越大，越不想与家长沟通。

家长是孩子的监护人，是孩子的老师，但更是孩子的朋友。和谐的亲子沟通是指家长与孩子能够在相互尊重、信任的基础上平等地、充分地交流信息，传递情感，构筑亲情的互动过程。和谐沟通需要双方的努力，但在亲子沟通中，家长占据主动地位，作用更重要。

要建立和谐的亲子沟通，家长不妨尝试着从以下几方面做起。

第一，用孩子喜欢的方式，以孩子感兴趣的话题切入。

整个小学期间，孩子内心对父母还是有较强依恋的，随着孩子自我意识的发展，高年级的孩子希望与父母能够像朋友一样平等的沟通，但父母或许是不了解孩子，或许沟通技巧较差，他们大多采用每天在孩子耳边唠叨，重复着千篇一律的、令孩子心烦的几句话"好好学习"、"要努力"、"要考出好成绩"等。这不得不让孩子们厌倦与父母沟通。要改变这种状况，父母就要与时俱进，站在孩子的角度，谈论点孩子喜闻乐见的内容。如"要不要把自己的照片放在QQ空间上？""历届超女你最喜欢哪一个？"等，然后慢慢的、自然的引入谈话的主题。

第二，注意沟通方式。

家长要注意改变以往警告式、抱怨式、批评式等"充满阶级仇恨"的谈话方式，代之以充满关爱的、积极的、亲切的，就像朋友间聊天一样的语气与孩子交流。沟通的目的是让孩子接受父母发出的信息，因此，不要觉得父母该说的都说了，就是教育孩子了，从实际效果上看，很多时候父母说的那些话还不如不说。

有时候说多了会让孩子烦，这时需要改变一下，试着给孩子写些只言片语，或用父母的面部表情、肢体言语表达对孩子言行的感受，会起到此时无声胜有声的效果。

第三，鼓励孩子主动与父母交谈。

父母可以和孩子有个约定，如每天晚上睡前在固定的地点（如客厅或父母的书房），可以有10～20分钟亲子沟通的时间。孩子和父母坐在一起聊聊一天的生活感受，主题不限。也可以把它称做"家庭例会"。通过这种"制度"让孩子形成主动与父母交谈的习惯。

当孩子有心事向父母求助，或急于要和父母沟通某些事情时，父母一定要加以重视，应尽量满足孩子，如实在不能与孩子谈，也要向孩子解释一下，看能否等一下或与其他家人谈。

第四，和孩子沟通时家长一定要耐心倾听孩子的话，倾听是最佳沟通策略，父母愿意倾听孩子的心声，了解他们意见或问题，实际上就是对他们的尊重。但要做到真正的倾听还须注意要专心、细心和耐心。专心是不能一边和孩子谈话一边处理自己的事情，这是对孩子极大的不尊重。专心还要求家长边听边对孩子的讲话做出积极的反馈，启发、鼓励孩子把话说完，把事情讲清楚。细心就是能从孩子的话语中听出弦外之音，在谈话中了解孩子的内心。耐心就是让孩子说出他们的心事，不要急于打断，不要急于批评。父母除自己做好外，也要教孩子学会倾听。

　　每个孩子都期望我们倾听他们的心声，渴望被理解。在成长过程中，经常得到父母倾听的孩子会更健康、更快乐、更聪明。

> 渴望被别人欣赏是人最基本的天性。
>
> ——威廉·詹姆斯

五、怎样帮助孩子找到真正的益友？

案例

　　我的儿子上五年级了，孩子比较内向，不太爱说话，学习成绩在班里中上等。最近老师反映孩子的学习成绩有些下降，还说孩子课间常和班上几个学习不好的孩子在一起玩，让家长关注一下。孩子回家后我批评他，谁知孩子竟反驳我说："学习不好怎么了？学习不好就不能有朋友？他们比学习好的孩子好多了！"。孩子说得也有些道理，但作为家长，我还是希望孩子多交些品德好、学习也好的朋友。我该怎样引导他呢？

　　随着年级的升高，孩子越来越倾向于和同学交往，他们会根据自己的择友标准选择同伴，并在这个过程中逐渐形成和发展友谊。由于孩子的道德认识、道德判断的发展水平还不高，因此一些孩子在择友时会出现一些问题，如没有原则，感情用事。"谁对我好，谁肯帮我，我就和谁是好朋友。"全然不顾及对方的人品如何。

　　一个人交什么朋友并不是小事，不同的朋友会给他的生活产生不同的影响。同伴交往是影响小学生生活的重要环境因素。不良的同伴交往会对孩子的思想、行为产生不利影响，孩子们之间互相熏陶、模仿，在潜移默化中孩子会养成不良的行为习惯，甚至会出现违法犯罪行为。一些孩子的吸烟、打架、欺负低年级同学、索要财物等恶习和其最初接触到不良小群体是有关的。因此，家长必须关注孩子的交友对象，适时加以引导。

　　首先，家长不仅要关注孩子的成绩，更要关注孩子在班集体中的人际关系。

　　家长要经常和孩子聊聊班里的同学，同学间的关系，以此了解孩子们的品行特点。主动询问孩子的交友动态，如"最近谁和你玩得比较好呀？"、"和××和解了吗？"等，这样的谈话既可以让孩子感到父母对自己的关心，也能随时了解孩子的朋友圈子。另外家长也要注意和班主任多沟通，及时获取孩子在学校学习、交往的表现，这样可以全面把握孩子的交往状态，以便有针对的及时的给予指导。

　　其次，帮助孩子树立正确的择友观，鼓励孩子广交朋友。人无完人，每个孩子都有自己的优势和不足。好朋友应是能互相帮助、支持的人。家长要引导孩子学习好朋友身上的优点，并帮助其改掉缺点，在互帮互助中发展友谊。家长要注意尊重孩子的选择，不要轻易否定孩子所选定的朋友。如案例中孩子选定的朋友可能成绩不好，但孩子热心、乐于助人，与这样孩子为友，对孩子关心他人品质的形成也是有好处的，家长不要轻易否定孩子。

　　再次，家长要教育孩子用自己的良好品质如真诚、理解、宽容、助人、认真负责、积极努力等吸引更多具有相似特点的同学。俗话说："物以类聚，人以群分。"小学生在交往时更倾向于与自己具有类似特点的同学成为好朋友，孩子自身品行优良，在班内就容易与有类似特点的同学为伍，彼此互帮互助，发展友谊。

　　最后，如果家长经过考察发现孩子确实和一些具有不良品行的同学或社会上的闲杂人员交往过密，家长要对孩子进行教育，严格限制孩子与这些人的交往。但要给孩子讲清道理，告诉孩子家长为什么要这样做，必要时可采取一些强制措施阻止其交往。

> 　　三人行，必有我师焉。
> 　　益者三友，损者三友。友直，友谅，友多闻，益矣；友便辟，友善柔，友便佞，损矣。
>
> 　　　　　　　　　　　　　　　　　　　　——孔子

六、孩子被朋友误会了怎么办？

案例

　　放学接孩子回家，见孩子两眼红红的，好像哭过，便关切地询问原因，孩子咬咬嘴唇，不吭声。晚上，孩子的妈妈回来，我说了情况，妈妈赶忙跑到孩子的房间问个究竟。原来，上音乐课的时候，孩子同桌小雨不好好唱歌，给别的同学传纸条儿。放学前，班主任找到小雨狠狠地批评了她。小雨觉得只有女儿看到她写纸条了，肯定是女儿打的小报告，所以对女儿又吹胡子又瞪眼，说女儿不够朋友，是告密者，任凭女儿怎样辩解她也不相信。女儿觉得十分委屈。

孩子有时在学习和交往中会因为各种原因导致同伴之间出现不愉快的现象，案例中的女儿，明明自己没有到班主任那里告朋友状却被朋友误会，朋友由此对她产生强烈的不满情绪，孩子有口难辩，气愤、委屈可想而知。

由于小学生对问题的认识还不够全面，他们的交往技巧还不够成熟，因此在同伴交往中孩子之间发生误会是常有的事情。误会会影响好朋友之间关系的进一步发展，甚至有时会使好朋友反目成仇。所以，当孩子之间发生误会时，家长要指导孩子学会消除误解。

首先，当孩子被朋友误会时，家长要接纳孩子的情感并引导孩子适度宣泄。被好朋友误会，一般孩子都会像案例中的女儿那样感到生气、委屈，这是孩子正常的情绪反应。家长可用"她这样做确实让你感到难过。"这样的话会接纳孩子情绪，也安慰了孩子，并引导孩子把心中的不满、委屈说出来。千万不要骂孩子"窝囊"、"废物"，这会令孩子感到更受伤害。

其次，引导孩子分析误会产生的原因，教孩子遇事要多与别人沟通。大多数的误会都是双方缺乏沟通或存在沟通障碍造成的。家长可以采用"空椅子"的方法让孩子从双方的角度考虑问题。让孩子坐在一张椅子上，在其对面放一张空的椅子。模拟误会发生时的真实情境，孩子坐在椅子上说出自己的想法与感受后，让其换到对面的椅子上，把自己当做是对方，说出其行为的原因、依据，再换回原座位，说说听完对方言语后的感受；再换到空椅子，扮演对方，说听后的感受。通过角色互换，引导孩子发现自己沟通中存在的问题，并在以后与同学交往中加以改正。另外通过这样的互换，让孩子多从对方角度想一想，双方多沟通一些，就可以减少误会。

最后，家长要引导孩子正确对待朋友间的误会。每个人都有可能被别人误解，当发现别人误解自己时，不要急于争辩，要学会宽容，因为在情绪激动下争辩的结果只能使误解加深。待对方情绪平静后再解释也不迟。有时候可能都没有必要做解释，"清者自清"，有些事情过段时间就会真相大白。如孩子能做到这些，一旦真相大白必会得到好朋友的理解，并赢得好朋友发自内心的尊重。

当孩子之间出现误会、冲突等交往问题时，家长最好做"幕僚"，引导孩子们不去逃避，学着用自己的力量、方法解决问题，如教孩子与对方平心静气地面谈，或转托其他人作解释等。除非特殊的情况，家长不要跑到"前台"替孩子打抱不平，这样将不利于孩子交往能力的发展。

> 　　时间是澄清误会的明矾。
> 　　每个人都知道别人在评判自己时会有误差，而没有意识到自己在评判别人时也有误差。
>
> 　　　　　　　　　　　　　　　　　　　　　　　　——莫洛亚

七、孩子被朋友排斥了怎么办？

案例1： 我女儿是小学一年级的学生。刚开始的时候，作业写得干净漂亮，老师经常表扬她，孩子可喜欢上学了。可有一次她突然大哭，说班上同学好长一段时间都不跟她玩了，她不喜欢上学了，她想回到幼儿园。我劝了她好几天，告诉她上学是学本领的，情况也未见好转。

案例2： 因我今年由山东调动到北京工作，儿子小志也随我转学到了离家较近的一所小学上学。由于儿子的普通话不是很标准，朗读课文或回答问题时有口音，个别同学总是笑，搞得儿子很难堪。对需要小组合作学习的作业如上网查资料、社区调查、做手抄报等，由于以前从没做过这样的作业，孩子不太会做，分组的时候没有人愿意和他一组，最后还是老师动员学习委员那组接受了他，为此，孩子都闷了好几天。

案例中的两个孩子都遇到了同样的问题：不被同学接纳。孩子上小学时，都喜欢身边有好多小朋友，大家一起学习，一起玩，享受快乐的小学生活。如果孩子被同伴排斥，大家都不愿意和他在一起，孩子就会感到孤独寂寞，伤心难过，甚至会像案例中的孩子一样，产生对学习、对学校的厌烦心理。因此，当家长发现孩子不被同学接纳时一定要加以关注，并想办法帮助孩子改变这种状态。

第一，家长要教孩子接受交往中的挫折。

每个孩子都希望自己能够被同伴接纳，有好多同学跟自己是好朋友。而当他们感受同伴的排斥时，实际上孩子正在经历交往挫折。家长要鼓励孩子勇敢接受交往中的挫折，不畏惧、不逃避。

第二，要帮助孩子一起分析被同学排斥的原因。

心理学的研究发现，在一般情况下，那些友好、外向、善于发起和保持交往、热情、善良、乐于助人和合作、自我评价适中、常被老师表扬、相貌较好的孩子更容易被同伴接纳，受到群体的欢迎；而那些戏弄人、打架、争吵的发起者、自我评价过高或过低、行为有些异常的孩子常招致同伴的拒绝。

家长可以和教师联系，了解孩子的在校表现，分析造成孩子目前状况的原因，要注意引导，多从自己孩子身上找寻原因。如案例1中的小女孩，很可能是因总是得到老师的表扬而使她有些看不起别的小朋友，在说话、做事中不顾及别人的感受，所以，即便老师表扬她，别的孩子也不喜欢她，不愿跟她玩儿。案例2中的小志则可能是还没有适应新环境，同学们还不了解他，加之孩子口音等方面的问题，大家不接纳他，使孩子产生较重的自卑心理，也不被大家接纳。

现代城市孩子大多为独生子女，他们从小受到百般呵护，做事常常以自我为中心。凡事都以"我"为参照，很少顾及别人的感受，这也是大多数孩子遭同学排斥的主要原因。

第三，针对孩子存在的问题，指导孩子加以改进，使孩子具备更多吸引同学的地方，如尊重、礼让、关心、宽容、乐于助人、虚心好学、自信积极等。

第四，家长可以和老师联系，向老师如实反映孩子的问题，让老师多关注孩子的在校表现，及时对孩子的交往行为进行评价，帮助孩子成为受欢迎的儿童。特别是对于退缩、自卑感较强的孩子，家长可让教师在学习和班集体活动中给孩子创设交往的条件和机会，并帮助孩子获得成功，让孩子挺起自信的胸膛。

> 在人生的早期，经历一些失败，有着极大的实际好处。
>
> ——赫胥黎
>
> 逆境能打败弱者而造就强者。
>
> ——尼克松

八、孩子打了同伴怎么办？

因为孩子打架，壮壮妈妈这已经是第三次被请到学校了。壮壮在班里人高马大，他性子急、脾气大，动不动就和别的同学发生争吵。一天，他从走廊上经过，有个同学正巧从教室跑出来，不小心撞了他一下，也没有向他赔礼道歉，壮壮很生气，上前质问他，结果两人动起手来，壮壮身强力壮，一拳头就把那个小男孩打得鼻子流血不止。孩子被带到医院检查后发现鼻梁骨骨折。每次打了同学，妈妈都要严厉地批评他，爸爸气得直打他，可却"记吃不记打"妈妈真为他感到"头疼"。

像上述案例中壮壮这样动不动就用拳头解决与同学交往中的冲突的行为，在小学男孩子，特别是具有胆汁质气质的低年级孩子身上还是时有发生的。由于这样的孩子脾气暴躁，情绪冲动、难以自制，所以当遇到刺激，如一些同学的招惹，别人不小心的冲撞等，他都会做出较为强烈的反应——不计后果，挥拳迎战。由于自身"力大身不亏"，往往造成对方负伤。

一般来说，孩子打同学的行为可以分为两类：一类是孩子因缺乏交往技巧而出现的打人行为，打并非孩子的本意，主要是沟通不畅造成的，这种情况在低年级比较常见。壮壮的行为就属于此。第二类是孩子主动发出的，是故意打别人，也称做欺负或欺凌行为，是持续恶意地伤害或欺压别人，可以是以强凌弱，可以是以众欺寡。这种情况在高年级学生或中学生中更多见。

孩子打同学的原因可能有很多，其中家长对孩子过分的严厉或者用暴力作为教育孩子的手段，易使孩子形成"用拳脚可以摆平一切"的观念；另外孩子跟影视节目中经常出现的暴力镜头的简单模仿等，使孩子打人或欺负别人的现象经常发生。

因此，当孩子打人或欺负别人时，家长不能简单地对孩子进行管制和压抑，要从多方面进行教育。

第一，克制自己的"怒火"，保持冷静，及时带受伤同学就医。

一般家长接到老师关于"孩子打人"的"告状"大都会"怒火中烧"，恨得牙根疼。家长要克制住自己的情绪冲动，平静地接受孩子的行为，这无形中也给孩子树立了一个"制怒"的榜样。家长先不要计较谁是谁非，要先关注受伤孩子的伤情，及时带受伤孩子医治。待妥善安排好受伤孩子后再全面了解事情的起因、经过等，与老师及受伤同学家长一起商讨事情的解决办法。

第二，正确区分孩子的打人行为的类型，采用不同的方法对孩子进行教育。

如果孩子是因"说不通"后"用拳脚解决问题"，家长要教孩子与人沟通的技巧与方法，让孩子学会理性地、平和地处理与同伴的冲突。如果孩子的行为属于欺负或欺凌行为，家长必须正视并严厉阻止，必要时可进行适当地处罚。这里的处罚并不是父母的"棍棒"或"拳脚"，可用停止孩子喜爱的活动，让孩子闭门思过等方法迫使孩子认识到这种行为的严重后果并避免这类行为的发生。

第三，让孩子全面了解行为的结果，在承担行为后果的过程中体会被伤害同学的感受，从而促进其行为的改变。

由于孩子的认识有限，很多时候他们来不及考虑或根本没有考虑行为的后果就爆发冲动行为。对孩子的不良行为家长不能包庇，要让孩子参与事情处理的全过程，如带受伤害同学到医院看病、向受害同学的家长赔礼道歉、解释事情的经过、商讨事件的处理等，让孩子体会到其冲动行为的后果，感受到来自各方的压力和舆论的谴责，促使孩子改变自己的做法。

第四，在日常生活中创设良好的家庭环境。

在家里，要为孩子创设一个和睦、友爱的气氛，家庭成员之间尽量以平和的方式解决家庭矛盾，不在家中使用暴力手段。同时，家长要注意榜样的作用，如果有欺负人的情况发生，家长应该表明态度，站出来主持公道、谴责欺负人的行为，给孩子做好榜样。另外，指导孩子在家中多看一些积极健康的书籍和影视作品，不要让孩子一天到晚迷恋"侠客"和武打片，减少孩子接触暴力内容的机会，净化孩子的心灵，给孩子的健康成长创造有利的条件。

第五，严格要求，加强孩子道德意志的培养与锻炼。

"冲动是魔鬼。"训练孩子的自我克制力是培养孩子道德意志和道德行为习惯的重要内容，是一个不断学习、不断锻炼的过程。家长在日常生活中应创设一些克服困难的情景，对孩子进行严格的要求和训练，鼓励孩子克服困难、抵御干扰，控制好自己的情绪和行为。当孩子出现反复时，家长要进行适当但不失严肃的批评，增强孩子对批评的承受力，纠正孩子认识上的偏差，让孩子在不断的磨炼中养成良好的道德行为习惯。

九、孩子被同伴欺负了怎么办？

　　李博是个性格柔顺，不爱声张的男孩子，今年五年级了，可个子还是矮矮的。可能就是个子矮的缘故，班里的几个大个子男生经常招惹他，这个摸他头，那个拍他肩膀，弄得李博非常不自在。课间，一个男孩让李博帮他去打水，李博没吱声，他连拉带拽，还踢了李博一脚，结果李博的校服口袋处被撕破，腿也被踢青了。事情发生后李博跟谁都没说，直到周末妈妈洗校服时发现衣服破了，追问他怎么回事儿，他才告诉妈妈事情的经过。妈妈气得直说他"窝囊废"。

　　在孩子们的交往中，像李博这样个性柔弱的孩子，经常会遇到一些"身体力量"上占优势或具有爱惹人、爱张扬、好表现等个性特点的孩子的欺负，而他们一般又比较胆小、怯懦，也不会向老师、家长告状，逆来顺受的他们成为被欺负的首选对象。

　　由于孩子对受欺负行为保持沉默，所以家长不能马上了解孩子的状况。但如果家长细心，是可以从孩子身上的一些异常做出判断的。如果家长发现孩子有以下情况，如放学回家校服不整或破损，书本破烂或身体受伤，又无法做出合理解释；害怕上学，不愿上学或突然要求家长陪同上学；情绪困扰，如哭泣、睡眠不宁及做噩梦；在家偷取金钱，或向家人索取额外金钱等，就可以初步判定孩子可能曾受到同伴的欺负。

　　生活在受人欺负的环境中，孩子常常体验到紧张、恐惧、焦虑、忧郁、自卑等情感，日久天长就会影响到孩子心理的健康发展。因此，需要家长帮助孩子坚强起来，摆脱他人的欺负。

　　首先，对于孩子遭人欺负，家长不要像案例中的妈妈那样一味指责，而应理解孩子的处境。家长要关心孩子，询问孩子是否受伤，伤情如何，是否需要到医院就医等，在这种亲切的问候中让孩子感受父母的爱，体验到安全感。

　　其次，与孩子耐心沟通，了解事情的起因与经过，学着从自身找原因，"他为什么总欺负你？"从中发现自己与同学交往中可能存在的问题，并加以改正。

　　最后，教给孩子应对他人欺负的方法。

　　告诉孩子不能任由他人欺负自己，要维护自己的尊严。如对他人的欺负不予警告，听之任之，一味承受，实际上就是助长他人的行为。这时，要勇敢地捍卫自己的尊严，要对欺负者的欺负行为进行警告、反抗，要学会自我保护以避免受到进一步伤害。如果自己的力量比较弱小，警告不能产生效果，可借助家长、老师或其他力量对欺负者进行教育。

十、孩子看不起同伴怎么办？

案例

　　林琳是五年级的学生，她聪明伶俐，长得也漂亮。林琳学习成绩优秀，担任班里的文艺委员，还是学校合唱团的领唱。由于学习好，唱歌好，可以说林琳是在亲朋好友的夸赞声中长大的，老师们也很喜欢她。但最近老师反映林琳有些变了，变得看不起同学了。她只和比自己成绩好的同学交往，从不正眼看学习成绩差的同学，还说一些难听的话挖苦那些同学。计算机课上，她不按排好的座位坐，非要坐在离老师最近的一桌，还说什么："坐在那么好的座位也学不好，浪费资源。"被她抢座位的同学气得要命，把她告到了班主任那里。

　　像案例中林琳这样的孩子：自认为自己比别人聪明，比别人优秀，只看重自己，瞧不起别人，总抬高自己，贬低别人，这些表现就是我们通常所说的自负。

　　自负是一种过于自信、过高估计自己的能力，不切实际的自大心态。自负的孩子往往狂傲自私，盲目自大，他们只满足于眼前取得的成绩，沾沾自喜，缺乏进取心。他们心胸狭隘，瞧不起别人，不尊重别人，总以高人一等的态度对待别人或指挥别人，因而很难和同学们友好相处。另外，自负的孩子抗挫折能力较差，由于自我评价与结果之间太大的落差，他们往往难以接受失败的结果，经受不住打击，在挫折面前会表现得情绪低落，自暴自弃。有的家长可能觉得自负的孩子总比自卑的孩子要好一些，其实不然，自负和自卑都是孩子对自己的不恰当的评价，是对自己的无知。自负与自卑都会严重阻碍孩子的发展与进步，需要家长帮孩子改变。

　　孩子自负不是天生的，优越的家庭条件、父母自身的优越感、父母及周围人对孩子不恰当的赞扬等是导致孩子自负的主要原因。因此要帮助孩子改变，家长不妨从以下几方面具体做起。

　　第一，耐心教导孩子，帮助其认识到自己的不足。

　　家长在生活中可以和孩子一起玩"说出别人的优点"、"说出自己的缺点"的游戏，引导孩子学会全面认识、评价一个人，从而学会正确的评价别人，既认识到别人的优点，也看到自己的不足。

第二，适度的表扬。

当孩子成功做了一件事时，家长要让孩子觉得这是理所当然的，尽量不在众人面前表扬孩子。当别人夸奖自己的孩子时，家长不要表露欣喜之色，不要插话，而应适时转移话题。

第三，创设情境，对孩子进行挫折训练。

一些孩子确实在很多方面很优秀，他们在日常的学习生活中，在和同学的比较中很难发现自己不如人的地方，对于这样的孩子，家长可有意在学习、生活中创设一些困难情境，让孩子在完成任务的过程中看到自己的差距与不足，从而戒骄戒躁。挫折情境的创设还可以让孩子体验到挫败感，家长可指导孩子学会调整自己的情绪，提高自己的抗挫折能力。

第四，以身作则，为孩子树立榜样。

榜样的力量是无穷的。爸爸妈妈应该成为孩子高尚人格的榜样，要谦虚友善，不要在孩子面前表现出自负情绪，以免孩子受到不良影响。

> 自知者明。
> 谦受益，满招损。

第四部分
消费行为引导

一、怎样让孩子正确认识金钱？

美国对孩子财商的基本要求

3岁时能够辨认硬币和纸币；4岁时认识到我们无法把商品买光，必须在购买时做出选择；5岁时知道钱币的等价物，例如，25美分可以打一次投币电话等，知道钱是怎么花的；6岁时能够找零；7岁时能够看懂价格标签；8岁时知道自己可以通过做额外工作赚钱，学会把钱存到储蓄账户里；9岁时能够简单制订一周的开销计划，购物时知道比较价格；10岁时懂得每周节省一点儿钱，以备有大笔开销时使用；11 岁时知道从电视广告中发现有关花钱的事实；12 岁时能够制订并执行两周的开支计划，懂得正确使用银行业务中的术语。

和上述美国人对孩子财商的基本要求相比，我们对孩子这方面的培养要差一些。孩子们对与钱有关的数学计算能力可能远胜于美国孩子，但在通过自己努力赚钱、储蓄、节俭、合理并有计划开销、少花钱多办事等方面的意识及能力却远不及人家。

金钱观包括对钱的认识及支配两部分。对孩子进行金钱观教育，就是让孩子知道"钱可以用来做什么"、"钱不能做什么"、"怎样让钱花得有价值"等。一些家长可能觉得不可思议：这些还要教吗？回答是肯定的。受社会环境的影响，现在一些小学生头脑中的金钱观是错误的，如有的孩子认为"有钱能使鬼推磨"，花钱雇同学代写作业、代做值日等，还有一些孩子给班干部送礼，希望能得到照顾等。很多家长也抱怨孩子不懂得节约，花钱大手大脚十分随意；许多孩子盲目攀比，追求名牌，弄得父母十分伤心无奈。中国的父母一般在孩子进入小学后开始给孩子一些零用钱，小学一年级的儿童已经掌握了一些算术技巧，进一步加深了对金钱的理解，可以在一定的范围内自己花钱了。所以这时对孩子进行理财教育，培养孩子正确的金钱观、培养孩子自主理财的能力是非常必要的。这关系到孩子将来以什么态度去从事与钱财有关的活动，也关系到孩子在生活中为人处世的价值观。

第一，家长要引导孩子正确认识金钱的功能。

市场经济改变了人们对金钱的认识，现实生活中的大多数事情都离不开金钱，小学生在生活中多多少少也会在思想上产生钱是个好东西，"没什么不能没钱"的模糊认识。但是父母也要让孩子知道，钱不是万能的，世界上还有很多东西是钱买不到的，如一个人的能力、精神、信念、感情等。

另外，父母也要让孩子明白钱是为人服务的，是用来花的。一些孩子觉得有钱好，自己攒钱却舍不得花，被人称为"小气鬼"、"抠门儿"，长此以往易形成吝啬的性格。父母要教育孩子攒钱、挣钱是为了在需要时花钱，用钱买他们喜爱的东西满足他们的需要，享受得到满足的快乐。钱可以自己花，也可以给别人花，如献爱心、帮助需要帮助的人等。

第二，父母在平时要让孩子接触钱，教给孩子用钱的方法，让孩子学会花钱。

一些家长担心"给孩子钱孩子会丢掉、会乱花"，所以孩子的用品都是家长给买好了，不让孩子自己拿钱去买，这对培养孩子的金钱意识是不利的。对于一二年级的孩子，他们已经在学校学习了"认识钱币"的知识，也能够进行简单的计算了，父母可以让孩子到商店帮家长代买一些日常用品，三年级后，可以让孩子自己买自己需要的学习用品。这样孩子就知道家里的钱是怎么花出去的，同时让孩子知道家庭的必要开支，让孩子知道钱不是随便花的，家里还有很多事情需要花钱。这种做法既巩固了孩子的课堂学习，又增进了孩子对金钱的认识，可谓一举两得。

父母在平时买东西时，也可以带着孩子，在不断的比较、挑选、讨价还价中，让孩子理解金钱的价值，从而培养孩子爱惜金钱的良好品格，有效避免孩子胡乱花钱的坏习惯。

另外家长可根据家庭条件，适当给孩子一些零用钱。让孩子根据自己的需要安排自己的花销，并教孩子学会记账，以此检查、调整自己的花销计划。

第三，给孩子正面榜样。

家长平时的理财意识及做法，对孩子起着潜移默化的作用，家长平时应注意自己的言行，家长自身应有正确的金钱观，家庭消费尽量做到有计划、有目的，量入为出、合理分配。既考虑满足家庭成员的正常物质需要，也要考虑孝敬长辈、亲朋交往、社会捐助等社会需要；既要考虑眼前的花销，也要未雨绸缪，为今后做打算。此外，家长自身要有良好的节俭习惯，为孩子做出榜样。

培养孩子正确的金钱观就是教孩子会用钱、用好钱。让孩子：会算计，善节俭；会消费，善理财；讲诚信，懂感恩；讲道德，抗诱惑。

> 财商包括两方面的能力：一是正确认识金钱及金钱规律的能力；二是正确应用金钱及金钱规律的能力。
>
> ——罗伯特·T. 清崎

二、怎样引导孩子理智地花钱？

案例

一个五年级孩子的"小账本"

2008 年 5 月收支记录　记录人：×××

日　期	收入（元）	支出（元）	余额（元）	摘　要	备　注
5 月 1 日			236	上月余存	
5 月 1 日		5.8	230.2	买游园纪念品	
5 月 3 日	30		260.2	妈妈给本月零用钱	
5 月 6 日		7.5	252.7	超市买零食	话梅、巧克力
5 月 14 日		100	152.7	为灾区捐款	
5 月 20 日		2	150.7	交班费	买水
5 月 24 日		16	134.7	爷爷生日礼物	
5 月 25 日	50		184.7	奶奶给"六一"礼物钱	
小　结	80	131.3	184.7	为灾区捐款很有意义！	

　　理智地花钱就是说在消费时不是仅凭自己的感情冲动，喜欢就买，而是能根据自己的实际需要、根据自己的财务状况有计划、有目的地"该出手时就出手"，不该花钱就坚决不花。孩子如果没有大人指导，没有受过相关的理财教育，往往会喜欢的就买，爱吃、好玩的还多买，看见别人买自己也买，比如看到一种新颖的劣质玩具，一种外表美观、而质量根本不合格的小食品、小饮料之类的东西，他们经常会盲目争着购买。很多东西买回去后过一阵儿就玩不了、用不了，造成很大的浪费。

　　现在一般城市孩子手中都会有一些钱，但很多孩子的钱是由家长控制着，花不花大都由家长决定。其实这样不利于孩子自主理财能力的培养。家长可以和孩子一起商讨、规划该如何花他们自己的钱，教孩子学会制订自己的消费计划，理智地花钱。

　　首先，家长要指导孩子根据孩子的消费需求、现实需要做出消费计划。

　　生活中孩子的消费需求是很强烈的，吃的、用的、玩的……他们好像是看到什么就想要什么，许多家长为此很头疼。解决的办法只有一个，让孩子知道他们所能花钱的最高限度并严格限定，最终由孩子自己选择决定到底买什么。当孩子喜欢某个大件商品而手中的钱又不够时，家长可指导孩子制订一个储蓄计划，让孩子通过每月攒钱、定期存钱后实现这个目标。

　　当孩子有自己自由支配的钱时，父母要教孩子制订日常消费计划，以月为单位，大致制订出每月的收、支、存的规划。消费计划主要由孩子来制订。例如，父母在给孩子钱的时候，可以提出一个支出原则，让孩子自己去制订计划，父母不要干预孩子制订计划，但是要对孩子的计划进行监督、检查，看看孩子是否根据计划合理地使用零花钱。通过家长的指导和监督，孩子就会提高理智消费的能力，并能够有所节制地花钱。

　　如果孩子已有较大一笔钱，可指导孩子通过银行储蓄或购买教育保险等方法为他们今后求学、发展等做准备。

　　其次，家长要教孩子学会记账。

　　在制订出消费计划的基础上，家长还要指导孩子把日常消费情况逐一记录下来。上面给出的案例就是一个五年级孩子的收支记录表，家长可参考这个样例，让孩子学会记账。每月一小结，看看是否按预定计划花销，哪些钱该花，哪些钱不该花，哪些钱可以省着花。做计划和记账可帮孩子养成理智消费，在一定程度上杜绝孩子乱花钱的习惯。

　　最后，家长要让孩子了解自己的工作情况，了解家庭的经济情况，让孩子懂得收入与开销之间的关系，这样可使孩子更加爱惜钱财，合理消费。

> 　　吃不穷，花不穷，算计不到就受穷。

　　和孩子一起做：

　　家里要过一个重要节日或外出度假，和孩子一起商量怎么安排购物，哪些东西是必须买的、哪些东西是次要的、哪些又是无关紧要不需要买的。该花多少钱，怎样购买。并让他自己设计一张预算表，从中引导他如何规范花钱的方向及适度使用钱财。

三、上学时该让孩子带些零花钱吗？

　　一放学，学校门口的小卖部就热闹起来了。男孩子主要是对店内的各种小玩具比较感兴趣，塑料的变形金刚、蜘蛛人、奥特曼，价格不贵，都是只要一元钱。各种各样的小赛车也令男孩子爱不释手。女孩子们一般是结伴而来，她们大多喜欢买糖果类的小零食，五角钱一小袋，每个人分上几颗，便宜又好吃。另外，各种文具、小贴画也是女孩子喜欢的，大家一起挑来挑去，充满乐趣。问孩子们买东西的钱哪来的，孩子们几乎异口同声："家长给的零花钱。"

　　一般小学的门口都会有个小卖部，只要你看看老板的笑脸，就知道小卖部的生意有多好。就像案例中描述的那样，早上尤其是下午放学的时候，小小的屋子要想挤进去也不是件容易的事。

　　现在的孩子大多有零花钱。"该不该让孩子带零花钱去学校？"对于这个问题的答案家长间还是有差异的。有的家长觉得孩子小，带钱容易丢，还会造成孩子间的盲目攀比，况且老师也说过不让带钱去学校，所以坚决反对孩子带零花钱去学校。有的家长觉得孩子手里有点零花钱方便些，买个学具、打个电话、饿了买点吃的，有什么急事也能应付一下，所以应该让孩子兜里有点钱。

　　要回答这个问题，家长需要明确给孩子零花钱的目的是什么。给孩子零花钱应该是让孩子在花钱的过程中学会管钱、花钱的能力，这种能力是要在实践中培养的。因此，对于低年级的孩子还是少给零花钱为好，而对于中、高年级儿童在不违反学校要求的前提下，可适当让孩子带些零用钱。

　　让孩子带零花钱去学校，家长必须对孩子进行适当的指导。

　　第一，家长要定期、定量给孩子零花钱，不能孩子要多少就给多少。一般来说，从一年级开始就可以给孩子一些零用钱。最好的方法是每星期或每月的同一天，给孩子同样数目的钱，这样可以使孩子做到心中有数。随着孩子年龄和责任心的增长，给孩子的零花钱也可逐步增加。一般一个月给孩子10元至30元即可，最好不超过50元。把这笔钱每周或每月一次给孩子由他自由支配，告诉孩子每笔花销要做记录，如有节余会有奖励。鼓励孩子会花钱，会存钱。

　　当然家长也可以根据孩子的表现，适当奖励孩子一些零花钱。鼓励孩子多为家庭尽责，多承担家庭义务的行为。但要注意恰当运用奖励，避免孩子形成为家里做事就

要奖励的认识。

第二，家长要教孩子如何妥善保管钱财，告诉孩子"不露富"，钱尽量随身带，如上体育课不方便带时，要把钱放到较为安全的地方。一旦发现丢钱现象，要及时向老师报告。无论结果如何，要从中汲取教训。

第三，提示孩子不要带很多钱去学校，钱的数量在每日花费基础上多20%即可。让孩子明白带钱去学校只是在自己需要的时候可以方便花销，不是去跟别人攀比，够用即可。

第四，指导孩子根据自己的消费计划合理使用零花钱。家长要让孩子明白带钱并不一定要花钱，有时要学会克制自己的欲望，要注意留有一定量的钱以备不时之需。

> 打理自己的零花钱，是培养孩子理财能力的重要途径。在有条件的情况下，家长要给孩子一定的零花钱，在花钱的过程中指导孩子会管钱、会花钱、会存钱。

四、该不该给孩子"压岁钱"？

 案例

压岁钱，又称"压胜钱"、"押岁钱"、"守岁钱"等，是年俗的节物之一。

传说大年夜妖祟要出来抓小孩子吃，所以大人过年要熬夜守岁，以防孩子被抓走。有一对老夫妻和孩子在吃完年夜饭后，为了熬夜，就和孩子拿铜钱玩。玩着玩着孩子睡着了。熬到四更天，大人想这么晚了应该没有什么事了，也就相继睡下。铜钱就随手放在枕边。谁知没过了一会，妖祟果然来了，刚要抓孩子，枕边的铜钱发出光芒，吓跑了妖祟。于是，这件事一传十，十传百，大家都使用铜钱给孩子压岁。

压岁钱最初的用意是镇恶驱邪，帮助小孩平安过年，祝愿小孩在新的一年健康吉祥。使用钞票后，家长们则喜欢选用号码相连（相联）的新钞票，因为"联"与"连"谐音，预兆后代"连连发财"、"连连高升"。而红纸包钞票，这种压岁钱称为"吉利红包"压岁不仅用钱，跟压岁有关的还用压岁盘，压岁果子等。

过春节是孩子们最欢喜的时刻了。不仅吃得好，还不用学习，全家人团聚在一起热热闹闹，好不快活。最让孩子们高兴的莫过于年夜饭后的"红包"——家里的长辈给孩子的"压岁钱",孩子又可以有一笔属于自己的钱了。

近年来,对"压岁钱"的批评之声不绝于耳。有人认为"压岁钱"数量不断攀升,加重了大人的经济负担;也有人说"压岁钱"助长了孩子间的攀比,使孩子养成乱花钱的习惯;还有人批评"压岁钱"已成为一种变相的送礼、贿赂手段。

但也应看到,"压岁钱"作为一种民俗几千年来流传至今已演变为我们社会文化的一部分,它体现了中国家庭"长幼有序"、"尊老爱幼"的传统伦理。过年时小辈们给长辈们行礼祝福,长辈则发"压岁钱",表示关心和爱护,一家人一起憧憬未来的新年,送上彼此美好的祝愿,亲亲热热、快快乐乐,尽显和睦与亲情。这是多好的教育情境,多好的教育契机。

由此看来,给孩子"压岁钱"没有错。错在于大人如何给。

作为父母,要让孩子知道"红包"、"压岁钱"的文化意蕴,了解接受"红包"的礼数。现在许多孩子只知道要"红包",认为那是自己过年该得的。这样的"红包"不如不给。家长要给孩子讲"红包"的由来,让孩子知道它是亲情交往的一种形式,只有懂事、知礼的孩子向长辈谢恩、祝福后,长辈才会把象征关爱、祝福的"红包"作为回礼发给他。借此机会,对孩子进行民俗文化教育,亲情教育。

引导孩子明白"压岁钱"的多少不重要,重要的是长辈对自己的期望与祝福。教育孩子不要去比较长辈所给"压岁钱"的多少,给多给少都是一片心意。也无需与同学攀比。另外家长和其他长辈也应统一认识,压岁钱只是一种形式,重要的是传递关爱与亲情,给孩子过多的"压岁钱"对于教育孩子没有太大意义。

"压岁钱"随着历史的发展也在不断演变,史上有"压岁盘"、"压岁果"等形式。现在一些家长也提出变压岁钱为"压岁书"的建议。从增强孩子课外阅读、扩大孩子的知识面这个角度这是一个不错的想法。但"变钱为书"却让孩子失去了一个锻炼理财能力的好机会。建议家长仍给孩子"压岁钱",但要引导孩子把钱花在该花的地方上,合理消费。

> 家长要让孩子通过"红包"、"压岁钱"感受到亲情的温暖,体会到长辈的期望,锻炼理财能力。这样的"压岁钱"该给!

五、怎么引导孩子管理好自己的"压岁钱"?

案例

案例1: 戴女士的儿子今年读小学四年级。春节时,儿子收到亲戚朋友送的"压岁钱"近5000元。妈妈觉得钱太多,一来怕孩子弄丢了,二来怕孩子乱花，就找儿子要，说替他保管。但儿子不给，还说："这钱是给我的，我要自己管。"拗不过孩子，反正家里也不缺这些钱，戴女士就随他去了。结果开学前，孩子用了一千多元钱买了一个游戏机；过生日时孩子又花了近千元请同学必胜客聚餐。到"五一"春游，孩子的"压岁钱"就已糟蹋得差不多了。戴女士真是后悔没把钱要过来。

案例2：提起"压岁钱"，六年级的清清还真的对妈妈有些意见。春节她收到了2200元的压岁钱，但这些钱只是过了一下她的手，就全部上缴给妈妈。好说歹说，妈妈留给她200元，本来她计划好要用今年的"压岁钱"在考完试后和同学来个"告别游"呢，看来这个计划要泡汤，清清心里特别不爽。

有人曾就"春节期间您孩子的压岁钱大概有多少?"向父母进行调查，调查结果发现，"300元以内"占46%，"300~500元"占21%，"600~1000元"占23%，"1000元以上"占10%。近年来随着收入水平的提高，压岁钱的数量更是与日俱增。压岁钱越来越多，一般的小学生还不能理性地支配如此大数目的钱财，应该怎样引导他们合理的支配呢?

案例中戴女士和清清妈妈对待孩子的"压岁钱"采用了不同的方法，戴女士在想要过来没成的情况下，干脆放手，"给你的随你怎么花"，结果是孩子胡乱糟蹋，毫无节制，令戴女士追悔莫及。而清清妈妈采用的是控制方法——"大头儿收回，零头儿给孩子"，虽控制了钱，但让孩子不开心。

在现实生活中，每个家庭条件不同，孩子的年龄不同，孩子收到"压岁钱"的数目也不同，因而每个家长对孩子"压岁钱"的态度与管理方法也是有差异的。但无论如何，家长应抓住这一时机，有意识地利用孩子的"压岁钱"对孩子进行理财教育。

首先，尊重孩子对"压岁钱"的自主支配权。"压岁钱"是长辈给孩子的贺岁祝福礼，也是绝大多数孩子期盼了一年的一份大礼。家长要认识到"压岁钱"的所有权是孩子，家长要想留作他用需跟孩子商量，需征得孩子的同意。懂事的孩子在父母征询他们妥善处理"压岁钱"的意见后一般都会接受，清清妈妈的做法就是缺少了对孩子的尊重，缺少了与孩子的沟通。当然，家长最好给孩子留出一部分可供孩子自由支配的钱，让孩子享受可自由支配金钱的快乐。

其次，父母要教给孩子合理安排"压岁钱"，激发他们的理财意识。

教给孩子将"压岁钱"用于有益于自身发展的一些活动上，如将压岁钱用于订书订报，可以帮助孩子开阔眼界、增长知识；交学费、与父母合资购买大件物品，既能减轻家长负担，也能培养孩子的自立精神和责任感；用"压岁钱"孝敬长辈，奉献爱心，可培养孩子社会责任感、助人为乐的精神。

引导孩子学会理财。如果"压岁钱"比较丰厚，家长可以陪孩子一起去银行存钱，并以孩子的名义开一个户头。将"支配权"交给孩子，家长进行监督。这样有利于孩子养成节俭、储蓄的好习惯。同时，家长可以借机教孩子一些理财小常识，如什么是活期储蓄和定期储蓄、什么是国库券、基金等，让孩子了解更多的理财途径。

此外，家长也可指导孩子用"压岁钱"购买适合自己的保险。如"助学险"、"少儿意外伤害险"、"医疗附加险"等，培养孩子规划人生，增强未雨绸缪的意识，锻炼孩子的理财能力。

> 儿童时期的理财方式往往会跟随一个人的终生。给予孩子压岁钱是一件简单的事，但帮助孩子学会理财却是一门学问。孩子如果学会了理财，不仅可以获得快乐，还可以更好地去规划自己的人生。

六、孩子花钱大手大脚怎么办？

案例

卓卓的父母都是生意人，家庭比较富裕。父母由于忙于生意无暇照顾卓卓，作为补偿，对他花钱的要求历来是百依百顺，要多少给多少。这使卓卓从小就养成了大手大脚花钱的习惯。为了让同学能陪他玩，卓卓经常买零食或好玩的玩具送给和他一起玩的同学。有时周末父母不回来，他还请这些同学一起到餐厅吃饭，点大家没吃过的菜，从不考虑花钱多少。后来父母也觉得卓卓花钱太不节制了，就有意控制，每月只给500元，严格限制他的开销。这点钱根本不够卓卓花的，就又向父母要，父母坚决不给。无奈，卓卓只好趁父母不注意时偷拿他们的钱，开始10元，20元，以后逐渐发展到100元、200元。等到父母发现时，卓卓已习以为常，并振振有词地说"谁让你们不给够我呢？"

如今的孩子大多为独生子女，父母对孩子宠爱有加，有求必应，"捧在手里怕掉了，含在口里怕化了"。许多家长都认为自己从小吃够了苦，绝不能再让孩子吃苦了，一定要给孩子最好的生活，满足孩子的各种需要。还有的父母就像案例中卓卓父母那样，觉得自己忙而亏欠了孩子，期望通过满足孩子的物质需要让孩子感到幸福。殊不知，这样做的结果非但不会让孩子体会到真正的幸福，还会害了孩子。就像案例中的卓卓那样，恶习一旦养成，矫正起来就比较困难了。所以当父母发现孩子花钱不知爱惜，大手大脚时，一定要加以教导。

首先，让孩子了解父母挣钱的不易。

每个孩子的成长都会经历这样的过程，当还是孩子时，总觉得钱太少，不够花，花钱如流水，不知心疼，而只有长大了，自己挣钱后才知道钱多么难挣，这时才懂得珍惜、节俭。现在的孩子对父母如何挣钱了解不多，他们不知道父母赚钱的辛苦。做父母的越早让孩子了解这一点，孩子就会越早有节制地花钱。因此，父母可以在平时跟孩子聊聊自己的工作状况，有机会带孩子到自己的工作单位走走看看，让其亲身体会一下父母工作的艰辛，从而学会珍惜父母劳动所得，不乱花钱。

其次，让孩子用劳动换取报酬。

由于孩子体会不到挣钱的辛苦，而面对的诱惑又多，也就很难控制住自己的欲望大手大脚花钱，全然不知金钱的来历。因此，父母要有意让孩子用劳动换取报酬。如收集家中的废品卖掉赚零花钱，利用假期参加送牛奶、卖报纸等打零工活动，通过勤工俭学，体会到挣钱的辛劳和快乐。让孩子从小就懂得生活的艰辛，培养自食其力的意识。

最后，不论自己的经济条件如何，父母在给孩子零花钱时，一定要有节制，不可随意多给，也不要有求必应，要给钱的数额控制在孩子有能力支配的范围之内。对于已经养成乱花钱习惯的孩子，家长要关心孩子的生活，了解孩子消费的流向并加以引导。家长可通过逐渐减少给孩子零花钱金额的方法，使孩子克制自己的欲望，逐渐改变花钱大手大脚的不良习惯，养成有计划、有节制消费的好习惯。

> 金钱虽然是好仆人，有时候也会摇身一变，变成坏主人。
>
> ——培根

七、孩子爱攀比怎么办？

案例1：春游是让孩子特别盼望和高兴的一件事。学校要组织五年级的同学去郊游，需要孩子自备午餐。妈妈提前一天给蓉蓉准备了面包、饮料、苹果和火腿肠，还买了一些小零食。妈妈自以为考虑得很周到，一定会让蓉蓉惊喜。谁知蓉蓉见后非但不高兴，还有些生气，嫌妈妈买的这些东西太普通，太老套了。并告诉妈妈："××要带比萨饼，×××要买肯德基。你怎么也得给我带个汉堡包吧，不然别人会笑话我的。"

案例2：还有两周就是蓓蓓的 12 岁生日，这是小学时代最后一个生日，蓓蓓和妈妈提出想请几个好朋友一起过，妈妈同意了。当蓓蓓把生日聚会的计划拿给妈妈看时，妈妈很吃惊：孩子要请小朋友到必胜客聚餐。妈妈认为没有必要，在家聚就可以了。可蓓蓓却认为只有在必胜客才显档次，有面子。上次娜娜过生日是先去避风塘，再去肯德基。我不能让他们看不起呀，在家还不如不请同学呢。

可能许多家长都会有案例中蓉蓉妈妈、蓓蓓妈妈这样的经历。由于生活水平的提高，现在孩子的吃、穿、用等都已进入可选择阶段。孩子们有的可选，一般家庭也有条件让孩子们选择。面包不行可以换汉堡包，再不行还可以换麦当劳、肯德基，当然还可以有更多选择。在这种条件下，孩子们之间开始有了消费产品之间的比较，自己和周围人的比较，随着年级的升高，许多孩子越来越追求高消费、品牌消费，攀比、摆阔蔓延到各个方面：谁家的车高级、谁穿的衣服漂亮、谁的文具最高档、谁的玩具最多……

攀比是不满足于现状，不甘落后于他人而想拥有甚至要超越他人的心理意识。攀比心理在一定情况下对人的行为有推进作用，是人改变自身现状的一种动力。但如果得不到满足，攀比的结果会带来孩子心理的失衡，使孩子产生自卑、嫉妒、愤恨等不良情感。上述案例中孩子的"别人会笑话我"、"不能让他们看不起"的言论就是孩子盲目攀比之后的不良结果。

孩子爱攀比是由多种原因导致的，其中最主要的是家长的攀比心理对孩子的影响。许多父母从孩子一出生就开始把自己的孩子跟别人家的进行攀比：长得比××好看，吃的、穿的不能比别人差，不能让自己的孩子输在起跑线上，要比别人聪明、比同学学习好……家长的这些比较，潜移默化地影响着孩子。由于小学生的道德判断能力还不是很强，他们难以区分哪些方面需要和别人比，哪些没必要去比。加之大多数父母对孩子过度溺爱，使孩子贪图享受，也就让孩子更多选择在物质生活方面与比自己强的同学比较。另外，孩子的盲目攀比也有孩子自身原因。孩子担心被周围的人排斥，他们缺乏自信心，想靠一些表面上的东西来弥补；或是性格敏感，太在意自己的形象；或是因为他们受到了同学的嘲笑，从而产生不服气的心理等。他们希望以某一方面的优越感来改变自己目前的状况。

因此，要改变孩子盲目攀比的心态，家长不妨从下面几方面着手做起。

第一，引导孩子认识人与人之间就是不同的，要接纳差异。家长自己在生活中不要总拿自家孩子与别人家孩子做比较。同时教孩子努力做好自己，不鼓励孩子与他人刻意比较什么。

第二，利用孩子的攀比心理教孩子学会如何与他人比较。

改变攀比的内容，教孩子学会全方位地比较。不仅要比较物质生活条件方面，也要比人品、比学习等，不仅用自己的劣势比别人的优势，也要看到自己的优势所在。

改变攀比的对象，教孩子学会多层次地比较。孩子总觉得自己不如别的同学，家长可带孩子多走走看看，让孩子再和不如自己的孩子比一比，形成"知足"的心态，减少自卑感。

第三，家长对孩子无限膨胀的物欲要适时说"不"。现在大多数孩子从小生活在家长的无节制满足中，正是家长的纵容、溺爱造成了孩子的盲目攀比。在孩子心目中，只要他们有需求，父母都会无条件满足。只要"想要"必会"得到"，或者说是只要"想要"必须"得到"。家长的无节制满足就是对他们攀比行为的一种肯定与奖励，因此他们也就全然不去考虑父母为满足他们所做的付出。家长对孩子所提要求说"不"可以在很大程度上限制孩子过度的需求，减少孩子之间的攀比行为。

> 欲壑难填。盲目的攀比会把孩子引入对物欲的过度追求中，不利于孩子的成长。父母要善用孩子的攀比心理，让孩子看到自己的优势，让孩子知足常乐。

八、如何给同学准备礼物？

案例

案例1：妈妈帮小雪收拾房间时发现刚给女儿买了不久的毛绒玩具不见了。追问孩子后得知，同桌菲菲对小雪特别好，在学习上经常帮助她。为了表达对菲菲的感谢，小雪把玩具送给她了。

案例2：齐齐过生日的时候收到了同学们送的很多礼物，有漂亮的生日卡片、笔记本、可爱的毛绒玩具还有齐齐最爱吃的薯片。最让齐齐欣喜的是那个特别时尚的电子相框，齐齐已经到商场看过好几次了，每次都觉得太贵舍不得买，还是萧雅出手大方。高兴之余，齐齐也有些发愁：萧雅过生日我得送她什么呢？

送礼物对于现在的小学生来讲是很平常的事情了，同学生日要送礼物，新年、春节要互送礼物，"六一"儿童节也要送，还有，毕业分手前的礼物是大家曾经共同学习生活的纪念，更是少不了……有时礼物只给一两个好朋友，有时则要很多人，每个人喜欢的东西又都不一样，家长该怎样指导孩子给同学准备礼物呢？

随着年级的升高，小学生情感依恋的重心逐渐从父母转向同伴，孩子越来越倾向于和同学交往，并逐渐与一些同学建立起亲近友好的关系，成为好朋友。在与同学的交往中，孩子们受成人社会的影响，逐渐学会使用互送礼物这一沟通方式来传递情感。就像上面案例所呈现的，通过给同学送礼物来表达谢意、传递祝福等已经成为中、高年级孩子普遍采用的一种交往方式。

如何看待尚没有经济来源的孩子用互送礼物的方式交朋友、发展友谊呢？有的家长认为可以接受，有的家长却持否定态度。其实，互送礼物没什么不好，关键是为什么送、何时送、送什么。

首先，家长要让孩子明确送同学礼物的目的是表达自己的心意，而非攀比。

小学时期是孩子学习与同伴交往的重要时期，最初许多孩子对友谊的认识还是不清晰的，甚至有时是不正确的，家长要让孩子明白朋友之间最重要的是亲密的情感，礼物只是这种感情的一个物化形式。送礼物给朋友就是告诉他们自己就在他们身边，想着他们，注视着他们，分享着他们的喜悦与悲伤，永远地支持着他们。所以，礼物不在于否贵重，重要的是能传递彼此的情感。互送礼物也不在于礼物价格的等值，而在于情意的交换与传递。只要是用心去准备礼物了，让朋友从礼物中体会到你的心意了，它就是无价之宝。

其次，指导孩子选择好给朋友送礼物的时机。

一般孩子都知道在朋友过生日、新年等重要日子给好朋友送上祝福。除此之外，家长还要教孩子在看似平常但却不平常的日子送上自己的礼物，如像案例中的小雪那样当朋友为自己付出许多的时候，送上一句感激的话并附上一份小礼物，告诉朋友"我不会忘记你的帮助的"；当朋友遇到困难、挫折时送上一份表示鼓励的小礼物，让他知道"我在陪着你，我们一起加油！"这些时刻送上的礼物对于发展彼此间的友谊具有更重要的意义。

第三，为朋友精心准备礼物。

礼物是表达心意的物化形式，它就像是自己的化身，让朋友见礼物如见人。因此家长要指导孩子选择能反映自己的特点的礼物。家长要鼓励孩子自己动手做礼物，并告诉孩子这将是送给朋友最独特、最好的礼物。也可以把买回来的礼物用自己喜欢的方式重新包装一下以体现自己的良苦用心。在指导孩子选择礼物时家长可让孩子谈谈朋友的特点，以此确定一个既能体现自己特色，又能让朋友喜欢的礼物。购买礼物时要注意，小学生之间不要送价格较贵的礼物，一般以不超过10元为宜。

第四，让孩子用自己的零花钱为同学送礼物。

让孩子知道给同学送礼物不能给家长增加经济负担，要用自己的零花钱。这样既可以鼓励孩子平时要注意积少成多，学会攒钱，同时，也可在一定程度上减少孩子的盲目攀比现象。

小资料：美国小学生送礼"时尚"

- 向同学赠送礼物的现象十分普通。每逢同学生日，或是感恩节、圣诞节、假期结束等重要的日子，每个人都会准备些礼物送给同学、朋友和自己喜爱的老师。
- 送礼次数较多但每次礼物的价钱都不是很贵。
- 比较常见的礼物是贺卡、食品、书籍和玩具。
- 赠送之前要精心包装礼物。
- 鼓励动手动脑，很多礼品都由自己亲手制作。

第 四 篇

性 健 康 教 育

　　性是客观现实存在，从孩子进入小学阶段开始随着认知的发展和性生理的发育，性意识会越来越强，性心理也不断发展。每一个孩子在成长过程中必然会面对性问题，性无知、性困惑、性神秘乃至性过错。以上种种现象与问题在中小学生中普遍存在。当下孩子性心理和性生理发育有所提前而学校性健康教育却显滞后的同时学校性健康教育也缺乏个性化指导，所以家庭性健康教育就显得尤为重要。家长朋友，在孩子成长过程中，您关注了孩子提出和遇到的有关性的问题了吗？您是否意识到，孩子的性教育不仅是给孩子性知识，更重要的是对孩子进行人格教育。

一、如何科学的认识性？

　　曾有报道：一位西南边远农村母亲经常抱着自己几个月大的儿子叫"千金小子"，两个年幼的姐姐不解地问妈妈为什么给弟弟起名叫"千金小子"，妈妈摸着怀中儿子的小鸡鸡说："全都是这个小鸡鸡惹的祸，为他花了那么多钱，他还不是千金小子？"女儿问："小鸡鸡有什么用？"妈妈笑着说："他的小鸡鸡是多余的，等我有时间，用剪子给他剪掉。"一天，小姐俩在家照看弟弟，看到弟弟的小鸡鸡突然想起了妈妈的话，小姐俩一商量：妈妈每天都要下地干活，咱们帮妈妈把弟弟的小鸡鸡剪掉吧。于是小姐姐拿起了剪刀……

　　随着物质生活的不断提高，现在孩子的身体发育越来越快，心智也更成熟，孩子们对性的关注年龄也越来越小。小学四五年级就有大部分孩子身体已经开始快速发育，男、女孩发育带来的身体变化以及同性别孩子发育速度上的差异，导致了孩子的好奇心，使孩子具有了强烈的了解自身的渴望，对异性也产生了一层朦胧的好感与好奇。这时，家长要及时地指导孩子科学的认识性。否则，如果他们得不到及时的帮助，极易走入误区，出现性困惑、性无知以及自卑、孤独、焦虑等现象，非常不利于孩子身心的健康发展。

　　要使孩子科学的认识性、对待性，家长首先要有科学、开明的态度，要把科学的性知识传授给孩子，对孩子有关的性问题给予正面回答，帮助孩子解除性困惑、性神秘感。其中包括教给孩子性器官及性生理的正确名称，如阴茎、包皮、阴蒂、外阴及月经、遗精等，并且了解性器官的构造、特征和功能等方面的知识，知道月经和遗精是怎么回事，并懂得相关的卫生保健。有的家长对性遮遮掩掩，习惯用一些俗语如小鸡鸡、倒霉等解释性器官、性生理，不利于孩子准确了解性。案例中的妈妈可能认为孩子大了就会什么都明白了，没有正确回答孩子的问题，结果导致了惨剧的发生。

　　给孩子谈性，要讲技巧，有的家长担心"这么直观详尽地给孩子们讲解性知识，会不会强化他们的性意识、性幻想而造成不良后果？"其实性健康知识传授很讲究技巧，关键在于适时、适度、适量。适时——要选择最佳时机、最佳年龄对孩子谈性，当孩子问起或遇到有关性问题时对孩子及时教育；适度——随着孩子年龄的增长及相应的知识水平和接受能力的提高，适度地给予一些性知识，比如遇到了怀孕的妇女，家长就可以给孩子讲怀孕是怎么回事，讲的深度适合孩子接受能力，包括理解和心理承受，如讲妈妈分娩，太血腥孩子会害怕，太轻描淡写，达不到让孩子了解母亲生育的辛苦。对于小学生的性询问家长不应给孩子超越他们发育阶段的不必要和不适宜的性知识，有些性过程没有必要进行详细的描述，否则，给孩子一些无法理解、掌握的性知识，可能会引起孩子不恰当的兴趣和好奇。适量——讲的是孩子需要的，讲得太多孩子会烦感。另外讲解性知识的同时一定要贯穿性道德规范，引导孩子以正确的态度对待性，让孩子知道人类的性受社会文化和道德的制约，帮助孩子形成健康的性心理。正确对待男女之间的正常交往和友情。对孩子坚持正面的性教育，告诉孩子可以做什么，少说不要做什么。

科学的认识性，就要有科学的态度，掌握科学的性知识和科学的方法。帮助孩子科学的认识性家长要具备一定的性生理及性心理方面的知识。如孩子提出的问题家长也不知道是怎么回事，有的家长就采取回避、敷衍、甚至训斥的态度，会给孩子的性心理造成严重伤害。家长要密切观察孩子的身体变化，平时多阅读一些性生理及性心理方面的资料，或者与有相关知识和经验的专业人士多交谈、多咨询，回答不了孩子的问题千万不要胡编乱造。

> 孩子一天天长大，身心一天天变化，为了孩子的健康成长，让我们帮助孩子科学的认识性吧！

二、如何与孩子坦诚的谈性？

这是一个 7 岁孩子与母亲的谈话：

孩子："妈妈，为什么人结婚就会生孩子？"

妈妈："妈妈肚子里有一个卵细胞，比如你看到的鸡蛋就是卵细胞，人的卵细胞比鸡蛋小得多，在妈妈肚子里逐渐长大发育就成了小孩。"（这里妈妈还想回避点问题）

孩子："爸爸有什么用？"

妈妈："我忘说了，爸爸在结婚后给了妈妈一个精子，精子和卵子结合后才发育的你，你是爸爸妈妈生命的共同作品。"

孩子："妈妈，爸爸是怎样把精子给你的？"

妈妈："爸爸到成年之后就有了把精子给予妈妈的能力。现在你太小，你还听不懂，就如同妈妈现在给你讲汽车发动机是怎样工作、怎样制造的知识一样，你无法一下听懂、学会，等你长大后，我们再认真讨论这个问题。我可以告诉你，爸爸妈妈是确定要对养育孩子负责后，才决定要小孩的，所以现在爸爸妈妈共同养育你，爱你。"

　　小学阶段孩子的思维活跃，求知欲强，特别是小学低年级孩子会非常坦率地提出各种各样有关性的问题，搞得很多家长不知如何作答。有些孩子在公众场合大声说与性有关的话题，使家长很尴尬。遇到这些情景家长该怎么办呢？

　　首先我们家长应该看到，处于6~9岁的孩子比幼儿园的孩子社会活动范围和自然活动范围更加广泛，他们的脑功能迅速发展，对自然、社会、自我身体等有着强烈的求知欲，孩子提问是孩子求知欲的表现，对孩子而言，没有什么该不该问的概念。父母对儿童提出的任何问题，不管问题多么"不成体统"，都应认为是孩子的合法权利，孩子是纯洁的，回答孩子提出的任何问题是家长的义务和职责。另外，孩子对成人提出问题，是对成人的信任。我们家长回答孩子的性问题，如同传授其他知识经验一样是对孩子进行性教育的好机会。

　　六岁左右的孩子非常关心自己是怎样从母体生出的，这一问题很多父母都会遇到，作为父母可以坦率地告诉孩子，任何母亲都有一个产道，可以使胎儿在发育好后产出。也许孩子对此答案并不满足，还要看看产道在哪里，这时家长要平静地告诉孩子人体的一些部位是不应让别人看到的，给孩子隐私的概念。六岁以后，当孩子看到电视中某些哺乳动物在生产过程中流血的现象时，会联想到自己从母体产出时，母亲是否也出血，是否会疼痛。对这些问题母亲完全可以如实简单地告诉孩子，并让孩子懂得父母养育之恩，懂得尊敬母亲，珍惜生命。孩子有关性的问题很多，当他们了解了自己是怎样产出后，还会产生更多的问题，如"我是怎样进到妈妈肚子里的？"，"妈妈生孩子，爸爸做什么？"，"为什么人结婚以后会生孩子？"等。要知道孩子的纯真一方面表现为什么都问，还表现为提问题不分场合。这里还有一个案例，几家人在草原一起游玩，一个八岁的孩子举起手里的蚂蚱高声说道："看！这两只蚂蚱正在交配！"几个孩子围过来看，而几个家长有些诧异，相视一下，保持了沉默。八岁孩子在向小朋友展示后问："妈妈，人是不是也是这样交配的？"当时孩子的妈妈有些尴尬。在这种时候家长必须正确面对这个问题，因为孩子从电视中看了动物世界的系列片，有了模糊的交配概念，他对性和对自然界的其他事情一样充满好奇，同时他也在探求人与自然界其他生物之间的异同。家长这时应以孩子能接受的方式告诉孩子，"交配"这个词不能用于人，小蚂蚱与人有着很大的不同，有些话需要回家再深入讨论。家长缓兵之计后，绝不能有意回避孩子的性问题，在合适的时机家长要主动解释此事，告诉孩子：有关动物雌雄问题和人男女的问题要与父母私下里交流。让孩子懂得很多话是不能在公共场合说的。由于孩子得到了合理的解释，所提问题得到家长的重视，家长会得到孩子更大的信任，在发育过程中孩子会坦诚地将自己的困惑告诉家长。应该看到顺其自然地与孩子谈论性，并不失时机地对孩子进行性道德教育，是家长对孩子进行性健康教育的有效途径之一，父母亲是孩子最亲密、最可信赖的人，家长在生活中能够与孩子自然的讨论性问题，会使孩子与家长坦诚相见，进入青春期的孩子会把心底的秘密、疑问与家长交流，使家长更易了解孩子。

　　家长对孩子进行性健康教育时机非常重要，孩子提问时是好的教育时机，家长要用坦率的态度正面与孩子讨论性问题，不要回避孩子提出的任何问题，避免孩子对性产生神秘感；家长还要注意根据孩子的知识水平和接受能力来决定如何回答孩子的性问题；在客观、科学、浅显地回答孩子的性问题同时，要注意对孩子进行性道德教育。另外，当家长与孩子同时看到社会上有关性的不良现象时，同样也是对孩子进行性教育的时机，家长可主动与孩子袒露自己对看到不良现象的态度，给孩子正确引导。在家庭生活中，家长千万不能粗暴地对待孩子的性问题，过于强烈的指责社会不良现象，家长也不要对男孩、女孩交往过于敏感，这样会使孩子对家长在有关性问题上避而远之，这不仅使家长丧失了对孩子进行性教育的最佳时机，也容易造成孩子的性神秘、性恐惧、性肮脏等不良心理反应。

> 家长朋友，为孩子健康成长，坦诚的而策略的与孩子谈论性吧！

三、如何帮助孩子为中学的青春期发育做好准备？

> 刚上五年级的女孩王天一惊恐地大喊："妈妈，妈妈您快来！"妈妈赶紧跑进卫生间："闺女怎么了？"王天一带着哭腔："妈妈我流血了，怎么办呀？"妈妈查看以后对女儿说："闺女不要害怕，你这是来月经了，怪妈妈以前没有给你讲过，女孩来月经，说明开始成大姑娘了。"妈妈帮助女儿进行了处理，并给女儿讲了月经是怎么回事，应该怎样处理，以及要注意的卫生。

青春期是孩子生命曲线的又一个高峰期，在生理、心理上会发生很大变化，从而带来一些困惑和烦恼。世界卫生组织将青春期年龄界限界定为 10～20 岁。其实由于自然条件和社会条件的不同，进入青春期的时间有早有晚，但整个发育过程约 6 年。孩子进入青春期的标志：女孩乳房发育，男孩阴囊变红。女孩大概在 10～11 岁，男孩在 11～12 岁。孩子进入青春期生理上的变化是孩子体内内分泌变化的结果，同样会影响他们心理的变化。

男孩比女孩进入青春期的时间一般晚 1～2 岁。一般进入初中的孩子年龄是 12 岁左右，进入了青春发育中期（以月经初潮和首次遗精出现为标志）。孩子从小学升入中学，进入新的学习环境，面对新的老师、同学、课业目标，就会有许多要重新适应的问题，再加上青春期发育遇到的问题，会使许多孩子茫然，如何帮助孩子为中学的青春期发育做好准备就显得特别重要。

首先家长要试着对你孩子正在经历的身体、心理变化进行敏锐的观察，并且逐渐给他（她）信息。孩子在小学五六年级即 11～12 岁时身体已经开始有了变化，女孩乳房开始发育，出现阴毛，甚至有的女孩出现月经初潮。而男孩的睾丸、阴茎、阴囊也开始增大、增长和扩大，甚至有些男孩开始遗精。孩子注意到了自己身体上的这些变化，但是他（她）可能不知道自己身体出现的变化是否正常，应该怎样去面对。这时父母就要告诉女儿乳房发育会有什么变化，月经是怎么回事；告诉儿子阴茎和睾丸的大小还会发生变化，阴囊的颜色还会加深，而且随着身体的不断发育，还会有遗精的可能性，告诉他遗精可能会玷污内裤、床单，这是正常的，自己要及时清洗这些衣物，这对孩子以后的生活是一种很好的经验。告诉儿子以后在外貌外形上也会发生变化，主要表现在阴毛、腋毛、胡须开始长出、喉结突出、嗓音变粗、略带沙哑等。

其次可以选择一些关于青春期的书籍和录像作为礼物送给孩子。父母可以和孩子一起看，也可以在孩子需要时让孩子自己去参阅。一定让孩子认为他们是可以向父母询问他们青春期所出现的问题的。

再者告诉孩子随着身体的生理发育，心理也会随之发生一些变化。孩子可能会在某一时期变得敏感、烦躁、逆反，强烈的独立意识与独立能力欠缺形成鲜明的矛盾。这时的家长在孩子发脾气时要冷处理，万不可针锋相对，平时有意识的鼓励孩子做决定、引导孩子自己处理个人学习、生活上遇到的问题，每天要给孩子机会尽情地表达孩子一天在学校经历的各种事情，让孩子把自己的喜、怒、哀、乐尽情地表达出来，家长要善于成为一个旁听者，孩子的倾诉就是情感的宣泄，在孩子宣泄过程中，家长还可以适时给予评论和指点，由此培养孩子乐观、开朗的性格，教孩子学会自我调节情绪。总之，在孩子升入中学之前，家长一定要做孩子的知心朋友，注意倾听孩子的诉说，这样孩子进入青春期后，会自然的与家长交流，使家长及时了解孩子的心理变化。

> 在日常生活和教育中要让即将或刚刚步入青春期的孩子感觉到青春期是一个与美丽、力量及丰富的新奇感受相联系的阶段，是一个充满智慧、张扬青春活力的阶段。

四、如何帮孩子建立正确的性别角色？

案例

妈妈发现刚上初中的儿子藿金花情绪非常低落，有时呆坐着能许久不说话，妈妈问他怎么了，他也不回答。与老师联系，也没有发现异常。妈妈只好拜托老师帮助了解孩子究竟是怎么了。原来初一新生报到点名时，学生们看到藿金花是个男生，就哄堂大笑，军训时同学们总拿他的名字开玩笑，藿金花背负了沉重的心理负担。

藿金花的父母都希望有个女孩，不但给孩子起了个女性化的名字，小时候还给孩子穿过裙子、梳过小辫。幼儿园、小学的同学对姓名的性别化不敏感，到了小学高年级偶尔有同学开玩笑，由于同学间比较熟悉，藿金花并没有在意。上初中了，同学、老师都是新面孔，年龄也增长了，开始进入青春期了，学生对性别开始敏感了，女性化的名字给孩子带来了烦恼。

在社会生活中，人们以不同的性别角色出现，而社会对不同的性别角色有不同的期望和要求，性别角色是指社会大众视为代表男性和女性应该表现出的一些典型行为与态度，以及应该从事何种活动。性别角色是有约定俗成的用于表现男女差异的社会行为模式。个人的行为只有符合性别角色的规范，才能和社会达到和谐一致。例如一般认为男孩子要勇敢坚强，女孩子要文静淑雅等。虽然现在传统文化不断受到冲击，那些受社会因素影响的性别角色规范也在发生变化，但是孩子建立正确的性别角色还是非常重要的。

帮孩子建立正确的性别角色应该从幼儿开始就点点滴滴地以科学、通俗的方式进行。比如要承认孩子的性别，及时、明确地回答孩子的性别问题，给孩子起名字、选服装、发型、玩具、游戏等要注意性别角色的区别，培养孩子符合社会要求的性别角色，使女孩向女性化方向发展，男孩向男性化的方向发展，使孩子从生活中逐渐懂得怎样做才符合自己的性别角色规范。孩子通过父母因为自己是个男孩或女孩感到高兴而悦纳自己，也会对自己的性别感到满意。

家长对小学阶段的孩子性别认同要注意强化。有个别男孩喜欢女孩的打扮和游戏，出现自觉或不自觉模仿女性的态度和行为；有些女孩由于对月经这一生理现象感到厌烦，希望自己是个男孩。这些都会造成他们产生所谓男孩"女性化"或女孩"男性化"的现象。与生物性不符的性别角色定位，会影响孩子社会生活质量。当然我们在教育孩子时要避免对传统社会性别角色观念的过于盲目、刻板的认同。

父母在生活中要扮演好自己的性别角色，给孩子一个模仿的对象。在儿童心理发展过程中，他们会产生"要像大人一样"的愿望，这种愿望会导致他们对同性家长特征的吸收，他们会通过对父母的举止、风度、处事的方式等方面的观察和体验，作为自己行为的标准。比如父母之间的相处和谐健康，父亲在家庭及社会生活中勇于负责、果敢、干练、勇敢，就可能引起孩子的崇拜，促使男孩向男性化的方向发展；而母亲如果事业有成又能孝敬公婆、体贴丈夫、做事细致，女儿也可以通过母亲的榜样作用建立自己的性别角色规范。

随着社会的多元化，家长朋友帮孩子建立正确的性别角色，不要过于拘泥和死板，在孩子符合性别角色规范的前提下，也要尊重孩子的个人特质，给予孩子发展的空间。著名心理学家贝姆认为：在不断发展的将来，双性化人格将得到充分重视，双性化将成为人心理健康的标准。这种人身上同时具有男性和女性的长处和优点：既独立又合作、既果断又沉稳、既豁达又敏感、既自信又谨慎、既热忱又成熟。研究发现，具有双性化人格的人事业成功率高达90%。

> 帮孩子建立正确的性别角色，是助孩子健康成长的重要一环。

五、家长是否在无意中给孩子不良的性心理倾向影响？

案例

　　生活中常会出现孩子问家长：为什么男生站着尿尿，女孩要蹲着尿尿？这时家长常会有各种回答。

　　第一种：真没出息，怎么能问这样的问题。

　　第二种：因为男孩站着尿尿不会尿裤子，女孩站着尿尿会尿裤子，所以女孩要蹲着尿尿。

　　第三种：你知道男孩和女孩有许多地方是不一样的吗？男孩的尿道比较长，在阴茎中，排尿要通过阴茎，女孩没有阴茎，女孩是通过较短的尿道排出来的。

　　性科学研究发现，每个孩子在小的时候，受到父母的耳濡目染，对性有关的问题都有某种潜意识。家长朋友，你们怎么对待生活中遇到及孩子提出的问题呢？

　　案例中第一种回答不但容易伤害到孩子的好奇心，而且会让孩子觉得类似这样的性问题不能问，性是肮脏的、见不得人的。也有的孩子可能还会因此不再向父母提任何问题。这样做孩子的疑问不但不会解决，反而会使孩子更加困惑，觉得性是很神秘的事情，更增加了孩子的探索心理，会使孩子对性过分好奇，极易对孩子性心理的正常发育造成不良影响。

　　案例中第二种回答虽然比第一种回答好一些，对很小的孩子足够了，但是对小学生来说还是没有真正解决疑问，不如直接用第三种回答。如果小女孩不理解有阴茎就可以站着尿尿，可以用一些道具如茶壶倒水来解释。家长以平静、规范的用语在轻松愉快的氛围中解答孩子的性疑问，保护了孩子的好奇心与提问的热情，有利于避免造成孩子成长过程中的性心理隐患。

　　家长朋友当你们与孩子一起看电视剧出现拥抱、接吻的镜头时，你们是否马上调换频道呢？其实这是一个对孩子进行教育的时机，在这时家长要告诉孩子拥抱、接吻的意义，也要告诉他们拥抱、接吻要分场合，要考虑到旁人的感受。

家长内心深处如果一直认为性是一件见不得人的事情，当孩子提问的时候，就会很紧张，孩子会从成年人躲闪的话语中感受到家长心中的忌讳，无形中会给孩子暗示：性是不能谈论的。有可能给孩子稚嫩的心灵留下阴影、造成不良的性心理倾向。

家长对性的态度对孩子起着潜移默化的示范作用，会渗透在孩子生活的各个方面，并且这种影响是持续终身的。

还有的父母在日常交谈中说女孩找工作会受到限制，母亲来月经时唠叨："做女人真倒霉"。这些无意中的话语可能会给孩子特别是女孩子觉得做女人低人一等、生理上的一些事情是肮脏的，使孩子不认同自己的性别。而有些父母重男轻女的言行也会给女孩造成一定的自卑心理，而男孩则会产生极大的优越感，对女孩产生歧视或偏见，看不起女孩，形成以男子为中心的心理。

有的父母以自己的好恶给男孩取女性化的名字、把男孩打扮成女孩、玩女孩的玩具、做女孩的游戏，结果男孩的性心理扭曲，造成孩子的性别角色认知错位，若不加以矫正，长大后轻者成同性恋，重者患异性癖，有些人心理痛苦的不能自拔，只好承受身体上的巨大痛苦和经济上的沉重负担做变性手术。

单亲家庭的父亲或母亲有时会把对对方的怨恨演变成对所有异性的仇视："女人（男人）没一个好东西"，会对孩子产生深刻的影响，使孩子对异性、对婚姻、对家庭产生恐惧感、厌恶感，形成严重的心理偏差。为了孩子拥有幸福人生，我们一定要有正确性态度，能科学地与孩子谈性，避免在无意中给孩子造成不良的性心理倾向影响。

> 真正的教育不在于口训，而在于实行。
>
> ——卢梭

六、怎样引导孩子做受异性欢迎的人？

案例

　　一向快言快语的小芳这几天总是闷闷不乐，妈妈问她，她没好气地对妈妈说："我们上体育课学集体舞，一个男生一个女生一组，我们班有16个男生、17个女生，男生谁也不跟我一组，爱跟不跟，我还不爱和他们一组呢！"原来，小芳平时在班里总是和男生发生矛盾，这次活动对她触动很大，虽然上体育课时体育老师和她编为了一组，但是同学的做法还是深深地伤害了她。

随着年龄的增长，孩子的性生理开始快速发育，性意识开始觉醒，对异性充满了神秘与探究欲望，对异性的好奇往往很容易演变成一种自然的倾慕。同时孩子也开始渴望得到异性的关注与赞许，通过异性的态度使其自我评价和自我认识得以提高，因此，他们常常乐于在异性面前表现自己。

但是现在的孩子多为独生子女，从小在家备受呵护，许多孩子任性，不懂得关心别人，尊重他人，体会他人的感受，常常以自我为中心，斤斤计较，这些做法的后果往往是适得其反，招致异性的反感。怎样引导孩子做受异性欢迎的人，就成为每一位家长要面临的问题。

家长要告诉孩子，学生时代，学习是孩子的重要任务，认真对待学习的人谁都会喜欢，不一定成绩有多出色，但是一定要努力、勤奋、锲而不舍。男生、女生都喜欢知识丰富的人。

告诉孩子有责任心、知道关怀别人、体谅别人、帮助别人会受到异性欢迎的。鼓励孩子在学校积极参加集体活，关心集体，热心为大家服务，对生活、学习有困难的同学给予无私帮助。老师、同学交办的事情要认真去做，没有能力完成的，要给出理由，对别人托付的事情要负责到底。当自己的要求、愿望得不到满足时，要知道体谅家长、老师或同学的难处，不耍脾气。

告诉孩子心地善良、大度、不霸道、不斤斤计较的人会受到异性的欢迎。教育孩子要平等对待每一个人，特别是对学习有困难、家庭经济状况欠佳及特别老实的同学更要关心。同学间有了矛盾，不要斤斤计较。不拿自己的长处去讥讽别人的短处。让孩子知道人品高尚的人一定会赢得异性的欢迎。

教孩子学会尊重、学会倾听。越是善于倾听对方的谈话、善于倾听他人意见的人，其人际关系就越融洽，因为认真倾听是对对方的尊重，能提高对方的自尊心，加深彼此的感情。要想赢得异性欢迎首先要尊重异性。

让孩子懂得适合年龄的服饰美。很多女孩早熟，往往易受社会青年穿着影响、易受她们心中偶像服饰的影响，在穿着上超出了她们自身年龄特点，其实很多小学和初中的男孩心理发育晚，很不喜欢看到女同学打扮得像社会青年，对这样的女孩男孩会有意无意地疏远。要做受男孩喜欢的女孩不能过于打扮，否则很容易招致男孩的反感。

家长要注意指导孩子拥有恰当的异性交往态度，学会与异性沟通的正确方式，学会克服交往中可能出现的各种心理障碍并且学会与不同的异性保持恰当的关系。其次学会欣赏异性，了解自己的社会责任和如何完善自我等内容都是伴随孩子未来一生的重要品质。家长要给孩子创造与异性群体活动的机会，使孩子在活动体验中正确认识异性、了解异性的心理特征；让孩子懂得在社会生活中，男女的性别角色不同，行为模式也应该有所区别，知道如何做会得到异性的欢迎。

> 引导孩子做受异性欢迎的人，会给孩子今后的婚姻生活打下良好的基础，使孩子幸福一生。

七、如何指导孩子与其喜欢的异性小朋友正确交往？

案例

　　九岁的小姑娘乐乐对妈妈说同学要过生日了，想送礼物，妈妈同意了。过几天，乐乐又对妈妈说想把家里的游戏机借给同学玩，妈妈问："借给谁？"乐乐说："同学。"妈妈问："哪个同学呀？"乐乐吭哧了半天才说："王铮。"妈妈犹豫了一下问到："上次的生日礼物也是送给他的吧？"乐乐说："是的。妈妈，王铮长得可帅了，学习也特别棒，我们班女生都喜欢他。"妈妈憋着笑又问："女生都送他礼物吗？""没有，但是我就是想送。"

　　随着社会的发展及各种媒体对男女关系的大肆渲染，孩子对异性的喜欢也会毫无顾忌的表现出来，幼儿园里常常能看到小女孩（或小男孩）亲她（或他）喜欢的小男孩（或小女孩），他们两小无猜的样子，成为老师、家长的笑谈。到了小学，随着年龄的增长，这种现象不太出现了，但是类似乐乐这种现象却是常见的，如何指导孩子与其喜欢的异性小朋友正确交往是值得家长重视的。

　　由于孩子小，他们的一些行为只是对影视及成人行为的模仿，家长没有必要大惊小怪，像乐乐的家长知道孩子喜欢王铮，可以多请一些同学到家里给乐乐过生日，平时多创造大家一起玩的机会，多数人在一起，交往多处于表面，关系不可能太深入，这样可以使孩子保持平和的心态，淡化孩子对单一异性的过分迷恋，学会广交朋友，建立广泛的友谊圈。

　　随着孩子年龄的增长，有些孩子的生理发育开始趋于成熟，尤其是性成熟，使他们开始关注异性之间的差异，对异性产生了朦胧的好奇，并情不自禁地产生了接近异性的倾向，有了自己喜欢的异性小朋友。孩子生理发育提前，但心理发育滞后，这时家长要适时地指导孩子多关注自己喜欢的异性小朋友的学习、品质、个性发展等方面的优秀的东西，互相学习，共同提高，培养健康的交往意识，摒弃不健康、消极的交往动机。

　　指导孩子与喜欢的异性小朋友交往要做到疏而不远，不应过分随便，告诉孩子哪些话题只能在同性朋友之间交谈，哪些玩笑不能在异性面前乱开，尽量避免与异性嬉笑打闹，更不要过分亲昵，言谈举止要大方得体，学会调整自己的状态，把握分寸。同时告诉孩子要尊重自己喜欢的异性小朋友，保持一定的距离是应该的，但是不能过于冷漠，伤害异性小朋友的自尊心。告诉孩子要和大家一起帮助、支持自己喜欢的异性小朋友，使他（或她）更优秀，使群体更团结、更健康，这样既满足了孩子的异性交往需求，又减少了孩子一对一、单独交往的机会，让孩子学会与自己喜欢的人相处。

指导孩子与其喜欢的异性小朋友自然、健康的交往，将会使孩子得到幸福的成长体验，并受益终生。

八、怎样对待喜欢自己的异性小朋友？

晓晓放学后回到家里，气愤地对妈妈说：二班的陈伯尧真不知道害臊，今天让我班同学给我转来了一张纸条，说他喜欢我。我把纸条交给老师了，现在老师正找他谈话呢。

晓晓是一位多才多艺的小姑娘，父母从小就把她送到少年宫学习舞蹈、绘画、钢琴，学校每次演出她都是主角。在班里，她更是班主任老师的"宝贝"，主题班会、元旦联欢等班上的重大活动也都是由她来主持。而且晓晓的学习成绩也非常出色，作文、数学、英语等学科竞赛多次获得一等奖，家长、亲戚朋友、老师没有不喜欢她的，许多同学也非常羡慕她的优秀。孩子在一片赞誉中长大，从没有想过怎样对待喜欢自己的异性小朋友。

当孩子遇到了晓晓这种情况，家长该怎样引导孩子对待喜欢自己的异性小朋友呢？

不管自己的孩子是否喜欢该异性小朋友，都应该让孩子知道她能把这件事情告诉家长，家长是非常高兴的，说明孩子信任家长，愿意与家长沟通，相信家长能帮助她解决困惑。这样孩子的心情会比较轻松愉快，家长的建议孩子才有可能听进去。

喜欢自己的异性小朋友自己可能也喜欢他（或她），这时家长要特别谨慎，首先要先倾听孩子的心声，了解孩子的看法。然后帮助孩子分析自己应该怎样对待喜欢自己的异性小朋友。告诉孩子，喜欢对方的优点、欣赏对方是正常的，每个人心中都会有自己喜欢的人，喜欢不等于爱情，自己成为受同学喜欢的人是荣幸，只要注意不与喜欢自己的异性小朋友单独接触，不接受礼物，也不赠送礼物，而是和同学一起进行群体活动，还要注意活动的场所、环境，活动时注意保持一定距离，防止发生身体接触，学会用理智控制情感，与喜欢自己的异性小朋友还是可以正常交往的。如果孩子的心理不能很快地平静下来，家长要鼓励孩子多参加一些感兴趣的活动，给孩子结交更多优秀孩子的机会，以分散孩子的注意力。

喜欢自己的异性小朋友如果自己不喜欢他（或她），问题会解决得容易一些，也容易见效。讲明道理，明确拒绝单独交往。但是也要告诉孩子注意方式、方法，没有必要不理睬喜欢自己的异性小朋友，伤害对方的自尊心，要尊重对方。有的孩子被拒绝后，会想各种办法要求交往，比如写信、网聊、送礼物、等候。这时告诉孩子一定不要妥协，要及时寻求家长的帮助，但是要注意不要把问题扩大化，要理解对方的心情，不要轻易地怀疑对方不怀好意，也不要轻易地把对方的信或纸条交给老师，对待纸条用保持沉默的方法是行之有效的。

> 引导孩子正确对待喜欢自己的异性小朋友，保护双方孩子稚嫩的心理，为孩子营造一个健康、快乐的童年、少年时代是每一位家长的心愿和责任。

九、如何引导孩子性审美？

　　每天早上是九岁的小女孩王汝佳妈妈最头疼的时间，小汝佳每天都要为穿什么衣服、梳什么发型和妈妈吵闹不休。

　　小汝佳：妈妈，今天我要穿裙子。

　　妈妈：今天有体育课，穿裙子不方便。

　　小汝佳：不，我就要穿。

　　妈妈：听话，宝贝，还是穿运动裤吧。

　　小汝佳：不嘛，我班刘苗苗昨天上学就穿裙子了，今天我也要穿。

　　为了上班不迟到，妈妈只好让小汝佳穿裙子上学了。

　　孩子从懂事起往往就有种种爱美的表现，比如女孩穿妈妈的高跟鞋、用妈妈的化妆品、照镜子等，男孩爱穿军装、行军礼等，但是孩子小的时候爱美有时只是为了引起别人的注意，多处于模仿阶段。孩子爱美心理的个性形成，则是伴随着性的日益成熟而来的。随着性的成熟，孩子追求服饰、发型的个性，自我欣赏表面上看是为了自己，其实内心深处还是有引起别人特别是异性注意的意图，虽然有的孩子自我意识不明显，或者只是一种潜意识。这种关心自身的美、关注异性身上的美的心理就是性审美心理的一种具体体现。

　　性审美过程是一个心理活动的过程，审美主体往往需要通过高级感官如视、听感官和低级感官如嗅、味、触觉协调配合，多方面地感受审美对象的特性，才能产生丰富生动的美感。而且性审美作为人类直观自身的活动，不是孤立进行的，它受着各种社会因素的影响和制约。性审美主要包括心灵美、人体美、服饰美、行为美等方面。

　　随着性成熟而觉醒起来的爱美心理是符合人的生理、心理规律的正常心理。家长要正确理解、积极引导。当和孩子在生活中或者影视中看到穿着奇装异服的中小学生时，家长要明确地跟孩子说出自己的看法，告诉孩子服饰美应符合性别、年龄特征，

彰显阳光、进取、积极向上，符合大众审美。当孩子身体发生明显变化时，要及时告诉男孩、女孩各自的身体特征，使他们知道什么是男性身体美、女性身体美。告诉男孩喉结突出、胡须也是阳刚的体现，女孩乳房发育是女性的特征，使孩子悦纳自己，接受异性。

性审美的过程是性与人格修养和成熟的过程，家长要告诉孩子在关注自己与异性服饰美与人体美的同时，更要重视心灵美与行为美。比如男孩、女孩一起参加活动时，让男孩帮助女孩拿重物，有"危险"的时候，让男孩先上，潜移默化使男孩体会什么是男性美。男、女孩发生矛盾时，男孩要大度，宽容。而女孩要文雅、善良。使孩子在性审美实践中体会到：男性美是正直、坦荡、博学、独立等的阳刚之美，女性美是温柔、善良、贤惠、自尊等的阴柔之美。在日常交流中，让孩子懂得性审美要符合中国国情、年龄特征、社会认可。人们对理想的男性和理想的女性产生了大致相同的看法，是心理因素和社会因素相融合的结果。随着社会和经济的发展，男女互相吸取对方性格、行为、能力等方面长处，表现互补的发展趋势。如性格方面要求男性增加细腻温柔，要求女性增加坚强果断；行为方面要求男性加强细致精确，要求女性加强运筹帷幄。孩子懂得这些，就会懂得如何塑造自己，如何欣赏异性。在指导孩子进行健康的性审美实践过程中，要让孩子明白，形体美与精神美、外在美与内在美统一起来，才是真正的美。

> 如果一个人的灵魂拥有美好的气质，他（她）那有形的身体也具有一种与美好的气质相适应的和谐的美，在一位能够沉思的鉴赏家眼中，这样的身心皆美岂不是一个最美的景观？
>
> ——柏拉图

十、经期参加体育运动有哪些益处？

朵朵的妈妈来到学校，客气地对班主任老师说："孩子来月经了，她不好意思跟您说，您以后能不能在经期就不让她做课间操了。"

学校的课间操时间经常会见到有三三两两的女孩在一旁溜达，不参与做广播体操。班主任老师特别是一些男班主任老师只要孩子说月经了，也不好再要求。更有的家长在孩子月经期间要天天接送孩子，尽量减少孩子的活动。

其实月经期间适当地参加一些体育运动对少女的身体是有益处的。

月经是每个少女的正常生理现象。对于身体健康、发育正常的女孩来说，在月经期间，身体的循环系统、呼吸系统等生理机能没有明显变化，所以少女在经期完全杜绝体育锻炼是没有科学依据的。反而适当进行体育运动对少女的身体是有益处的。

首先，进行轻度、适量的体育锻炼，特别是孩子感兴趣的锻炼项目，可以分散孩子的注意力，缓解孩子的紧张、烦躁情绪。因为有的孩子一来月经就紧张，而造成经期烦躁、紧张的发病原因目前还不十分清楚，可能是月经周期变化中，内分泌系统平衡失调，引起植物神经系统功能紊乱所致。这种病症目前尚无特效的治疗方法，主要还是通过加强体育锻炼、保持乐观情绪、克制自己的烦躁心情来解决。经期参加适当的体育运动，使孩子的身心愉悦，也能使她正确认识、体会月经，不会再认为月经是肮脏、倒霉的事情。

其次，适当的体育运动可以促进血液循环，促进经血排出。因为月经是脱落的子宫内膜和血液经阴道流出的。适当的运动可以使血液流动加快，使盆腔的血液循环改善，从而改善盆腔生殖器及其他器官的血液供应。

再次，适当的体育运动对腹肌和骨盆底肌的交替收缩和舒张有作用，对盆腔内的子宫会起到轻柔的按摩作用，有利于经血通畅排出，从而可以减轻女子在经期出现的小腹胀痛、下坠、腰酸等不适感觉。

不过经期毕竟是女孩特殊的生理时期，不同于平时，经期参加体育运动时有一些问题还是要引起重视的。

运动一定要轻微、适量，绝不能参加体育比赛，否则可能会引起月经功能性失调。特别是月经初潮的孩子，选择经期运动的项目更是要慎重，建议参加一些平时经常参加的运动项目，比如做广播体操、慢跑。一些加大腹压、负重用力的项目不要参加，比如俯卧撑、仰卧起坐。不能游泳，以免引起盆腔感染。注意运动后做好整理活动。运动过程中如出现头晕、心慌、经血增多等症状，应该立即停止运动。

> 家长朋友，为了您的女儿愉快、顺利地度过每次的月经期，鼓励女儿走出家门，去适当运动、去沐浴阳光吧。

十一、怎样给男孩讲外生殖器卫生？

小刚和爸爸一起看足球转播，当罚点球时，对方球员站在球门前，双手放在阴部，小刚不解地问爸爸：他们为什么不把手放在头上，而要放在那里？

爸爸告诉他：当球踢过来时，头可以躲闪，而阴部不好躲闪。男人的阴部有阴囊和阴茎，它们是男人的外生殖器，阴囊中还有睾丸，它是男人产生精子的器官，所以要保护好，防止受伤害。

在这种遇到与外生殖器相关的实际问题的情况下是给男孩讲外生殖器卫生非常好的时机，家长可以有针对性地给孩子讲相关问题。

男性生殖器官分内、外两部分。内生殖器包括睾丸、输精管和附属腺；外生殖器包括阴囊和阴茎。这些器官进入青春期后开始迅速发育，其发育速度远远超过其他系统的器官。阴囊由腹壁皮肤形成，皮肤有弹性，表面皱褶很多，左右两个阴囊内各有睾丸和附睾一个，阴囊上的皱褶起着调节温度的作用，可以保护睾丸的生精功能。同时阴囊也对睾丸起着机械性保护作用，能缓冲走路和运动时睾丸所受到的振动，对防止外伤有一定的作用。阴茎是男性的性行为器官，具有射精功能，兼有排尿功能。阴茎前端是龟头，包在龟头外面的一层薄薄的皮肤叫包皮。青春期开始，由于阴茎迅速增大、增粗，包皮渐渐向后退而露出龟头。在阴茎勃起时包皮会后缩，从而使龟头裸露。龟头的顶端是尿道的出口，如果青春期发育后包皮仍然包着龟头，需要翻动才能露出者，称为包皮过长；而包皮过于狭小，不能上翻露出尿道口和阴茎头的称为包茎。包皮过长和包茎在男孩中很常见，两者都会引起包皮阴茎头的炎症，从而继发尿道口或前尿道狭窄，造成排尿困难。包皮过长的时间一久，从龟头颈部的小腺体处分泌出来的黏液成了泥浆状的沉积物，这就是包皮垢。包茎内包皮垢若积存过多，可能引起龟头和包皮发炎。青春发育期，包皮垢产生比较多，应当经常翻过去用温水洗一洗，以免引起龟头和包皮发炎。另外，告诉孩子外生殖器不要随意玩弄，否则手上细菌有可能使其感染或者引起频繁遗精。

家长在适当时候告诉孩子男性外生殖器的上述特点，使男孩对外生殖器的发育有一个正确的认识，这样他们就会经常注意自己外生殖器的发育及卫生，当外生殖器出现变化时，就有可能进行正确的判断，也知道为什么要做好外生殖器卫生和如何做好外生殖器卫生，男孩们要很好地保护自己的外生殖器官，为孩子成年后健康的性生活打下良好的基础。

家长需要注意：当孩子很小的时候，就要教给孩子正确的有关外生殖器的知识，不要玩弄孩子的外生殖器，使孩子从小就认识到阴茎、阴囊等外生殖器是非常重要的器官，不能随意玩弄它们，要注意保护它们。

> 为了孩子将来做健康幸福的男人，一定要让男孩懂得外生殖器卫生。

十二、让儿子了解女孩的身体变化有坏处吗？

上五年级的儿子回家后对妈妈说：今天我们班的好几个女生在一起悄悄说我们班的阚丽颖和高雨梅倒霉了，还说她们自己为什么还不倒霉。妈妈，她们为什么希望倒霉呢？妈妈看着儿子不解的表情，问到：儿子，你班的女生和三四年级时相比有变化吗？儿子说：有，阚丽颖现在都快比我高了，而且我班女生越来越厉害。妈妈又问：儿子，你现在的身体与以前相比有变化吗？儿子说：当然有了，我现在长高了，而且我发现我的那个也比以前大了。儿子还有些不好意思。妈妈告诉儿子：女孩和男孩一样身体要发生很多变化。有的变化能看出来，而有的变化别人就不太容易看出来。你班女孩说的倒霉实际上是月经，这是女孩特有的生理变化。

小学生大部分还处于青春前期，孩子的生理开始发育，性意识刚刚萌动，这个阶段的孩子开始意识到两性差异，开始关注异性。男孩自己的身体发生变化时，由于性生理和性心理的变化，会对女孩身体变化十分敏感和关注，会对两性身体外表变化的差异充满了好奇和不安。这一时期的孩子心理成熟滞后于生理发育，若不加以及时的引导，也有可能产生性心理不良反应，给孩子今后的身心发展埋下隐患，因此，此时对孩子进行性教育是关键期，也是最好的时期。而让儿子了解女孩的身体变化也是进行性教育的一部分内容。

告诉男孩关于女孩的身体变化首先要找好时机，比如当男孩与经期女孩发生争执时、女孩经期体育课长跑见习男孩感到不公平时，家长就可以告诉儿子：女孩到了11岁左右就会有月经，月经是女孩特有的生理现象，不但要告诉男孩女孩月经是怎样形成的，还要告诉他们女孩在月经期间由于生理变化，可能会出现烦躁等现象，经期女孩不能做重体力劳动、激烈的体育活动，使男孩懂得尊重女孩、爱护经期女孩，进而也会知道要照顾母亲，为儿子成年后和谐的婚姻生活奠定良好的基础。

其次要用科学语言，给男孩正确的知识，消除神秘感。比如当12岁左右男孩的睾丸、阴茎、喉结等第二性征开始发育时，可以告诉儿子女孩发育比男孩早。因为这时的男孩自身性器官的明显变化，性功能的产生，可能会使他们觉得女孩一定还有很多神秘的事情要去了解，想去探究女孩身体变化的奥秘。如果家长不给予这方面的性知识，儿子可能会从其他途径寻找答案，有可能获得不正确或不良的性信息。因此家长适时告诉儿子女孩身体的变化，这样就不会觉得女孩的身体多么的神秘，避免孩子过度的对异性好奇，乃至出现性过错。另外男孩了解了女孩的身体变化，也利于使性的

张力得以缓解。

我们教会孩子用火柴，并不等于要教他们去放火。其实男孩和女孩都有必要了解异性的生理和心理特点，这有利于他们将来建立健康的两性关系。父母是孩子最亲密的人，也应该是最早发现孩子性生理和性心理变化的人，适时地让孩子了解异性的身体变化，会对孩子的性生理和性心理健康发育起到积极的作用。

> 父母给男孩介绍一些有关女孩的身体发育知识，您的孩子会更懂事。

十三、孩子性自慰可怕吗？

案例

十岁的震震最近早晨经常赖床，一天早晨妈妈叫了好几次，他还不起床，于是妈妈径直走进震震的房间，这时妈妈发现他用被子将头蒙住，妈妈就上前直接将被子拉开，边说："快起床，都叫你几遍了"，可是眼前的情景让妈妈愣住了：震震的身体正蜷缩在一起，双手握着生殖器官，气喘吁吁，满脸通红。妈妈瞪着惊愕的目光："你这么小的孩子怎么做这么肮脏的事情，传出去，你还想不想见人啊？快起床。"说完头也不回地走出了房间。

其实孩子玩弄生殖器官是很普遍的一种现象，它是性自慰的一种表现方式。儿童性自慰是儿童自己抚弄外生殖器以获取快感的行为，是儿童探索其性存在并从中获得快乐的一种很自然的方法。自慰在婴幼儿时期就可能出现，到儿童期已相当普遍。小孩的自慰除了玩弄生殖器官，有时还会喜欢用腿摩擦硬物比如桌角、把枕头夹在大腿之间等。儿童自慰最初的快感往往是无意识的，而且强度也常常较弱，但是如果频率过繁，强度就可能得到加强，这完全是一种自然的、正常的现象。性自慰是人类性活动中最常见的一种表现形式，是性欲的外部显现，是释放性能量、缓和性心理紧张的一种措施，对孩子成长以及日后建立正常的性反应具有积极意义。弗洛伊德说过，从本质上看，幼儿自慰行为是求知欲、好奇心和生理需要的表现。

孩子出现性自慰的原因很多，比如对身体好奇、生殖器官受到刺激或局部炎症引起瘙痒、模仿、孤独等，所以阶段性的性自慰本身对孩子的健康不会造成损害，孩子性自慰并不可怕。相反，倒是家长及社会对孩子性自慰的传统观念和不恰当的做法可怕。

传统观念对于性自慰持一种完全否定的态度，我们中国人普遍认为这是一种肮脏、见不得人、并且对身体有严重危害的行为。受这种观念潜移默化的影响，有自慰行为的青少年一般都比较隐蔽，想"戒掉"又控制不住自己，也不敢和父母讲，只能自己苦苦的挣扎，每每过后，非常自责，认为自己道德败坏，常常会由此造成焦虑，产生强烈的恐惧心理、犯罪感、精神压力，以至于在同学、家人面前抬不起头，会使孩子形成对性的羞耻感与罪恶感，影响孩子今后的生活，甚至更严重的会发展到自残、自杀。

当孩子出现性自慰行为时，不要惊慌，更不要训斥、打骂，应该给孩子正确的性引导，父母要明确地告诉孩子性器官和自己身体的其他器官比如眼睛、耳朵一样，要爱护，要讲究卫生，不应该用不干净的东西碰它，更不能去伤害它。或者不动声色，想办法转移孩子的注意力，使孩子在有意义的游戏活动中，在美丽的大自然里体验美好的生活。同时家长要培养孩子良好的作息习惯，按时睡觉、起床，加强体育锻炼，鼓励孩子多与同伴交往，建立多方面兴趣，使课余时间充实。

家长朋友，性自慰能让青春期的性冲动释放出来，减少进一步的性冒险，甚至犯罪，目前国内外都认为这是一种自然的、正常的、健康的行为。但有意识地放纵自己，过分追求性自慰的快感，则对人有害而无益。家长要适时加以正确引导、教育。

> 孩子性自慰并不可怕，可怕的是家长不正确的态度。

十四、性的自我保护从何说起？

案例

中央电视台今日说法节目报道：某山村小学教师在教室讲台上利用讲台桌做掩护猥亵了多名小学生，而且进行了多年才被家长发现，此前没有一个孩子向家长诉说。这些孩子根本就没有性的自我保护意识，不知道保护自己。

性的自我保护教育越早越好。孩子只要能听懂大人说的话，就应该给孩子一些性知识，告诉孩子她（他）身体上的哪些地方属于自己的隐私部位，比如女孩的乳房、阴部、臀部，男孩的阴茎、阴囊、臀部等地方，属于自己的隐私部位。概括地说，游泳衣遮挡的部分就是人身体的隐私部位，不能随便让别人抚摸、观看，在医生的诊室就诊时也要有家长陪同。

性的自我保护教育不是一次就能完成，而是要循序渐进。不同年龄的孩子对性知识接受的程度不一样，所以需要分为不同的年龄阶段进行性的自我保护教育，其内容要适应孩子的年龄特点。随着孩子的逐渐长大，所处环境的变化，性的自我保护内容也应在原来的基础上逐渐加深。这样才有可能为孩子性的自我保护意识和能力提高建立正确、牢固的基础。

当孩子长大一些，特别是开始上幼儿园、上小学，要脱离家长的视线，自己独立面对其他人时，家长要告诉孩子（不仅仅是女孩，男孩也要告诉）一些要注意的问题，比如告诉上幼儿园、小学的孩子不要坐在老师特别是异性成年人的腿上，不要让别人抚摸自己的身体。告诉小学高年级及初中的孩子与人接触特别是与异性的成年人接触时，要保持适当的身体距离，尽量不要单独与异性在一起；非要在一起时，要保持一定的身体距离，打开房间门，不要到偏僻的地方及灯光昏暗的地方。当与熟人、老师、长辈接触时，不管是谁，当对方的言语、眼神、动作等让你感到身心不舒服时，要明确表示讨厌，告诉孩子如果遇到不安全的情境，不需要听从大人的话，可以拒绝，并及时远离。告诉上学的孩子不要去老师的宿舍里接受单独辅导及谈话。

同伴交往时发现对方有不良企图时，要态度明确、坚决地予以拒绝，特别是第一次，一定不可有丝毫的犹豫，不给对方一点希望，不管对方是谁。教孩子相信自己的直觉，觉得不对劲，就快速离开，并请求帮助。如果在人际交往中，发现对方喜欢用低俗的语言、暧昧的举止，要及时远离。

告诉孩子要自尊、自爱、自强。不要贪小便宜。在公共场合语言、举止要得体、大方，不穿过分暴露、奇异的服装，特别是单独与异性交往时，否则会起到暗示作用。

告诉学龄儿童，他们不适宜去建筑工地、歌厅这些场所。放学后按回家路线组队、结伴同行。

告诉孩子遇到被别人侵害危险时要想办法跑开，并告诉孩子如何求助。例如跑到人多的地方。一定要不断地向孩子强调一些防止性侵害的新的、更成熟的办法。让孩子知道，如果发生了什么让他们不舒服的事情，如果有他们不喜欢或不舒服的触摸发生，他们应该立即告诉父母。

家长如果要把孩子特别是小孩子托付给他人照看，一定要花点时间去了解那个家庭的情况，并要孩子告诉你，你不在时他们都做了些什么。

家长需要注意，性的自我保护意识和能力对孩子非常重要，男孩和女孩都要进行性的自我保护教育。不过家长给孩子性的自我保护教育一定要恰当，不能吓着孩子，使他们不敢与人交往。

> 重视培养孩子性的自我保护能力，加强孩子性的自我保护意识是家长的责任。

十五、怎样让孩子懂得珍惜生命？

案例

据中央电视台今日说法报道：某少年由于痴迷于网络游戏不能自拔，一天从自家出门，坐上电梯直奔12层，从楼上坠楼身亡。又有报道北京小学四年级男生小金，因为给班上一名女生写纸条，被老师发现并遭到批评，一时想不开在家中服毒自杀。上海学生小凡初一生活的第二天上午7：40，父母让他穿上整齐的校服，系上红领巾去上学。随后，父亲到楼下推自行车，等他下楼上学，母亲也走到了楼下打算上班。就在此时，小凡竟然从6楼的阳台上一跃而出，结束了自己年轻的生命。

如此低龄的孩子为什么选择结束自己的生命呢？现在的孩子多是独生子女，家长视为掌上明珠，从小对孩子给予极大的物质满足，一些家长只要孩子高兴，什么事情都依着孩子、顺着孩子，逐渐使孩子任性、脆弱、以自我为中心，习惯于别人为他们着想，而从来不考虑别人的感受，他们在选择结束生命的时候，也不会考虑到父母的感受，更不会理解父母的那份悲伤、绝望。11岁左右的孩子，是一个自我意识萌发的阶段，有一些孩子，非常在乎别人对自己的看法，希望自己独立处理事情，但由于自身能力有限往往无法达到自己所要的目标。这些孩子缺少交流，不愿把心里话讲出来，当现实与自己的想象目标不符时，或者遇到自己无法解决的问题时，就会产生许多消极的心理情绪，有的孩子甚至为了逃避现实就选择了自我放弃生命。

父母对孩子的生命教育要从小入手，从小事入手，从他们熟悉的生活入手。

低龄的孩子家长可以和孩子一起观察植物或动物，或者和孩子一起种植花草或饲养小动物，在观察生物生命的过程中，体会生命从小长大焕发出来的生机，体会生命的美好、生命的意义，知道生命只有一次，死亡后不能复生。

大一些的孩子，家长要进行生殖教育，告诉孩子妈妈十月怀胎孕育生命的经历，使孩子理解生命诞生过程中妈妈付出的辛苦，学会感恩，珍惜自己生命。

对孩子不要回避死亡一类的"敏感"话题，特别是遇到孩子熟知的人死亡，要让孩子知道人死了之后亲人会悲伤的，人死不能复生，进一步明确生命只有一次，失去了就不会重来，要学会珍爱。

日常生活中多给孩子一些快乐的生活体验，使孩子在欢笑声中渐渐明白生命的美好、生命的价值。当孩子遇到困难时，鼓励、帮助孩子克服，并培养孩子良好的心理素质和自控能力。另外让孩子多接触一些与困难、疾病、灾难等顽强抗争的事例，从中体会生命的珍贵，使他们体会困难是可以克服的，而生命只有一次。

进入青春期的孩子敏感、易冲动。冲动会使孩子做事不考虑后果。因此，家长要学会倾听孩子的心声，理解孩子，耐心教育孩子，尊重孩子，避免和孩子发生强烈的冲突，以免孩子在冲动的状态下轻生。

> 只有让孩子们深刻认识了生命的意义，他们才能懂得尊重生命、珍惜生命。

十六、如何使男孩和女孩理解月经
初潮对女孩一生的意义？

案例

　　上小学四年级的小男孩刘卓成委屈地对妈妈说："体育老师有偏向，这么热的天，逼着我们跑步，女生就可以不参加跑步？"

　　妈妈问：女生都不跑吗？

　　刘卓成：不是，只有李佳不跑，老师说她例假可以不参加跑步。我们几个男生问什么是例假，为什么例假就可以不上体育课，怎样请例假？可老师说我们捣乱，还罚我们几个男生统统站出来。

　　妈妈一听，明白了是怎么回事，就问儿子："你说，男生跟女生有区别吗？"

　　儿子点点头说："有区别的。"

　　妈妈说："例假是女孩特有的生理现象，叫月经。"

　　妈妈给儿子讲了月经是怎么回事。

　　儿子听了以后说："怪不得女生那么容易生病呢！"

　　月经初潮是指女孩第一次月经。这时女孩生殖系统还未发育成熟，卵巢还不能进行周期性排卵，子宫内膜的脱落即月经也不规律，虽已出现初潮，但是还不具有生殖机能，往往半年至一年后月经才能规律，生殖系统发育才趋于成熟。月经初潮多发生在春、夏季，月经初潮是孩子性生理发育的巨变期，会给孩子心理造成一定影响，在这个时期他们非常需要来自父母在生理和心理方面的指导和帮助，帮助孩子理解月经初潮对女孩一生的意义，使孩子顺利度过青春期。

　　月经初潮是女孩人生中的一个重大事件，会促使女孩强烈地意识到自己与男性具有性别差异，会意识到自己长大了。作为父母，对孩子发育过程中出现的现象，不要遮遮掩掩，要让孩子知道月经初潮意味着女孩的生殖系统即将发育成熟、具有生殖能力。一般来说女孩在 11、12 岁左右月经初潮。来月经时，血液会从子宫通过阴道流出。女性的子宫壁上有一层充满营养血液的内膜，如果女性怀孕了，受精卵就会在这层壁上着床，开始培育婴儿，这时女性停止月经，直到婴儿出生。如果女性没有怀孕，这层内膜就会脱落，大约每过 28 天，就会以经血的形式通过阴道流出体外，失血很快得到补充，对健康没有损害。在月经过后，子宫内膜又开始生长，于是，新的周期又开始了。月经这个过程会贯穿女性的大半生，直到绝经为止。月经是女性身体健康成长过程的必然现象。

家长要告诉男孩、女孩，精卵结合使女性受孕，一旦怀孕，月经停止，月经是女性性成熟与未受孕的标志。有些女孩欠缺这方面知识，比如，有些孩子以为和异性拥抱、接吻后就会怀孕，因此，在她们与异性孩子接吻后，担心自己真的怀孕了，无知使自己陷入无谓的苦恼中，搞得痛苦不堪。更可悲的是，有些女孩子不知道什么是怀孕就怀孕了，怀孕之后又不知道及时请求大人的帮助，以至延误了及时的补救时机，给自己的身心带来创伤。

要让男孩、女孩知道月经初潮后，就有怀孕的可能，男孩女孩们懂得了相关知识，就可能更理智地保护好自己。孩子们消除了神秘感、好奇心，增强了对性冲动的免疫力，控制好自己的性冲动，顺利度过"危险期"，为今后的恋爱、婚姻打下良好的基础。

对女孩来说，月经初潮是她走向成熟和进入青春期的标志，在这个时期，女孩子从生理到心理都会发生一系列重要的变化，需要家长的关怀、指导和帮助。告诉孩子月经的意义，让孩子逐渐体会长大的感觉，正确认识不同发育时期身体的变化，认同作为女人的特殊生理现象，为今后做幸福的女人打下良好的基础。而女孩月经初潮的年龄也是男孩身体开始快速发育的阶段，让男孩了解女孩的月经初潮对女孩一生的意义也有利于男孩的身心健康发展。

> 父母帮助孩子理解月经初潮对女孩一生的意义，会使孩子更幸福。

十七、如何使男孩和女孩理解遗精对男孩一生的影响？

案例

    妈妈发现小刚近日总是精神萎靡不振，吃完晚饭，把房间门一关，就开始上网，老师也反应小刚上课注意力也不集中。原来小刚天天上网聊天或者看一些视频、图片，造成频繁遗精，致使神经衰弱，睡不好觉，影响了正常学习。

女孩一般对男孩的生理现象知道的少一些，特别是遗精。因为遗精尤其是首次遗精多是在睡梦中不易察觉的情况下出现的，女孩如果不阅读一些书籍或者查询有关材料，一般不太了解，家长可以在给女孩讲有关月经时告诉女孩男孩的遗精与女孩的月经一样，是男孩生殖器官发育成熟的表现，是性成熟的标志，男孩开始遗精意味着其生育功能的具备而成为生理意义上的成熟男人了。

现在男孩初次遗精的年龄一般是 14 岁左右，女孩月经初潮年龄一般是 11～13 岁，他们这时已经具有了一定的性知识，应该使男孩和女孩知道遗精的生理机制，告诉他们进入青春期发育后，生殖系统逐渐发育成熟，睾丸产生的精子与其他性器官的分泌液混合而成的精液，在性欲冲动或生殖器受到外界刺激后，精液会不自觉地排出体外，这就是遗精。当生殖器官发育成熟，睾丸产生了精子，已婚男子可以通过性生活及时将精子排出，而未成年人产生的精子就会在体内储存起来，达到一定量后，就会被身体吸收，或者通过遗精的方式排出体外。告诉男孩和女孩遗精是把体内产生的精液释放出来，遗精后，即释放了性紧张也为新产生的精子提供了生存空间，是一种正常的生理现象。

出现遗精说明生理上具备了生育功能，说明男孩性生理发育正常，性器官发育健康。告诉男孩要正确对待遗精，一般来说，身体健康的男孩，每月遗精三次至五次，甚至稍多一些，不是什么异常现象，对身体没有大碍，完全没有必要对遗精恐慌；相反，遗精标志着男孩逐渐走向成熟，性生理走向正常，是一件值得祝贺的事情。

当男孩出现遗精主动咨询有关遗精的问题时，家长一定要告诉孩子：如果对遗精充满错误认识，情绪高度紧张，认为遗精有损身体健康，可能会造成性冷淡、性无能、异性交往恐惧等身心疾患，严重影响今后的婚姻生活。但是如果遗精过于频繁，比如每天都有或每周数次，可能会导致体质下降，神经衰弱等症状，还会伴有焦虑不安、情绪紧张等现象，若羞于启齿、讳疾忌医，可能会给身心健康带来更大危害，影响日后生活。避免频繁遗精主要是要建立起正常的生活规律，睡眠时衣裤宽松，避免阴茎受压，不贪睡，睡醒后马上起床。多吃蔬菜水果，注意肉类不要摄入过多。注意性器官的卫生，经常清洗阴茎，去除包皮垢，经常更换内裤。包茎、包皮过长者要及时手术治疗。其次是要节制手淫，手淫过度也易引起遗精，避免过多的性刺激。当男孩和女孩理解了遗精对男孩一生的影响，知道了男孩出现遗精说明性生理发育趋于成熟，有利于孩子正确对待性冲动，讲究性道德，避免出现性过错。

> 围堰与筑坝的区别在于一个是疏一个是堵，疏使情感一样的水更加流畅，堵将情绪一样的水，最终冲毁堤坝。

十八、为什么说知性孩子更健康？

男孩子小强近日总是关在卫生间里长时间不出来，父母感到很是奇怪。原来在学校厕所里几个高年级同学比谁的阴茎大、谁的阴茎长，一旁的小强发现自己的阴茎比别人的小，从那时起他就开始怀疑自己的阴茎有问题，整天想这个问题，一有机会就到卫生间去看，又不敢问家长，终日疑虑重重。

孩子在生长发育过程中，会遇到许多与性有关的问题。家长越早对孩子进行性知识教育，对孩子的成长越有利。

知性的孩子利于感激父母、珍惜生命。当孩子很小的时候知道了"我是从哪里来的"，就会感激父母给了生命，孝敬父母，有一颗爱心，懂得关心别人。如果告诉孩子是捡来的，孩子内心深处可能会感到恐惧，长大后会有受欺骗的感觉。

知性的孩子利于悦纳自己、认同性别角色。知性才能建立、形成健康的性心理，而性心理的健康发展，将是孩子成人之后健全幸福生活的重要基础。比如孩子从小有正确的性别认识，认可自身性别，就可以消除羞耻感、罪恶感、厌恶感和肮脏感，用纯真的、自然的、审美的态度来认识和接纳自己的身体，心理上理解性别的概念，理解自己在社会行为中扮演相应的性别角色。

知性利于孩子正确对待身体变化，拥有健康的性心理。比如男孩的遗精、女孩的月经、乳房的发育等，男孩、女孩身体的变化会对孩子身心产生巨大的影响。当孩子对相关知识有所了解时，会减少性神秘感，能把主要精力用在学习上。孩子对性有更正确的认识，可减少其自行摸索的挫折，也可以避免孩子自行摸索时所发生的错误。孩子知道了自己的生理变化会带来相应的心理变化，会提前调节，控制自己的情绪，考虑一下怎样做会更好，不会或者减少"老对父母发脾气"的现象，心态平和、健康地成长。相反，如果孩子对身体发育过程中的相关性生理、性心理知识不了解，又羞于问父母，认为自己得了什么病或者道德品质败坏，担忧、自卑、害怕、羞愧、恐慌和自责，终日萎靡不振，会严重影响他们的身心健康。

知性利于孩子保护自己。当孩子了解了月经、遗精等生理现象对女孩、男孩一生的意义后，他们能很好地做好卫生保健，为今后的婚姻生活打下良好的基础。我们从少女因性无知而造成的怀孕和流产事例来看，性的无知已经对很多少女造成了严重的、有的甚至是终生无法弥补的损害，比如因人流过度刮宫而造成的终身不育。由于对青春期性发育的无知，也给数以万计的青少年造成性方面的精神性疾病。有的孩子因觉得自己的性发育不正常而忧虑成疾；有的孩子因受到过性虐待而终生对性抱有恐惧心理。而知性的孩子就可以避免或者减少上述现象的发生。

知性的孩子能尊重自己、也能尊重异性。他们对于人体、对于人的自然需要有正确的认识。能够进行正常的异性交往，女孩自重，男孩也知道尊重女孩。他们知道：长大成人是可喜可贺的；性是正常自然的；爱情是珍贵的；性爱是美好的；人是要负责任的。

知性的孩子会更好地用性道德准则来约束自己，能更好地明辨是非，正确对待自己的生长发育，坦然欣喜地接受自己的生理变化。

知识是引导人生的光明与真实境界的灯烛，愚昧是达到光明与真实境界的障碍，也是人生发展的障碍。

——李大钊

十九、艾滋病离孩子有多远？

看着同龄的小朋友都背着书包去上学了，七岁的小姑娘问妈妈："妈妈，我为什么不能去上学？"

妈妈："学校不要你。"

孩子："为什么不要我呢？"

妈妈："因为你生病了。"

孩子："那李阿姨家的姐姐有病为什么能上学？"

妈妈："她得的是感冒。"

孩子："那我得的是什么病？为什么我得的病就不能上学？"

妈妈看着孩子，止不住眼泪哗哗地往下流："孩子，你得的是艾滋病。"

孩子："妈妈，什么是艾滋病？得了艾滋病为什么就不能上学？我是怎么得的艾滋病？"

妈妈："妈妈、爸爸对不起你。"

原来小姑娘从小体弱多病，曾在乡镇卫生院输过两次血，也不知是哪一次，感染了艾滋病病毒。附近的小学都不敢收她，害怕其他学生家长有意见。

艾滋病是由艾滋病病毒感染所引起的一种人类获得性免疫缺陷综合症，它是由人类免疫缺陷病毒（HIV）引起的一种严重的传染病，人一旦感染就成为终身携带病毒者。艾滋病病人已经出现了明显的临床症状，而艾滋病病毒感染者还没有出现明显的临床症状，外表看起来跟健康人一样，这一时期叫做潜伏期，艾滋病病毒在人体内的潜伏期长短不一，潜伏期半年到12年不等，少数可达20年以上。感染者一旦发病，就会很快死亡。目前虽然全世界众多医学研究人员付出了巨大的努力，但至今尚未研制出根治艾滋病的特效药物，也没有可用于预防的有效疫苗。

艾滋病病毒主要是通过性接触（对小学高年级孩子可以讲性行为）、毒品注射、通过输血及被污染的血液制品（浓缩血细胞、血小板、冷冻新鲜血浆）和病人用过而未彻底消毒的注射器等途径来传播的，该病毒也可以通过母亲的胎盘、产道和哺乳方式传播给胎儿。

使孩子远离艾滋病，孩子的父母就要洁身自好，计划怀孕时，一定要做身体检查，特别是血液检查，进行艾滋病筛查，事先就对未来孩子负责。

孩子生病时应避免不必要的输血，必须输血时，一定要到正规医院，用正规血源，所输血液应是经过检查合格的。输液前对血液进行检查，认真查看血液记录，有疑问的血液一定要慎用。曾有报道，一位农村的男孩，不小心坐在了放在凳子上的剪子上造成大出血，到医院输血时感染了艾滋病病毒。值得欣慰的是现在人们已经认识到这个问题，所以因为输血而感染艾滋病病毒的几率已越来越小了。

孩子洗牙、矫正牙、给耳穿孔等有可能出现创伤的行为要特别谨慎。

艾滋病虽然对人类危害极大，但并不可怕，完全可以预防。家长要培养孩子不与他人共用毛巾、牙刷、浴巾等良好的卫生习惯，孩子用的物品要适时消毒，艾滋病病毒在外界抵抗力较弱，比乙型肝炎病毒的抵抗力低得多，所以，使用对乙肝病毒的消毒和灭活方法完全可以对付艾滋病病毒。艾滋病病毒有不耐酸、较耐碱、对紫外线不敏感等特点，酒精对其有较好的灭活作用。另外，据研究蚊虫是不会传染艾滋病病毒的。

每年的 12 月 1 日是世界艾滋病日。家长可借此机会让孩子接受艾滋病宣传知识教育，让您的孩子远离艾滋病。

> 疾病并不可怕，可怕的是人们的无知与偏见。

二十、如何指导孩子面对社会的性信息？

案例

　　一家人正坐在电视机前观看电视剧，剧中男主人公把女主角抱到床上，镜头中男女主人公慢慢躺下，镜头移开，坐在一边的 10 岁女孩突然说：妈妈，他们要做爱了。父母惊愕地看着女儿，一时不知说什么好。

现在影视作品中接吻、床上戏越来越多，年纪小的孩子容易好奇，也容易模仿。这只是孩子获得社会性信息的途径之一，而且可以公映的影视作品都经过国家审查，过分暴露的镜头毕竟还不多。

随着社会发展，除了电视，现在孩子获取性信息的渠道越来越多，而网络是许多孩子获取性信息的主要渠道。现在网吧遍布城乡，城市家庭普遍有上网条件，很多孩子都会上网。在网上图片暴露、言语大胆的广告很多，虽然国家加大了对网站的监管，但是不健康网站还是层出不穷，孩子轻易就可以在网上看到有关性的图片、内容、视频、电影，还有一些孩子会从电视、报纸杂志、同学、朋友等渠道获得性知识。而从家长、学校获取的性知识非常有限。

孩子面对社会的性信息会出现不同的反应：年龄小一点的孩子容易产生好奇，常常没有顾忌地向父母发问。而大一点的孩子特别是青春期的孩子，则深沉得多，他们很少主动问家长，有了问题他们经常采取与同伴交流或上网寻找答案的方式，但是细心的家长会从孩子好奇的眼神或反常的举动中发现问题，这更让父母担心。

对于年龄小的孩子当他们主动询问性问题时，家长要不失时机地用孩子能理解和接受的语言及方式正确回答孩子的问题，而且要澄清孩子从社会途径获取的一些被歪曲了的性信息。而对于接近青春期或者青春期的孩子，家长首先要信任孩子、尊重孩子，使孩子愿意与家长进行沟通、交流，然后家长要了解孩子通过社会所获得的性信息，对不良性信息适时地加以指导和纠正，使孩子明白社会上的性信息有一些是不正确的，是娱乐的或者是消极的，甚至是不健康的，要学会辨别，教孩子怎样对待文艺作品中的性描写。告诉孩子特别是一些宣扬色情暴力的不健康性信息会诱发模仿或尝试的冲动，对他们的健康成长会造成很大的威胁，要学会抵制和拒绝。

家长要告诉孩子不但要接受青春期发育过程中生理、心理变化的性信息，而且在性问题上要树立责任感，知道怎样保护自己身体，怎样处理自己的感情。

随着网络、电视、报纸杂志等大众传媒传播性信息的优势越来越不可抗拒，正确指导孩子面对社会的性信息就显得更为紧迫，在教育中"堵"是没有出路的，"疏"才是有效的选择。家长朋友们，为了孩子身心健康的成长，指导孩子正确面对社会的性信息。

> 有德行人的首要条件就是清醒的头脑和敏锐的目光。
>
> ——葛德文

第 五 篇

学 习 指 导

　　进入小学，学习成为孩子的主导活动。小学阶段是孩子学习的启蒙阶段，是孩子学习方法与学习习惯养成的奠基时期。如果这个阶段能够激发孩子的求知欲，帮助孩子掌握正确的学习方法，积极培养孩子自觉主动、认真踏实等良好的学习习惯，那么，孩子在以后的学习道路上就会顺利得多。反之，如果孩子没有养成良好的学习习惯，将会影响孩子未来的学习生活。因此，正确引导孩子爱学习、会学习是小学生家长的重要任务。

一、选择学校什么最重要？

　　孩子升入幼儿园大班，许多家长就开始筹划孩子上小学的事了。其中最令家长们犯愁的莫过于给孩子选择学校。在家长的印象中，自己小时候上小学是一件非常简单的事情——家长领着到离家最近的某个小学报个名，让老师们检测一下，没什么问题开学就背着书包到学校上课去了。一切那么简单！现在可不同了，明明妈妈的观点反映出很多家长的心态："上小学在孩子的成长中是件大事，我就这么一个孩子，绝不能让他输在起跑线上，一定要给孩子选个好学校！"但对于选什么样的学校，怎样选，每个人的理解却大相径庭：有人说要选名校，有人说选离家近的；有人说要选教师素质高的学校；还有人说要选适合孩子的……这么多的选择，哪个都有道理，真是让没有经验的家长犯了难。又到底选哪个？

　　帮孩子选学校是很多家长在孩子上学前要做的一个比较重要的抉择，这个抉择在一定程度上会影响孩子今后的发展。做决定前，家长应清楚小学教育在孩子成长中的作用。

　　小学教育是我国义务教育的重要组成部分，是少年儿童接受系统文化教育的奠基阶段，在人生发展中有着至关重要的基础性作用。小学教育除了要向全体儿童进行最基本的知识、技能教育外，更为重要的是要帮助他们学会如何做人，奠定学习、生活和进一步发展的基础。小学阶段是人的智力、个性及社会性发展的最佳时期，这时的孩子具有好奇心强、好模仿、分辨能力差等特点，因此学校环境对他们发展的影响非常大。许多家长都能意识到这一点，都希望给孩子选个好学校。在帮孩子选择小学时，家长既要考虑学校的情况，又要考虑家庭和孩子自身的情况。

　　对于学校方面，家长可以从以下几方面进行考量。

　　第一，学校的办学理念及办学特色。

　　办学理念是学校领导、教师等对教育及其价值的认识，它决定了一所学校的发展方向。虽然我国基础教育课程改革大力提倡和推进的是以促进学生个性全面、和谐发展为本的素质教育，但有些学校领导、老师对此的理解还不很到位，依然按照传统应试教育的方式、方法教育学生，致使孩子的负担很重。因此，了解学校的办学理念是至关重要的，它决定着孩子在今后的学校生活中能否充分享受学习的乐趣，积极主动地学习，健康快乐地成长。判定一个学校的办学理念，最重要的是看学校是否真正以学生发展为本，学生是否感受到学校生活的快乐。

办学特色是一个学校所独有的，与其他学校不同的办学理念、模式、特点的综合体现。如有的小学是艺术特色校，学校里有乐团、歌舞团等，有的学校是科技特色校，学校成立了机器人小组、海模、航模小组等。

家长只要留意观察一下学校里的老师、同学的精神面貌，询问一下在校的学生是否喜欢学校、喜欢上课学习，从孩子们的回答中就可以找到答案。至于学校特色，家长可以登录学校网站或向负责招生的老师打听即可。

第二，学校的校风。

校风就是一个学校的风气、氛围，它对孩子的行为起着潜移默化的影响。如果学校校风淳朴，教师爱岗敬业，有爱心、有耐心，尊重每一个孩子，学生之间能团结互助，积极向上……这种和谐、宽容、向上的氛围可以使这些刚刚进入小学的孩子产生安全感，有利于他们适应新环境，迅速地融入到集体生活中。

家长可以通过观察学校的环境、师生的言行，或通过咨询一些在校生家长，就可以基本判断出学校校风如何。

第三，学校的师资力量。

学校的师资力量是一个学校办学质量好坏的关键，也是父母在为孩子选择学校时最需要考虑的因素。正如一些有经验的家长所说的："选学校不如选老师"。是老师每天和孩子们亲密接触，通过自己的言行实践着学校的办学理念，于谆谆教诲或潜移默化中指引着孩子学习、成长。

要了解学校的师资力量，家长一方面可以通过登录学校的网页，查找教师团队的相关信息，也可以通过与在校学生的父母交流，增加了解。

第四，学校的办学设施。

办学设施包括学校的面积、教室面积、操场面积，实验室、语音室、计算机教室、图书室的情况，音乐、体育、美术器材等的情况、学校的师生比、班级规模等。近年来，随着基础教育改革的不断深化，许多地区采取了多种措施调整小学教育布局，整合教育资源，实施达标工程，推进均衡教育的发展，目前在硬件、办学设施方面学校之间的差异正日益缩小。

家长可通过参观学校获取学校硬件建设方面的情况。但需要注意的是，小学低年级学生爱玩爱动，正处于身体发育的快速成长期。如果学校的面积，特别是操场的面积，不能够满足孩子正常的活动需求，会在一定程度上影响孩子的身体发育。另外，家长还要注意一下学校的班级规模，一般班级的人数若过多，教师对每个学生的关注势必会减少。这一点尤其要引起那些适应能力不是很强的孩子的家长注意。

第五，学校的其他特点。

从办学所有权的角度考虑，学校有公立学校与私立学校之分。

公立学校是由政府投资的教育机构，目前各地的小学校中大部分是公立学校。由于小学是义务教育的基础阶段，所以帮孩子选择户籍所在地的公立小学，一般是免试入学，而且花费的费用也比较少。

私立学校也叫民办学校，是由企业或个人等出资筹办的，在小学中所占的比例不

多，学校的历史也比较短。私立学校一般硬件设施比较好，选择时不受户籍限制，但收费也比较高。

从学校是否提供住宿条件上看，可分为走读校与住宿校。

大部分的小学校是走读学校，选择这些学校，家长每天都可以看到孩子，可随时了解孩子学习、生活的基本情况，有针对性地帮助孩子适应学校的生活。但是选择走读校，家长也必须要考虑到每天接送孩子的问题。选择住宿学校虽然不必考虑每日孩子的接送，但是家长必须要考虑孩子的独立性及适应能力，与在家中几个大人关注一个孩子不同，住校生一般是一两个老师对几十个孩子，许多事情需要孩子自己处理，这对于独立性较差、适应较慢的孩子可能比较困难。此外，住宿校的费用比走读校也要高出许多。

从学校在公众心目中的影响力来看，可以有名校与普通校之分。

名校主要是指一些历史比较悠久，教学资源丰厚，办学质量较高，在社会上有较好口碑的学校。许多家长在给孩子选择学校的时候内心都有一种"名校情节"，认为只有上名校，孩子才能接受好的教育。其实并非绝对如此。名校固然在一些条件上优于普通校，具有较大的社会影响，但家长也应注意，一些名校的班级规模过大，学生间的竞争比较激烈，这些特点并不适合所有的孩子。

对于家庭方面，家长也需要考虑。

第一，家校距离。

对于刚入学的孩子，最好选择离家较近的学校就读。有些父母为了给孩子选择一个好学校，不顾路途遥远，其实这对孩子并不好。即使学校有校车接送，车程也不宜超过1小时。如果孩子睡眠不足，再经舟车劳顿，根本就打不起精神来上课。

第二，家庭条件。

不同的学校对家庭的人力、财力有不同的要求。公办小学与私立小学、走读校与住宿校、"对口"（户籍所在地）学校与"跨片"学校的收费有很大的差距，距离远的学校与距离近的学校家长与孩子所花费的精力与财力也相差很多。父母要根据自己实际的经济状况来做选择。

此外，家长也要考虑孩子自身的情况。

给孩子选择学校最重要的是要考虑自己孩子的特点。孩子的智力、交往能力、适应能力及兴趣爱好、个性特点等都是不同的。并非最好的学校就肯定最适合自己的孩子，比如对那些艺术特色学校、体育特色学校，父母应该根据孩子的实际情况来选择，切莫好高骛远。

除了上面三个方面，要想帮助孩子选择一个好学校，家长还应了解当下本地区小学招生的相关政策、规定，明确所选学校的报名要求、报名时间，入学测试时间、录取结果公布的时间等问题。一般小学招生的时间在每年的五月前后，如"跨片"择校，更需提前关注所选学校的招生信息，做好准备。

> 帮孩子选学校，"名"的、"贵"的并不重要，重要的是选"对"的——选择适合自己孩子的学校是最重要的！

二、孩子学习好的关键是什么？

案例

　　每个家长都希望孩子上学后学习好，小明的爸爸也不例外。这不，给孩子买了一堆复习指导书，每日一练什么的，每天督促小明放学回家练习。天天都要做题，孩子也不愿意。可爸爸说了："只有下工夫、肯吃苦才会有好成绩。"小明只好按爸爸说的做，可心里十分不乐意。

　　在很多家长的头脑中，孩子学习好就是考试成绩好。孩子考试分数高，家长就高兴，觉得孩子的学习不错。要想让孩子学习好，就要下工夫，多练、多记，把老师讲的都弄会了，自然成绩就好了，像案例中小明爸爸那样抓孩子学习的家长有很多。其实，家长的这些认识是欠妥的。

　　学习是小学生认识世界、建构自身经验的主要活动方式。学习不是简单的记住老师告诉的知识，而是通过孩子自己的思考，形成自己对这些知识、对世界的看法的过程。考试作为检测学生学习效果的一种手段，只是部分地反映了孩子学习的结果。考试分数高，不一定就是学得好。评价一个孩子学习好坏的更为关键的是孩子是否爱学、是否会学，这也就是老师们常说的孩子的学习兴趣和良好的学习习惯和方法。

　　当孩子主动选择一件事情沉浸其中并感受到高兴、快乐时，我们说孩子对这件事产生了兴趣。兴趣可使人主动去求知、去探索、去实践，并带给人愉快的情绪体验。对于上学的孩子而言，强烈的学习兴趣远比所得的几个百分重要，它会直接影响孩子今后的学习主动性，想想案例中的小明，家长为了让他考个高分，全然不顾孩子的感受，时间一长，孩子就会产生厌学情绪而逃避学习。要想培养孩子的学习兴趣，家长就要注意从入学之初就让孩子感受到学习的快乐，当孩子能流利的读课文了、又算出了一道难题、又掌握了一种新的方法、成绩又有进步时，一定不要吝啬您的赞扬，让孩子充分感受学习带来的快乐。需注意的是，家长一定要赞扬孩子在学习中的努力、进步，而不是赞扬其较高的分数。千万不要用成人的思维评价孩子："这有什么，当学生就该这样。"或者"美什么！还有比你更好的呢。"这种打击只会削弱孩子的学习兴趣。当孩子长大些时，可引导孩子从自身的成长中感受学习的乐趣，体会学习对于自身发展的价值，获得自我肯定，从而产生自主学习的动力。当孩子在学习上遇到困难时，如考试成绩不理想，家长要耐心，帮孩子找到问题，和孩子一起努力，并让孩子

体验进步。这样孩子就会爱学、乐学。

学习兴趣是学习的动力，孩子有兴趣了，愿意学了以后，还要会学习，即掌握学习的方法和策略，养成良好的学习习惯。学习习惯是学生在学习实践中逐渐形成的经常化的、自动化的行为方式。家长要了解并教给孩子一些基本的学习方法，让孩子在平时的学习中经常演练，并逐渐养成习惯，以提高孩子的学习效率。从家庭教育角度来看，培养孩子按时完成作业、认真复习预习、广泛的阅读书籍、独立学习、爱惜时间等好习惯对孩子的学习及个性的发展都具有重要作用，家长要高度关注。

> 兴趣是学习和求知最大的动力。
> 未来的文盲不再是不识字的人，而是不会学习的人。
>
> ——保罗·朗格朗

三、孩子上小学首先应该学会什么？

> 因为爸爸妈妈工作忙，冉冉从小被奶奶带回老家抚养，上学前才回到城里。虽然没有上过正式的幼儿园，冉冉在奶奶"非正式"的学前教育下也学会了数数，会认、会写很多字，和其他小朋友没有什么差别。孩子上一年级后，爸爸妈妈担心孩子"输在起跑线上"，利用课余和双休日的时间指导孩子把一年级的数学、语文和外语全部学了一遍，用四个月的时间学完了一年的课程。这下，爸爸妈妈心里踏实多了。

可能有很多家长像冉冉的爸爸妈妈那样，觉得孩子上小学就是学书本知识，书本上的知识都会了，孩子的学习就不成问题了。其实不然。小学是儿童发展的重要时期，小学的学习是人生的奠基工程，知识的学习只是其中的一部分内容。翻翻一年级的教材，没有太大的难度，绝大多数孩子都会像案例中的冉冉那样几个月突击学完。之所以这样安排是因为在孩子人生转折的重要时期，有比知识学习更重要的，那就是孩子良好习惯的养成和对环境变化的适应能力。因此，对于刚上小学的孩子，家长不要忙于给孩子补知识，而应配合小学老师一起培养孩子良好的学习习惯。家长可以从以下几方面入手来培养孩子的学习习惯。

第一，培养孩子按时完成作业的习惯。

从孩子一入学，家长就要给孩子立"规矩"——放学回家写完作业再做别的事情并随时检查，帮助孩子养成习惯。同时家长要提醒、督促孩子按照老师的要求写作业，爱惜时间，不拖拉。

第二，培养孩子复习、预习的习惯。

复习就是巩固所学知识的过程。低年级学生年龄小，对所学知识的理解、掌握不是一次就能完成的，需要反复重现。因此，家长一定要重视帮助孩子复习功课。家长可以让孩子通过"说、看、练"进行复习。说——说说今天在学校学习了什么，学会了什么；看——看看这些内容书上写了什么，看懂了什么？练——做些相关习题，在生活中应用、实践一下。指导孩子平时复习时要注意"瞻前顾后"，可把当天学习的内容和以前学的结合起来，采用"滚雪球"的方式。阶段复习时可采用综合的方式，要通过打乱内容顺序、变化复习方式帮助孩子形成对知识的整体认识。

预习是在课堂学习前提前看一看、初学一下。一般低年级孩子只要对所学内容有个大致了解即可。中、高年级学生需要做的工作会多一些，如找出自己不明白的内容，查找相关的资料等。家长只要督促孩子按照老师的要求预习即可。

第三，培养孩子独立自主的学习习惯。

独立自主的学习习惯是指孩子在学习中不等、不靠家长，自己能克服学习中遇到的各种困难，自觉、主动地学习。这一习惯是建立在学习责任感之上的。家长要在孩子入学之初就让孩子明白学习是他们自己的事，不是家长的事；学习不是给家长学，家长只是帮助他们而已。

孩子刚入学时，自觉性较差，自制力不强，在学习上还是需要家长帮扶的，如提示、督促孩子该做什么，如何去做等，但是家长一定注意做到"凡是孩子能做的我不做"，不要代替孩子做事，成为孩子的拐棍儿。待孩子大些后，家长要教给孩子学会用"计划表"、"记事本"、小闹钟等进行自我学习管理，真正做到"自己的事情自己打理"。

第四，培养孩子广泛获取信息的习惯。

现在的学习理念更强调孩子用自己的头脑思考问题，形成自己对问题的认识，而非简单的信息输入、贮存。孩子要形成自己对事物较为全面的认识需要多听、多看、多想。课内学习毕竟有限，特别是在"减负"背景下，孩子有很多课余时间，家长要指导孩子学会用各种途径获取信息，如听广播、看电视、阅读书报、网上浏览、与他人聊天等，其中培养孩子广泛的阅读习惯所受限制较少，更适合小学生。家长可以定期给孩子购买或提供一些适合孩子特点的、图文并茂的儿童读物指导孩子阅读，以帮助孩子扩大视野、激发学习兴趣、培养学习主动性。

第五，培养孩子勤于思考，敢于质疑问难，敢于表达自己见解的习惯。

学习就是思考的过程。家长要注意培养孩子凡事都要问"为什么"的思维品质，鼓励孩子深入探究事物。小学生的好奇心强，内心里都充满着问题。对于孩子提出的问题，家长要耐心倾听，无论什么问题都不取笑、不打击孩子，并引导孩子通过自己的努力获取答案。家长还要鼓励孩子大胆说出自己的想法与见解，学会与他人分享经验，并通过与他人交流完善自己的认识。

在孩子入学之初帮孩子养成与学习有关的良好习惯，孩子将终身受益。

四、孩子不爱学习怎么办？

　　彬彬刚上学时学习成绩还不错。但二年级时班里换了一位年轻的班主任，彬彬不太喜欢新来的老师，学习成绩也慢慢地跌落到了中下等，他开始不喜欢学习了。上课他常常走神儿，课堂作业总是在老师的催促下完成，放学回家彬彬从不主动写作业，只有家长看管时才写。看到孩子成绩这么差，妈妈非常着急，又是讲道理，又是每天陪着他学，可效果并不明显。

　　从案例中所描述的彬彬的表现——上课走神儿、不专心听讲，不做作业，只要和学习有关的事情大多需要老师、家长看管等，我们可以看出，彬彬已经对学习失去兴趣，不爱学习了。

　　生活中有一些孩子像彬彬这样，对学习没有热情，提不起精神，不愿提学习，比较烦；上课坐在教室里，但不知道老师在讲什么；课下不爱写作业，老师、家长推一推，孩子就动一动，完全是给老师、家长学，非常被动，自然成绩也不理想。家长常常很郁闷："孩子除了学习不灵其他都很灵，也不笨怎么就学不好呢？"其实孩子学不好的原因有很多，像彬彬这样不爱学习是最主要的原因。

　　喜爱是一种积极情感，是推动人行动的力量。孩子不爱学习有很多因素导致。小学生的学习不再像幼儿园那样简单、趣味性强、要求宽松，小学生学习的内容多而复杂，更为枯燥且具有强制性，要求孩子要付出更多的努力，缺乏心理准备的孩子就会觉得没意思，出现不爱学习的现象。再有低年级小学生的情感不稳定，极易受环境影响，像案例中彬彬这样因为不喜欢某个老师，或者不喜欢学校环境、同学等也会导致孩子不喜欢学习。此外，孩子在学习中缺少成就感，看不到自己学习的价值，得不到老师、家长的肯定，也是孩子不喜欢学习的重要原因。

　　家长一旦发现孩子有上面列举的不爱学习的表现必须要引起关注，弄清其中的原因，并有针对性地加以引导。

　　首先，家长要让孩子明白学习是一个人成长所需的，是自己的事，帮助孩子树立学习责任感。孩子知道学习与自身的关系，明确为什么而学了，就会增强学习的主动性，就会慢慢喜欢学习。

　　其次，平日家长要注意加强与教师的联系，了解孩子在校的表现，并向教师介绍孩子的特点。在此基础上家长帮助孩子熟悉教师，尽快适应教师，做师生交往的润滑

216

剂。和谐的师生关系有助于扭转孩子不爱学习的状况。

最后，家长要经常鼓励、赞扬孩子，给孩子积极的、适当的期待。家长的鼓励与赞扬对低年级孩子非常重要，它能使孩子看到自己的付出所得，感受到学习的价值。家长要了解自己孩子的特点，给孩子积极的、适当的期待。家长对孩子不抱希望，听之任之，孩子没有一点压力也就没有学习的动力，不会对学习产生热情，不会爱学习；反之，家长过高的期待容易让孩子产生挫败感，从而丧失学习信心，厌倦学习。心理学的研究发现，经常体验到挫折，孩子就会产生"习得性无助感"，就会放弃努力。因此，家长不要盲目地把自己的孩子和别人家的孩子比较，要对孩子在学习中的进步充满期待，及时肯定孩子的努力与进步，让孩子体验学习中的成功，孩子就会越来越喜欢学习，在成长与进步中感受学习的快乐。

> 生活的目的不是努力获取成功，而是享受成功的过程。同样，学习的目的不是获取高分，而是享受学习中的快乐。家长应帮助孩子充分享受由不知到知、不会到会、不能到能的激动、欣喜的过程，让孩子爱学习，享受学习的乐趣！

五、孩子需要陪读吗？

案例

一位妈妈的话

自孩子上学以来，每天我和他爸爸都会轮流陪孩子写作业。如果不陪着，孩子就会玩，心根本就不会在作业上，磨磨蹭蹭，搞得很晚才能休息。有时老师会留听写、背诵作业，家长必须得帮孩子检查。还有的时候孩子有一些看不懂、不会做的题目，家长也得帮着解决。为了孩子的学习，没有办法只能陪着。

案例中的妈妈所描述的"孩子写作业，父母陪在身边"的现象对于家有学童的家庭是再正常不过的事了。中国社会科学院教育研究所的一项调查报告显示：当今中国，36.8%的家庭存在陪读现象。陪读，似乎是现在家长每天晚上必做的功课。

孩子上学，家长要不要陪读？要回答这个问题，先要明确家长陪读在做些什么？为什么要这样做。正如案例中家长所言，家长陪孩子学习无非是监督孩子认真写作业、帮助孩子解决作业中的问题、检查孩子是否按要求写作业了、是否写对了等。陪孩子学习"虽属无奈"但却是完全出于自愿。问及原因，家长会说，"让孩子快些写完作业"、"帮孩子做完、会做、做对作业"、"帮孩子在学习上取得好成绩"等。仔细分析家长的话，我们可以看到家长的出发点都是为了孩子，但家长关注的都是眼前的目标——作业的完成、作业成绩、考试成绩，而忽视了长远目标——孩子的成长、学习习惯的养成及学习能力的发展。

陪读确实给孩子的学习、生活带来一些方便和帮助，但副作用远远大于正面影响。陪读不利于培养孩子的学习自觉性和自律意识，不利于孩子学习习惯的养成和学习能力的发展，也会对教师的教学产生不利的影响。教师难以从家长改正过的作业中看到学生学习中的问题，这种假象会影响教师对孩子有针对性的引导，天长日久必然会影响孩子的学习。

因此，对于家长是否要陪孩子学习，我们的建议有以下几个方面。

第一，伴而不陪。让孩子知道家长永远都是孩子学习中的伙伴，当他们有需要时可以与家长一起探讨学习中的各种问题。但家长不可能总陪着他们身边，家长只是一个帮助者，支持者，学习是孩子自己要承担的责任，需要孩子学会独立思考，独立学习。

第二，适时退出。孩子刚入学时还没有养成良好的学习习惯，孩子的自觉性、自制力都较差。这时家长可以在孩子身边，从一字一句一题陪起，启发、诱导孩子思考，教给孩子一些有效的学习方法，指导、督促孩子在自己的学习中实践，待孩子逐步养成独立思考和自觉学习的习惯后，家长便可适当退出。当然，如果您的孩子学习习惯不好，在促其转变之初，较长一段时间的陪读还是必不可少的。

第三，只导不演。家长在指导孩子学习时一定要做导演，从宏观上把握孩子的发展方向，在关键点上给予指点，偶尔做个示范。其余则由孩子自主发挥，根据老师的要求创造性地把自己对学习内容的理解展示出来。无论什么时候家长都不能越权，不能代替孩子去说、去做。当孩子遇到困难时，家长只能引导、提示，不能全权代孩子去解决问题。

第四，放手与关心。辅导孩子时，家长在与孩子做好整体规划后要给孩子自主活动的时间、空间，充分相信孩子。放手是对孩子的信任，可以强化孩子的自信。放手要有个过程，低年级以帮扶为主，中、高年级可以放手。但放手并不意味着不闻不问，家长要关注孩子独自学习中的表现，并通过言语暗示、适时指导等方式让孩子能感受到父母的关注。

第五，家校配合，做好协管。在促进孩子学习、成长方面，教师可谓专业人员。家长要和老师多交流、多沟通，协助、配合老师，督促孩子养成良好的习惯和兴趣。

家长整天对孩子"盯、关、跟"，一上学就逼孩子，这样或许能让孩子赢在起跑线上，但绝对赢不了孩子的将来。

欲速则不达。

六、孩子放学回到家，一定要先写作业吗？

　　　　一个孩子的日记

　　　　妈妈要求我每天放学回家第一件事就是要把家庭作业做完。可前天晚上回家我却不想做，只想看电视，看着看着都忘记做作业了，等到快睡觉了，妈妈问我学了什么，我才想起作业还没有做，妈妈很生气。昨天我一回家，就有小朋友来找我玩，我又忘记妈妈的交代了，央求奶奶答应我玩一会就回家，奶奶同意了，结果我和小朋友一玩，又忘记回家写作业了，等妈妈下班回家，我还在别的小朋友家里玩，直到听到妈妈喊我的声音我才想起做作业。糟了！看来今天妈妈又要生气了。

　　上面的案例是一个孩子的日记，记载了自己没完成作业情况。从孩子的描述中可知，孩子知道放学回家要先写作业，但抵制不住外界的诱惑。如案例中好看的电视节目、同伴玩游戏的召唤等，由于看得开心、玩得忘乎所以，作业早就忘到九霄云外了。

　　大多数低年级的小学生都像案例中的孩子，他们的自觉性不强，自制力较差，易受环境诱惑、干扰，加之孩子的有意记忆水平不高，记忆的情绪性特征较强，所以孩子会很快忘记做作业，而全身心投入到眼前有趣的活动中。正因为如此，家长一定要让孩子放学做完作业再去玩。

　　让孩子养成做完作业再去玩的习惯有利于培养孩子的学习责任感。"回家先写作业"的意识就是让孩子清楚学习是目前生活中最重要的事情，最紧要的事情，必须要重视，要认真完成。只有做好这件事，才能再去做别的事情。这种意识的形成标志孩子学习责任感的建立，对于孩子今后自觉学习习惯及良好生活习惯的养成非常重要。

　　心理学的研究发现，人的遗忘规律是先快后慢的，及时复习可有效减少遗忘。孩子回家先复习、写作业，即在还没有发生大量遗忘之前就及时复习，这时对所学知识的保持效果是最好的。写完作业后休息、吃饭，饭后可以有充分的时间与父母讨论作业中的问题或做全面的复习、预习，这样的安排有利于孩子知识的掌握。

　　因此，家长一定要帮助孩子养成回家后先做作业的好习惯。刚开始时，家长每天要提醒、督促孩子。当孩子找出各种借口不愿先做作业时，家长要打破孩子侥幸心理，严格要求。一般孩子经过一两个月的训练，就可以养成习惯，就不用家长每天盯着了。当然，在训练中家长也要考虑孩子的特点及实际情况，如遇孩子身体确实不舒服，或学校因特殊原因放学较晚等情况时，可适当做些调整。如果孩子身体较弱，或家校距离较远，也可让孩子稍事休息后再写作业。

> 　　"回家后先写作业"看上去是一个小事，但养成这一习惯后，孩子就懂得了责任，知道了按轻重缓急做事，这不仅会影响孩子的学习，可能还会影响孩子今后的人生。
>
> 　　什么是教育？一句话，就是要养成良好的学习习惯。
>
> ——叶圣陶

七、孩子有不会做的作业怎么办？

案例

　　叶叶是三年级学生，妈妈在一家公司上班。临下班前，妈妈接到叶叶的"求助"电话：老师留的数学作业有不会做的题，要妈妈帮她想办法。妈妈连忙拿笔记录孩子的问题。题目不是孩子教材中的，妈妈看了看也不知从何入手，就去请教单位年轻的同事，几个人互相启发，终于在下班前帮孩子"搞定"。妈妈终于松了一口气："我家叶叶脑袋瓜挺聪明的，可就是不爱思考，一有问题就问我。要是不告诉她，她就生气。"

　　孩子在平时的学习中遇到问题不会做是很正常的现象，一般孩子都会向爸爸妈妈"求助"。这时，很多家长就会像案例中的叶叶妈妈一样"大显身手"，或自己苦思冥想，或求助于周围朋友，最终帮孩子解决问题。殊不知，这样做的结果是费力不讨好，时间一长，孩子就像叶叶一样会养成事事依赖家长，自己不动脑筋思考的坏习惯。

　　孩子作业有困难，有问题，家长不能简单训斥："怎么这么笨呀！这么简单的题都不会做。"或"这都不会？上课没听老师讲吗？"这些言语会打击孩子的自信，浇灭孩子质疑发问的愿望。家长应耐心倾听孩子的问题，并给予必要的帮助。

　　当孩子有不会做的作业，学习上有困难时，家长应该如何帮助孩子呢？

　　第一，家长要树立"帮而不替"的意识。即家长不替孩子做作业或亲自解决难题，而是鼓励孩子通过自己的努力解决问题，或提示、引导孩子，提高孩子自己动手动脑解决问题的能力。许多家长习惯于自己解题后告诉孩子先做什么，再做什么，直接将解题的过程告诉孩子，这样孩子就失去了思考的机会。家长应该提示、引导孩子明确问题是什么及解答问题的线索与方向，让孩子遇到类似问题时知道该如何思考。"授人以鱼，不如授人以渔"，道理每个家长都懂，但需要具体实践。

　　第二，适当允许孩子作业留空白。有些时候孩子自己思考后还是不会写，家长也不必非要给孩子讲明白甚至替孩子完成，可以让孩子会多少写多少，不明白的地方向老师请教。这样既锻炼了孩子与老师的交流，也便于老师了解孩子真实的学习状况、存在的问题，可以有针对性地加以指导。

第三，教孩子学会利用其他途径解决问题。家长要让孩子掌握更多的解决问题的途径和方法。没有人什么都会，什么全懂的，关键是知道到哪儿或借助什么力量可以让自己弄懂学会。家长要让孩子知道，除了问父母外，还可以利用很多资源来解决问题，如查工具书、利用网络、求助老师、同学等，鼓励孩子运用多种方法解决问题。

第四，家长要学会从孩子不会做的作业中分析孩子的学习状况。对于孩子作业中的问题，家长要定期进行分析：孩子是偶然有问题，还是经常性的？问题涉及的是学习态度方面的，基础知识方面的，还是能力方面的？要透过这些问题了解孩子的学习状态，找到孩子学习中的不足，及时查漏补缺，未雨绸缪。

上面的方法针对的是一般的孩子作业中的问题，如果您的孩子在平时的学习中"欠账"太多，很多作业根本就不会做，家长就要耐心地帮助和辅导孩子了。孩子在课堂上没有搞懂的东西，只好由家长在家里及时给补上，争取不要让孩子的学习再出现新的"欠账"，另外还要注意帮助孩子掌握科学的学习方法，培养良好的学习习惯，如果家长自己本身没有那么多时间或没有能力辅导孩子，就应当适当请一些家教，将孩子在知识上的漏洞补上。

> 对于孩子作业中的问题，如果您能耐心引导孩子分析问题，教他学会独立解决问题，孩子的问题将不再是问题。

八、家长要帮孩子检查作业吗？

> 我的孩子是个男孩。自从孩子上学以后，我们就告诉孩子，学习是你自己的事情，要自己管好自己。父母有自己的工作，不会天天陪着你学习。对于孩子的作业，我们基本不检查，需要我们签字时就问问孩子情况，给孩子签字。但最近的家长会上老师反映孩子的作业质量较差，错误较多，希望家长配合老师每天认真检查孩子的作业。我很困惑：这应是老师的工作呀！如果我都帮孩子检查出来了，老师又怎么了解孩子的学习状况呢？

生活中一些工作忙的家长可能会与案例中的家长有共同的心声：孩子上学了，学习的事情应以老师为主。什么事都让家长管，连作业都要家长查，要老师干嘛？这种认识是不正确的。虽然孩子入学了，但父母对孩子良好学习习惯的养成、学习能力的

培养负有不可推卸的责任，而且也有充分的条件对孩子进行这方面的教育。因此父母必须要关注、指导孩子的学习，而检查作业就是其中的一种方式，父母应当经常检查孩子的作业。

经常检查孩子的作业有两个好处：第一，便于父母随时了解孩子的学习情况。孩子学习认真不认真，知识掌握的牢不牢，有没有学习困难等，都可以从孩子的作业中有所反映；第二，可以有效地督促孩子的学习。孩子毕竟还是孩子，有些时候他们还是无法管好自己的，即使是成绩好的孩子也不例外，如果家长能够时不时地翻看一下孩子的作业，就会使孩子在无形中有个压力感，他们可能会因此而更加努力地学习。

检查孩子的作业可以从几个方面入手，孩子的作业有没有丢落的现象，孩子的作业能否及时完成，孩子的作业是否工整，孩子作业的错误率高不高，孩子的作业有没有抄袭的现象等。

对于初入学的孩子或还没有养成良好学习习惯的孩子，父母要经常检查孩子的作业，以此督促孩子学习。而对于其他孩子家长则可采用抽检的方式，在自己工作不是很忙的情况下，每周抽查一两次孩子的作业。检查完孩子的作业后，家长要及时给孩子反馈，表扬孩子做得好的地方，指出孩子作业中存在的问题，并指导孩子及时改正。家长特别要注意不要用自己的检查替代孩子的自查，不要直接告诉孩子作业中"×处写错了"或"×题算得不对"，而是告诉孩子"作业有些问题，你再仔细检查一下"，引导孩子自己检查作业中的问题，并告诫孩子做完作业一定要养成检查的好习惯。

> 家长无论多忙，都要花时间检查一下孩子的作业。检查对孩子既是压力又是动力，可帮孩子发现问题，可促进孩子的反思与改进。

九、家长要不要给孩子布置家庭作业？

 案例

虽然省市教育主管部门对学生作业量有着严格的规定，明确了小学一二年级不留书面作业。但调查发现，有70.2%小学生每天除完成学校布置的作业外，还要完成父母布置的作业。大约有25%的小学生每天要用1小时以上的时间完成父母布置的作业。只有29.8%的小学生表示父母"从来没有"布置作业。

近年来，各级教育部门三令五申要求学校、老师切实减轻中小学生的学习负担。但孩子的负担非但没有减轻，反而有越来越重的趋势。原因何在？上述调查结果给出了问题的答案：为了孩子在起跑线上能处于一个优越的位置，绝大部分的家长都在家里给孩子"加码"。家长这样做有必要吗？

目前我国大部分地区学校的教学采用班级授课制的形式，而且班级规模较大，一般在45人左右。尽管新课程要求教师要关注每一个学生，但面对这么多的学生，教师很难照顾到每一个孩子。而家长只面对自己的孩子，家庭教育可以在一定程度上弥补学校教育的不足，针对每个孩子的特点，因材施教。因此，家长根据孩子的学习状况，给孩子适当布置些家庭作业，很有必要。但家长在布置作业时要注意以下几方面。

作业量要适当。孩子在校学习了一天有时会有疲倦感，如果家长每天再给孩子布置过多的家庭作业，会加剧孩子的疲倦感，时间一长，容易引起孩子的厌学情绪。一般家长给孩子布置的作业量以一节课（40分钟）为宜，每门学科不超过20分钟。

作业形式应多样。家庭作业的目的在于帮孩子巩固知识，激发孩子的学习兴趣，培养孩子良好的学习习惯。家长应改变传统观念，重新认识孩子的学习。孩子读书看报是学习，与大人聊天是学习，画画、做题也是学习……传统的书面练习、做题会使孩子感到厌烦，形式多样的家庭作业可以增加孩子的学习兴趣，让孩子更喜欢学习。因此，家长要变换作业的形式，尽量不要让家庭作业成为课堂作业的简单重复，可多给孩子布置些口头作业、实际动手做的作业，还可以给孩子布置读书、查资料、调查等形式的作业。

作业要照顾孩子的特点。家长不能简单地拿本练习册，画出些题目让孩子去做就完了，家长要根据自己孩子的学习状况给孩子布置作业，针对孩子学习中的问题有针对性地训练孩子。如孩子写字差，可以给孩子布置些抄写的作业；孩子计算能力不强，可让孩子重点练练口算；孩子英语口语差，可让孩子多听听广播、课文磁带，或家长与孩子做对话练习等。对于平时基础不扎实，成绩不理想的孩子可重点加强基础知识的练习；对于成绩优秀的孩子，可布置有一定难度的，拓展性的练习。

让家庭作业更加新颖、有趣，更富有成效。

十、孩子总是一边学，一边玩，我该怎么办？

案例

丁丁上一年级了。但老师反映他上课坐不住，小动作很多，经常走神。老师布置作业后常发现他左看看，右望望，一会儿削削铅笔，一会儿找找橡皮，总是边写边玩，很少看到他集中注意力写作业。由于注意力不集中，他

的作业总是全班最后一个写完，而且经常出错。家长为此很着急。

刚上一年级的孩子，如果学前缺乏相应的训练，会有很多孩子像丁丁这样上课或写作业时边学（写）边玩。这是一种非常不好的学习习惯，家长要加以重视。

孩子边写边玩可能由多种原因造成。小学生的年龄小，注意集中度较差，还不能长时间把注意集中在一个事情上。心理学的研究发现，5~6岁的儿童注意力通常可以集中10~15分钟；7~10岁的儿童大约为15~20分钟；10~12岁的儿童约为25分钟左右；12岁以上的儿童注意的稳定性通常在30分钟。如果学习活动本身比较单调乏味，学习时间又比较长，孩子很难保持稳定的注意力。此外，小学低年级儿童好玩、好动，学习缺乏自觉性，自制力不强，很容易受外界环境的诱惑而分神。孩子学习时周围环境的影响，如桌面上的物品、房间中其他的声音、家长的走动等都可能让孩子分散注意力。再有，一些家长在给孩子布置作业时，总是一项一项的布置，孩子事先并不知道都要做些什么，但写完一个作业又来一个，写完一个又来一个。孩子发现规律后，索性做慢些，边写边玩，这样还可以少写点。

边写边玩是一种不良的学习习惯，一方面它会使孩子注意力很难集中，不能专注于一件事情，导致孩子写作业时常出错，最后会影响学习成绩。另外一方面，也会让孩子做事磨蹭、拖拉，效率低。因此，家长必须帮助孩子加以矫正。

首先，给孩子创设一个好的学习环境，让孩子拥有一个较为私密的学习空间，尽量减少环境中对孩子学习产生干扰的因素。

其次，教孩子学会统筹安排时间。做事前让孩子知道自己要做哪些事情，应该在什么时间完成，并告诉孩子如果做得好、做得快，节省的时间可以自由支配。给孩子一个小闹钟，让孩子自己学会安排时间，专时专用。学得时候专心学，玩的时候痛快玩，养成高效学习的习惯。

再次，家长在给孩子布置作业时尽量不要让孩子做简单重复的工作，改变作业形式，增加作业的挑战性可以在一定程度上使孩子精力更投入，更集中。

最后，家长要注意有意识地培养孩子的自制力。心理学的研究发现让孩子知道所做之事的目的、意义，可提高孩子的自制力。因此，家长在指导孩子做事时一定要告诉孩子为什么做，做的结果是什么。另外，告诉孩子生活中会有很多诱惑，要想做好一些事情，必须先要放弃一些事情。让孩子明白"舍得舍得，有舍有得"的道理。

边写边玩是低年级孩子学习中常见的现象，但不会"大了自然就好了"，需要家长在平常学习、做事中精心去矫正。

有所不为才能有所为。

十一、怎样指导孩子阅读课外书？

　　儿子滔滔刚上小学二年级，妈妈就给他买了整套的《十万个为什么》和《百家讲坛》的书籍，再加上老师推荐的课外读物，滔滔的小书架已经摆得满满的了。可是滔滔每天放学回家，要花一个多小时写作业，有课堂老师布置的作业，有父母布置的家庭作业，还有课外辅导班的作业。写完作业滔滔还要练习钢琴，然后就到了睡觉时间。周末滔滔还要参加数学班，还要补习英语，根本没有时间看课外书。妈妈特别鼓励滔滔读一些课外书，可孩子时间这么紧，该怎样安排呢？

　　读书是一个人拓展知识、提高个人修养的重要的学习方式。可在孩子的日常学习生活中，一些家长认为孩子读课外书是浪费时间，只让孩子读课堂学习辅导书籍，其他的小说、故事等一概不让孩子读。还有些孩子与案例中滔滔有类似的情况，虽然家长支持孩子读课外书，家里也有很多书，可孩子课余能自由支配的时间很少，孩子没有时间读课外书。在孩子读课外书这个问题上，家长该支持还是反对，又该怎么做呢？

　　我们的观点是，读书有利于孩子的成长，家长应该支持孩子读课外书。课外阅读不仅能扩展孩子的知识，也能提高孩子的学习能力。课堂学习中老师们常反映阅读量大、阅读面宽的孩子往往思维活跃，读写能力也比较强。研究也发现，一个爱读书的孩子具有更强的思考能力，对挫折具有更强的承受能力，也具有更强的解决问题能力，从而能取得更大的成功。因此，父母要从孩子长远发展角度考虑，引导孩子爱读书、多读书、会读书，养成自主阅读的好习惯。

　　第一，父母要激励孩子爱读书，多读书。无论多忙，父母自己要看书学习，给孩子做出表率。父母还可以多给孩子讲讲最近的新书，讲讲书中的一些故事，激发孩子看书的兴趣。现在很多书店都开辟了方便读者的阅读角，家长可以利用周末或假日带孩子去书店阅读或购买一些孩子喜欢的书，孩子置身于书海中，随意地翻阅，品读书籍，爱书之感、读书之情会油然而生。经常带孩子去书店、图书馆感受、体会、熏陶，孩子慢慢就会养成爱读书的习惯。另外家长可将部分家庭作业改为读书，既可减轻孩子的学业负担，又可让孩子有时间享受读书的乐趣。

　　第二，父母要教孩子掌握阅读的方法和技巧，让孩子会读书。教给孩子阅读的艺术，等于送给了孩子一套驾驭知识的法宝。

　　首先，父母要教会孩子有选择地读书。最初父母可以根据孩子的知识经验及理解能力给孩子圈定一些书目，让孩子从中做出选择。教孩子会用略读的方法快速了解一本书的内容概要。指导孩子先看序言与目录，了解作者的写作意图及内容梗概，然后选择自己认为比较重要的部分浏览一下，以此判定这本书对自己的价值。有价值的书应是能开阔自己的眼界，激励自己奋发向上，让自己有收获的。父母要鼓励孩子买回自己喜欢的，认为有价值的书籍做进一步的阅读。

其次，父母要教给孩子基本的阅读方法，教会孩子明白所读书籍的主要意思是什么，即能从整体上把握整本书的主要内容，读懂书籍。阅读的方法有上面提到的粗读（泛读、略读），还有细读（精读）。对于书籍中精彩的、重要的部分父母可以指导孩子学会用画重点、做摘录、记笔记、写批注或阅读心得的方式进行更精细、深入的阅读。

第三，父母要注意读书不在于谁读得多，记得多，而在于孩子消化、吸收了多少。读书不是记书、背书，孩子本身需要记忆的东西已经很多，再要求他们读什么都记住，显然是不切实际的，这只能使他们把阅读看成一种压力，而不是乐趣。读书的意义是体验书中人物的生活，与作者交流对一些问题的认识，通过书中人物的经历去思考自己的生活。因此，只要孩子专心去阅读了，即使未曾记忆，也必然对其精神产生影响。

> 书籍，是打开知识世界的一扇门。只有懂得阅读和学会阅读的人，才能够在知识的海洋中自由地翱翔。
>
> ——雨果
>
> 书是一种奇妙的东西，那里面藏着作者的灵魂，把书打开，这个灵魂便解放出来，便会神秘地与你交谈。
>
> ——高尔基

十二、孩子应该参加哪些课外兴趣班？

小学五年级的玥玥，每周都要参加好几个课外班的学习。周二下午是校内的奥数班，晚上是校外英语班；周三是学校的书法班；周五晚上是校外的英语班；周六上午要到老师家学习钢琴，下午是一个中学数学学校的课程。据说该校由此选拔优秀学员保送上本校初中，必须得参加。最近妈妈听说考过剑桥英语二级，上中学面试时可能有些帮助，就又给玥玥报了一个班，周日半天又占上了。看着孩子每天上课、写作业、练琴、练字，就连周末也不能睡懒觉，妈妈真是心疼。想减掉一些课程，比较了半天只能是书法班，可玥玥特别喜欢，坚决不肯。她想不上奥数班，可妈妈又不同意。玥玥只能这样苦熬着了。

在许多城市里，如果问谁是最辛苦的人，家长会毫不犹豫地说："孩子。"面对着激烈的社会竞争，每个家长都在为孩子提前做着准备。像案例中玥玥这样的孩子太多太多，他们在课余、周末穿梭在城市中，奔波于各种培训班、辅导班之间。

一些家长原本不想给孩子报班，但看到别的孩子都在学，自己就坐不住了，担心孩子不学会被别人落下，也不考虑这个班适合不适合自己的孩子，赶快"跟风"给报，落个心里踏实。家长给孩子报培训班、辅导班无疑是想提高孩子的素质，或者让孩子学得更扎实些。但报得班太多，孩子疲于奔波，效果反而不好。

孩子报班一般分为两类，一类是与课堂学习有关的，主要有数学辅导班、作文班、外语班等。再有一类是艺术特长类，如各种器乐学习班、绘画班、书法班、篮球班等。对于第一类班，建议家长尽量不给孩子报，除非孩子在某方面比较弱，必须要补习或者孩子在某方面又很突出，有发展的潜力。一般孩子在学校里认真跟老师学就可以了。有时候报班会让孩子有依赖心理，影响上课听讲的效果，如有的孩子觉得反正辅导班还会再学，上课玩一会也没什么。对于第二类辅导班，家长一定要根据孩子的兴趣给孩子报班。报班时一定要尊重孩子的意见，千万不要因家长喜欢就强给孩子学，如果孩子不喜欢，学习的效果就会很差。

给孩子报培训班、辅导班时，家长需要保持平常心，不要过高期待孩子学完某种艺术就成为"××家"，逼着孩子去考级。这种功利性的心理不利于孩子的发展。家长要一切顺其自然。

另外，家长也要考虑好孩子的时间安排，孩子某一技能技巧的形成，艺术素养的提高需要花大量时间练习，因此孩子在低年级时可以多学一些，高年级学习紧时要适当减量。一旦家长给孩子选择了艺体类学习班，就要督促孩子，不怕辛苦，坚持到底。

现在市场上针对小学生的各种辅导班多如牛毛，家长给孩子报班时一定选择正规的、有办学资质的机构，要详细了解其管理状况、师资队伍情况，上课的时间、地点等，了解清楚后再给孩子报名。

> 给孩子报兴趣班要尊重孩子的兴趣。报班仅仅是为了小升初未免过于狭隘，家长应着眼于孩子整体素质的提高。

十三、怎样培养孩子的注意力？

"我的孩子坐不住，写作业时一边做一边玩，注意力一点都不集中。我该怎么办呀？"一位年轻的妈妈焦急地问。

"老师说我家孩子上课听讲状况特别不好，只要外边稍有一点动静他的心就飞走了，半天回不过神来。"一位男孩子的妈妈说。

我家女儿上五年级了，特别喜欢音乐，写作业时都要戴着耳机，边写边摇头晃脑的。我说她："学习时要专心，不能一心二用。"可她却说，她能边听边写，不会写错的。但事实并不像她说的那样，作业中经常会有错。

上面几位家长描述的几个孩子学习中的表现虽各有不同，但都是与注意有关。第一个家长反映了孩子的注意不能集中，第二个孩子除了有第一个孩子的问题外，还有注意力易分散，难以快速转移的问题。第三个家长提出了孩子能否"一心二用"的问题，这属于注意的分配。

在心理学上，注意指的是"对一定对象的有选择的集中现象"，即能不能把一件事从众多事件中挑选出来，并使自己专心于这件事。一般评价一个人的注意力主要从注意的广度、注意的集中性与稳定性、注意转移能力和注意分配能力四个方面进行。注意的广度也叫注意的范围，是指同时注意到的对象数目，平时我们说一个人"眼观六路、耳听八方"就是称赞其注意范围广。注意的集中与稳定性是指较长时间让自己专注于某一事物的能力，"一心一意"、"专心致志"等就是形容这种能力的。注意的转移说的是根据需要主动地将自己的注意由一个事物转到另一事物的能力。注意的分配则是指在同一时间注意多个事物或同时做多件事情的能力，即"一心二用"。小学生在这几方面的发展水平都还不高，注意能力不强。所以，才会有案例中家长所反映的问题。

专一持久、主动转换的注意品质是小学生学习的必要条件，在小学低年级，学业成绩的好坏与其说是孩子智慧高低的反映，不如说是孩子注意品质的反映。因此，家长必须有意识地培养孩子的注意力。除了给孩子讲解学习需要踏实、专心，入境、入静的道理外，家长还可以和孩子一起做下面一些练习。

（1）注意广度训练

- 找一些棋子（最好是围棋棋子）放在桌上，用报纸盖上，不让孩子看见。这时，告诉孩子要注意桌上棋子的数目。然后家长打开报纸，很快再盖上。让孩子说出棋子的数目。
- 读报或读书时找一段孩子还没有读到的部分，给孩子限定一个较短的时间（肯定孩子读不完）让其迅速浏览后说出其中的内容。

（2）注意集中训练

- 家长说一些词语，如：桌子、报纸、小白兔、苹果、黄瓜、松鼠、黄鱼……让孩子听到动物时拍手示意。
- 照我的样子做：提示孩子注意观察家长所做一些动作或手势，模仿并根据家长的动作变化而变化。
- 家长和孩子共读一段文字材料，孩子先大声朗读，家长稍后（时间间隔不要太长）也大声朗读，记录孩子出错的次数。反复练习直至错误减少。

（3）注意转移训练

- 给孩子在白纸上并列写好三个数（根据孩子知识状况选择恰当的数），如 8、27、24，告诉孩子当听到家长说"1"时对第一个数做连续加 3 的运算，直接在 8 后写出答案如 11、14 等。听到家长说"2"时对第二个数做连续减 3 的运算，也是直接在 27 后写出答案 24、21 等。听到家长说"3"时，对第三个数做先加 2 后减 3 的运算，要写出过程，如 26 ~ 3、25 ~ 3。稍加训练后，每个半分钟向孩子随机发出 1、2、3 的指令，要求孩子听到命令后在已写出的答案后画一竖线，然后迅速转到指令要求的作业中。

- 划消练习：事先准备一些无规则的数字表，要求孩子划去任意两个数字之间的某个数，如让孩子划掉"2"和"8"之间的奇数。计算孩子划对的、划错的和漏划的数量，并计算每天的正确率。

3 5 4 6 0 2 4 5 8 9 2 3 4 5 9 4 8
4 3 1 2 7 6 9 3 6 4 7 8 1 2 4 8 3

……

（4）注意分配训练（只要让孩子同时做两种他们不熟悉的活动都可以训练）

- 手指练习：一只手用大拇指和食指做手枪状；另一只手根据歌谣变换手指数目，两手交替进行。歌谣："啪一枪一个；啪一枪两个；啪一枪三个……"

- 听记训练：在嘈杂的环境中（可在放电视的房间）给孩子讲一段话，让孩子边听边做记录。

> 一个人不能骑两匹马，骑上这匹，就要丢掉那匹。聪明人会把凡是分散能力的要求置之度外，只专心致志地去学一门。
>
> ——歌德

十四、怎样提高孩子的观察力？

案例

　　非非是一个很爱观察的孩子。小学三年级时，一次妈妈带他到铁路边玩时，他发现铁轨是一节一节连接在一起的，在连接处留下了一道道缝子。于是他问妈妈为什么，妈妈答道："因为钢铁会热胀冷缩，如果用一根长长的铁轨或接头处不留缝隙，那么铁轨在炎热的夏天就会膨胀变形，七拱八弯的，火车就会出轨。"

　　非非听后，仍疑惑难解。妈妈只好说："若不信，你可以自己测量测量。"

在妈妈的支持和帮助下，他通过观察测量发现，温度在变化，铁轨接头的间隙也在变化。早晚与中午，春夏与秋冬都有变化，而且还有规律，气温每下降11℃，间隙就增大1毫米。

经过近一年的观察，他详细做了观察记录，同时还写出了铁轨热胀冷缩的观察报告，获得了全国征文比赛优秀奖。更重要的是，通过这一年的观测活动，他不仅掌握了中学阶段的物理知识，而且对观察事物和自然科学实验的兴趣大大增强了。

看了上面的案例，你一定会夸非非是一个爱观察、会观察的孩子。观察是以视觉为主的有目的、有计划、比较持久的知觉活动。观察力是指能够迅速准确地看出对象和现象的那些典型的但不很显著的特征和重要细节的能力。观察力是智力的重要组成部分，是学生学习的基础。一个人的观察能力虽有先天素质的影响，但更重要的是后天的锻炼与发展。因此作为父母应向案例中的非非妈妈那样引导孩子学会观察，在生活中培养孩子的观察力。

首先，父母要培养孩子的观察兴趣。

孩子好奇心强，对什么事情都感兴趣，但由于缺乏相应的指导，很多时候孩子对事物的认识比较肤浅。生活中大多数家长会解答孩子提出的问题，但像案例中非非妈妈那样不仅给答案，还引导、激发孩子去观察、验证的有心家长就比较少了。任何能力的提高都离不开实践，要想让孩子有较强的观察力，家长就要激励孩子多观察生活。凡是孩子通过自己观察所得的"新"发现，家长都要给予赞赏的评价，让孩子有成就感，并激励孩子做深入的观察。

其次，父母要教给孩子观察的方法。

家长要教孩子学会全方位、多角度地观察。每一个事物都是由不同方面、不同特性或不同部分组成。如物体可以有大小、颜色、形状、质地等特性，植物有根、茎、叶、花、果实等部分。观察动物既可以从其头、颈、胸、躯体、四肢等外形上看，也可以从其生活地域、活动范围、方式及特征等生活习性方面去观察。家长要指导孩子从各个方面、全面地观察事物，获取信息。小学生观察时往往看不全，有时分不清主次，"眉毛胡子一把抓"，家长要及时给予点拨。

父母还要教会孩子有序地观察。告诉并训练孩子一般观察的顺序。如"整体——部分——整体"、"部分——整体——部分"的观察顺序，也可以指导孩子按照空间顺序，如"由远及近"、"由近及远"、"上下左右前后"等进行观察，尽可能完整地观察事物。

父母要指导孩子使用多种感官观察事物。观察不仅是用眼睛看，还可以用耳听、用鼻子闻、嘴巴尝、用手触摸等方式，多感官的协同参与才能获得全面、丰富的信息。

在看、听等的同时，观察中要有思维参与。即边看、边听，还要动脑筋思考，这是观察的本质。所以家长在指导孩子观察时还要让孩子学会对事物进行比较，鼓励孩子在比较中发现问题，并通过深入观察去搜集更多的信息，找寻答案。

最后，家长还要注意指导孩子做好观察记录。家长可以让孩子把观察到的现象在家里开个发布会，或者让孩子写篇观察日记，养成做记录的好习惯。长期观察后可像案例中的非非那样将一定时期的观察数据、信息做整理分析，撰写观察报告。让孩子的观察成为一种研究、探索活动，培养孩子的研究意识及能力。

> 我既没有突出的理解力，也没有过人的机智。只在观察那些稍纵即逝的事物并对其进行精细观察的能力上，我可能在他人之上。
>
> ——达尔文

十五、怎样指导孩子记、背材料？

案例1：老师发来短信说小剑昨天的作业没有完成：老师要求背诵的课文孩子没有背下来。妈妈很是诧异，昨天自己检查过了，孩子已经背下来了。背完了才让他去玩的。怎么回事呢？小剑一放学，妈妈赶忙上前问个究竟。小剑说明明自己已背下来，可当时第二段的开头怎么也想不起来了，后面就全想不出来了。越着急，就越想不出来。

案例2：佳佳妈妈可着急了。佳佳的外语课文怎么也背不下了。念了十几遍了，总是记了前句忘后句。现在只是背一段对话，以后该背长课文了，该怎么办呢？

对于小学生而言，学习中有很大一部分任务是记住一些知识。可是很多孩子会像案例中的小剑或佳佳那样，有的孩子是背得快忘得快，有的孩子是背起来很费劲，总是记不住，让家长很是头疼。

记忆是对信息的摄入、编码、储存和提取的过程，人们过去见过的人和事、听过声音、闻过的气味、思考过的问题、体验过的情感、做过的动作等都会在头脑中留下痕迹，以后还能再现或回忆出来，这就是记忆。

由于遗传、环境、教育等因素的不同，每个人的记忆力是有差异的，有的孩子是记得快忘得慢，这样的孩子是最令家长得意的了；还有的孩子是记得快忘得也快，就像案例中的小剑；有的孩子是记得慢但忘得慢，记住了就很难忘记，虽记得费劲，但效果不错。而最让家长不满的是孩子记得慢忘得快。有的家长觉得孩子的记忆力是天生的，孩子天生就这么笨，记性差，没有办法。这种观点是不科学的。记忆是受先天素质影响，但后天训练也能提高孩子的记忆力。记忆是人知识积累的基础，是智力的重要组成部分。家长需要重视孩子记忆力的培养。

在培养孩子记忆力时，父母不妨从以下几方面着手培养。

第一，教给孩子理解材料后再记忆。许多孩子从小就背过很多诗歌、故事，其中许多内容孩子自己并不懂，这种记忆是机械记忆，由于不懂其中的意思，有些东西很快就会忘记。心理学的研究发现，在理解基础上的意义记忆的效果要优于机械记忆。因此，家长在指导孩子背诵之前先要让孩子弄懂材料，如在背外语时要先会背单词，知道单词的意思，每句话的意思后再背课文，记得效果就会好些。

第二，教孩子学会及时复习。

记忆最大的敌人就是遗忘，所谓记性好就是记住后不忘记，需要时能想起。要克服遗忘，一定要在刚学完之后马上复习巩固。心理学家艾宾浩斯研究发现，人的遗忘规律是先快后慢。如果刚学完某一知识后的最初三天不复习，多一半的知识都会忘掉。等待考试时再复习就跟重新学习差不多了。所以家长一定要督促孩子养成及时复习的好习惯。

第三，使用一些方法训练孩子的记忆力。

- 积极暗示法

孩子的情绪会影响记忆的效果。记一个材料之前要让孩子进行积极的自我暗示，充满自信地去记材料，可以取得好的效果。可采用让孩子多想想自己成功的记忆经验或自我言语暗示的方法，如在心中默念："这个材料并不难，我一定能记住！"。

- 精细回忆法

经常让孩子回忆一些事情，回忆得尽可能精细，是锻炼记忆力的好方法。家长可以和孩子一起回忆，比一比，看谁记得更全面、更细致。

- 奇特联想法

联想是促进记忆的一种方式。奇特联想是一种将要记的东西在头脑中人为地形成一定稀奇古怪的联想，从而帮助记忆。这种方法在背诵我们不熟悉的材料时会有很好的效果。

- 歌谣记忆法

和孩子一起把需要记忆的材料编成歌谣或顺口溜，如"jqx 三兄弟，和 ü 相拼把点去"、"一家有四口，还要养只狗"（器的字形）等。

此外，还有形象记忆法、谐音记忆法、图表记忆法等。

背诵是记忆力的体操。

——列夫·托尔斯泰

要具备一个可靠的记忆力，必须每天费一刻钟到半个小时的时间，做一套有计划的脑力练习，复杂的或简单的均可，只要能迫使你去动脑筋。

——布鲁诺·弗斯特

十六、怎样引导孩子全面考虑问题？

　　放假了，爱人的几个好朋友提议假期带孩子们出去玩玩。几家的孩子差不多大，小的三年级，大的五年级。每次都是爸爸妈妈们做方案，这次破例让孩子做筹划。地点由大人选定在海边，孩子只管考虑需要做哪些准备，带些什么就可以了。拿到孩子最初的方案，真令我们哭笑不得。孩子考虑到要带些吃的，不过都是他们喜欢的零食。游泳衣孩子也记着呢，还有帐篷、沙滩排球等。但最为关键的身份证件、厚衣服、照相机、药品等则都没有考虑。

　　孩子毕竟是孩子，他们的思维能力还不是很强，考虑问题比较简单，经常是以自己为中心，孩子出游的焦点在于吃和玩，所以案例中的孩子主要就想了这两个方面。他们还不能跳出自身，全面考虑问题。

　　思维是人脑对事物本质特点和事物间内在关系的反映，思维能使人不受事物表面现象的干扰而认识其本质、规律。思维能力是智力的核心，是孩子成才最重要的因素。思维能力强的孩子能迅速把握事物的一般特点与内在规律；能够全面考虑问题，合理作出判定；能够不受已有经验的限制，敢于批判已有的观点，大胆提出自己独到的见解。

　　小学阶段是孩子思维发展的重要时期，这一时期作为人类思维最高形式的抽象思维开始发展。抓住这个关键时期培养孩子的思维能力，对孩子的一生都会产生积极的影响。家长应注意做好以下几个方面。

　　第一，丰富孩子的感性经验。

　　思维是在感知基础上进行的高级认识活动。思维的全部材料来自于感性经验。因此，要发展小学生的思维，首先要丰富小学生的感性经验。帮助孩子掌握丰富的、生动的感性知识是发展其思维能力的必要条件。家长可利用节假日带孩子走出家门，参观、游览，让孩子多接触大自然，多接触一些人和事，积累丰富的感性资料。在此基础上，引导孩子深入分析，认识事物的本质。

　　第二，引导孩子多思考。

　　人脑越用越灵。家长在学习中要不断给孩子创设问题情境，让孩子用自己的知识经验，自己想办法去解决问题。家长可以给孩子出一些智力训练题让孩子解答。如：猎人带着一只狼、一只羊和一筐白菜过河，船的载重量限制猎人每次只能带一样东西过河，猎人希望过河后三个东西都毫发未损。他该怎样过河呢？多练一练这样的题目可提高孩子全面考虑问题的能力。

另外在日常生活中家长要放手让孩子自己去实践，家庭中一些问题的处理，家庭活动方案的设计等都可以让孩子去想、去做。当孩子遇到问题时，鼓励孩子开动脑筋思考，从不同角度，多想一些可能的解决方案。

第三，教会孩子用概念图或知识网络的方法全面、系统地考虑问题。

一些孩子平时知识学得死、零散，一个个知识点分散、孤立，形不成系统，构不成网络。他们考虑问题时思路单一，只看到问题的表面，看不出问题的实质，以及问题与问题之间的内在联系。不善于从多角度、多方面入手，不会举一反三。孩子在一二年级时因为所学知识比较浅，孩子思维上的问题表现得不是很突出。但中年级后，随着知识难度的加深，这些问题就表现出来了。要改变这种状况，家长就要训练孩子建立知识间的联系。在孩子学习中，每学一个新知识，都要让孩子把与之相关的概念及联系用图表的方式呈现出来，将知识系统化，有了概念图或知识网络图做支撑，孩子每遇到一个问题将不再孤立地思考这个问题，而会想到其他与之相关的知识，这样孩子就会逐渐学会全面考虑问题了。

第四，鼓励孩子从不同角度思考问题。孩子常常喜欢从自己的角度、喜欢顺向思考，家长要教孩子学会"换位"思考，学会逆向思考。这也有利于孩子全面考虑问题。

见多者博，多闻者智。

学愈博而思愈远。

十七、聪明的孩子一定有卓越的创造性吗？

案例

亨特（Hunt）的有关研究表明，创造性儿童有三大个性特征。①活跃。他们活泼乐观，热情坦率，富于探索精神，自信心强，有时甚至过于自信。②独立性强。他们善于独立行事，敢于弃旧图新，且对独立有强烈的需要；有时这种独立性也表现为对教师的统一要求缺乏热情，行为不大合群等。③情感丰富。他们兴趣广泛，有强烈的好奇心，对创造充满热情，争强好胜，但有时又因精力过剩而表现出顽皮、淘气等行为特征。

中美家长对孩子探索行为的态度比较

美国孩子拆了家里的闹钟，若能装回，多数家长会称赞孩子，若是装不回，许多家长会与孩子一道把闹钟装上，甚至鼓励孩子再拆、重装一次。但中国孩子若拆了家里的闹钟，就算自己能装回，恐怕也没几个敢告诉家长的。中国家长对孩子的探索活动大部分是持否定态度的。他们往往把孩子自己进行的"探索活动"视做"胡闹"而加以制止。

看了上面的资料，你一定会对照自己的孩子的平常表现问：我的孩子有创造力吗？

创造力是近年来在教育领域提得较多的一个概念，心理学上称其为一个人能独立地生产出新颖、独特的观念或产品的能力。孩子只要能独立提出一个相对于他而言的具有一定的意义和目的的新颖的想法、从没想到过的一些创意，或创作出的作品等，就是创造力的表现。每个孩子都有创造力，只是创造的程度不同而已。

在中国传统教育中，无论老师和家长都喜欢听话的、乖巧的孩子。教育就是打平孩子的棱角，让孩子成为一个个的"标准件"。对于孩子因好奇心而产生的创造性的探索活动，总是加以呵斥，甚至责骂。孩子在父母的要求下小心地做着好孩子，不敢越雷池半步。久而久之，孩子的创造欲望被浇灭了，创造天赋也消失了。我们培养出来的是只会念书的"书呆子"，只会循规蹈矩、模仿他人、缺少灵性的"机器人"。

创造力和大家较为熟悉的智力是不同的。智力是以思维能力为核心的一组能力的综合体现，是指一个人能有系统地观察事物，能透过表象认识事物的本质，迅速果断对事物做出判定的能力。有的家长认为孩子聪明，智商高就一定有所发明创造，其实不然。心理学研究发现，创造力强的人智商一定高；但智商高的人创造力不一定强。智力偏向先天性因素，强调的是人有做事的能力，强调反映的逻辑性、合理性，它可以通过开发来提高。而创造力更多地强调的是新颖、求异性与独特性，它包含了许多非智力因素，如兴趣、动机、性格等，创造力与后天的教育有关，可以通过不断地培养来提高。一个人的智力会影响创造力，但并不是创造力的全部，聪明的孩子如果缺乏冒险精神，做事只追求做对，而不追求独特、与众不同，那他们一生都可能平庸无为。因此，仅满足于孩子聪明是不够的，家长还要培养孩子的追求新意，特立独行的创造个性。当然，创造力的提高也会促进智力的开发。

培养孩子的创造力可从鼓励孩子质疑开始。家长首先不能挫伤孩子提问的积极性，要鼓励孩子大胆质疑，告诉他们不要一味相信老师、书本，谁都会犯错误。要以探索的精神，审视的态度对待老师的言论和书本知识，找出疑点，大胆质疑。不要怕说错。

培养孩子的创造力还要培养孩子的动手能力。创新不能仅停留在思维阶段，而要通过一些实际活动使创新思维的结果物化。在家庭中，家长要鼓励和要求孩子多动手，"自己的事情自己做"。家长要支持孩子参加课外兴趣小组活动，当孩子在家中做一些小实验、搞小制作、小发明时，家长应尽可能提供必要的条件和帮助。

培养孩子的创造力还需训练孩子的发散思维。发散思维是一种不依常规，寻求变异从多角度寻求答案的思维方式。发散思维是创造性思维的主要组成部分，是创造力的重要指标之一，家长可以在生活中多加培养。可通过头脑风暴法、一题多解、语词联想、说出物品的多个用途等方法训练孩子的发散思维。

最后，家长还要注意培养孩子创造性的个性，家长不要强化"听话的好孩子"的意识，要适当鼓励孩子"淘气"。上面材料中所说的活跃、主动、独立、有激情，敢冒险等特点，家长在生活中都要有意识地培养孩子具备这些特点。

处处是创造之地，天天是创造之时，人人是创造之人。

——陶行知

十八、孩子学习成绩不好怎么办？

　　我的孩子今年三年级，胆子比较小，上课精力不集中，常走神，老师也没有办法。我不想给孩子太多压力，希望孩子能多一些玩耍的时间，所以没有像其他孩子那样上很多课外补习班。平时作业都是让他自己完成，但老师反映孩子的作业质量较差，常有错。孩子的成绩在班里处于中下水平，每次考试前，家长都要花些时间，帮孩子复习，考试成绩就会上去一些。家长要是不管，成绩就较差。也曾请过家教，但效果不是很好，听老师讲三年级是学生学习的分水岭，真担心孩子跟不上。

　　孩子上学后，每一个做家长的都希望自己的孩子学习好，希望孩子考试成绩在班里名列前茅。一二年级的时候，孩子的成绩都差不多。但进入三年级，孩子间的成绩开始分化，这时候很多家长开始着急，就像案例中的家长一样，想尽各种办法帮孩子学习，但效果并不显著，孩子的成绩仍不尽如人意。这时一些家长会渐渐失去耐心，开始呵斥孩子，甚至动手打孩子。其结果是孩子的成绩越来越差。

　　当家长发现孩子的学习成绩退步，或相比其他孩子落后时，家长千万不要着急冒火，而应静下心来，多关心一下孩子，分析孩子成绩差的原因，在此基础上帮孩子进行调整。

　　首先，家长要正确看待孩子的考试成绩。

　　考试是对教与学效果的检验，成绩受多种因素影响，只能在一定程度上反映孩子的学习状态。考高分而不爱学习、不会学习的孩子也有很多。家长应该关注的是孩子的学习动机、学习习惯及学习方法，而不仅仅是学习成绩。有些家长一味地要求孩子考满分，认为只有这样才算学好了；有的家长因一两次成绩不好就责骂孩子，斥责孩子"没出息"、"真笨"等，伤害了孩子的自尊心；还有的家长不顾自己孩子的实际情况，盲目地把孩子与其他同学比较，把成绩超过某人视作学习的目标。家长的这些态度、要求、做法都是不正确的，都会对孩子学习动机、学习兴趣产生消极的影响，让孩子难以享受学习活动本身带给他们的快乐。

　　其次，全面分析导致孩子学习成绩差原因。

　　孩子的学习成绩不好可能是多种原因导致的。从外因上看，家长认为学习对孩子的发展没有意义，不关心、不帮助孩子学习，经常打击孩子，家庭关系不和谐、不良的亲子关系等都会影响孩子的学习，导致孩子学习成绩下降；从学校角度看，教师对学生态度不好，师生关系紧张等也会导致孩子不爱学习，学习成绩不好；从孩子自身来看，与孩子的智力有关，有些孩子虽然想学好，学习也努力，但孩子的分析理解能力欠缺，学习有一定难度的课程内容还是会觉得吃力，成绩也就不理想。有些孩子不知道为什么要学，缺乏学习动机，自身不爱学习，这属于学习态度、学习兴趣问题，这些孩子的学习基本处于被动状态，老师家长督得紧，孩子的学习就会认真些，家长顾不过来，孩子也就不学了，因而学习成绩也不会很好。另外有一些孩子是不会学习，他们没有掌握学习方法，如不会理解知识，只会死记硬背。这样的孩子在有难度的学习中就会与其他同学有差距。近年的研究发现，有些孩子在某些学科上存在学习障碍，这也是他们在个别科目上成绩差的主要原因。

孩子的学习成绩差可能是上述某一方面的原因导致，也可能是多种因素交互作用的结果。家长要通过分析找出孩子成绩不佳的关键原因所在。

第三，针对孩子的具体情况帮助孩子调整。

关心孩子的生活，深入孩子的内心了解孩子对学校、老师、学习的真实想法。帮助孩子形成对学习的正确态度。家长也要注意改善家庭中的不和谐因素，给孩子创造一个安心学习的外部环境。

对于孩子成绩差的事实采取接纳的态度，不指责、打击孩子，鼓励孩子哪有漏洞就从哪里补起，自己花些时间或者请一位能和孩子沟通的老师、家教给孩子补补课，帮孩子打牢基础。孩子自身"底气"足了，才会更有自信，才有可能在学习中进步。

帮助孩子养成良好的学习习惯、教孩子用科学的方法学习，对于孩子提高学习成绩是非常重要的，家长应从孩子学习的细节入手督促孩子，如写好每一个字，检查每一道题，认真完成每天的作业、复习后再写作业等，并长期坚持。

> 孩子成绩不好，家长也要多从自身找找原因。不要总说我给孩子做了什么，而要思考一下孩子从我们这里得到了什么。要想改变孩子，从改变自己做起。

十九、孩子考试"考砸了"怎么办？

案例

今天是六年级第一学期的期末考试，这个成绩要进入孩子的学籍档案的。雯雯考完试一回到家就大哭、大喊，说自己压力大，自己要崩溃了。妈妈见状，脸色大变："完了！肯定又没考好。"这孩子是怎么搞的，平时小考都考

得很好，怎么一遇"大考"就发挥不好呢？心里想的话就冲口而出："你怎么回事呀？上次就没过95分。这可是六年级，怎么去上中学呀？"雯雯回嘴到："都怪你们！老叮嘱我一定要考好，一定要考好的。我做卷子时手都一直在哆嗦。"

考试是学校经常进行的一种教学活动，从不失手的孩子毕竟是少数。许多家长都会遇到孩子"考砸了"的情况。孩子"考砸了"家长会有不同的反应，很多家长都会像雯雯妈妈那样埋怨孩子，斥责孩子，甚至有的家长还会对孩子拳脚相加。这种做法是不妥的。

孩子"考砸了"是没有达到自己和家长预期的目标，是孩子的一种挫折体验。一般孩子都会觉得伤心、难过，有些孩子还会觉得沮丧、失落、自卑。受挫对孩子的成长未尝不是一件好事。美国儿童心理卫生专家们认为，"有十分幸福童年的人，常有不幸的成年"，这是因为很少遭受挫折的孩子长大后会因不适应激烈竞争和复杂多变的社会而深感痛苦。但要注意并不是经历挫折就可以自然成长了，家长要教给孩子学会应对挫折。

首先家长要理解、接纳孩子的挫折感。对于孩子的失败，家长既不要埋怨责骂孩子，也不要讽刺挖苦孩子，更不能打孩子。给孩子一小段宣泄自己情感的时间，给孩子一个鼓励的眼神、安慰的拥抱，让自己成为孩子的一个倾诉对象，让孩子知道你永远和他们站在一起。

其次，让孩子知道自己不是万能的。待孩子情绪平复后，家长可以给孩子讲讲名人对待挫折的故事，让孩子明白世界上没有常胜将军，胜败乃兵家常事，关键是不能被失败打倒。乐观的孩子不是没有痛苦，而是能很快从痛苦中解脱，重新振奋起来。家长要教孩子学会自我激励，"这次考砸了，没关系。还有下次！"、"跌到谷底反弹力会更强！"、"风雨中这点痛算什么，擦干泪不要怕，至少我们还拥有梦！"

第三，和孩子一起分析失败的原因，教孩子多从自身努力归因。一般孩子会归因于外部客观原因，如考题难、××干扰等，这些多是找借口、推卸责任的表现。要想让孩子从挫折中站起来，家长就要引导孩子从自身的努力过程做分析，"我为此做了什么？""我是怎么做的？""哪些做好了，哪些还没有做好？"从中看到自己的问题。有些孩子会把失败归因于自己不如××聪明，这种归因往往会让孩子产生自卑感，失去与别人竞争的锐气，家长要加以引导。

第四，督促孩子在平时的学习中改进。一些孩子知道自己的问题，也知道该怎样去做，但往往管不住自己，不能在学习中落实自己的计划。家长可与孩子立约或让孩子做行为改进记录，督促孩子不断改进。

> 人要学会走路，也要学会摔跤。而且只有经过摔跤，他才能学会走路。
>
> ——马克思

二十、孩子着迷于电脑游戏、"网聊"怎么办？

案例

　　放暑假后，除了每天下午去兴趣班外，六年级的小捷整天泡在网上，"上网可以和同学、老师聊作业，还能玩 QQ 游戏，简直棒极了。"最近兴起的"抢车位"、"开心菜园"、"QQ 好友买卖"等游戏，成了他的最爱。小捷迷上"开心菜园"后，按时到自己的菜园除草、种菜，并且时刻关注着同学们的菜园，看什么时候能"偷菜"。令人意想不到的是，向来喜欢赖床的他，居然调闹钟凌晨 5 点起床，只为了偷摘同学菜园的菜，乐此不疲地沉迷于这个游戏。

　　当今社会，网络已经成为人们日常生活、工作、学习必不可少的工具。特别是孩子，上网查资料、和同学、老师聊天、玩游戏等，很多孩子已经离不开网络了，像案例中小捷这样的孩子已不在少数。近日，由中国青少年网络协会发起、中国传媒大学调查统计研究所对我国小学生互联网使用行为进行了调查。调查结果显示，现在的小学生接触互联网时间，大多集中在"低年级"阶段，约八成小学生在 9 岁前就开始接触互联网；"看动漫、电影、下载音乐"、"玩网络游戏"等娱乐追求是小学生上网的主要目的；在接触网络时间方面，大部分小学生"只在节假日（周六周日）上网"，有过半小朋友平均每天上网时间不超过 1 小时，小学生上网最经常的地点是"家里"。在调查的 1079 名上过网的小学生中，共有 77 名小学生有"网瘾"，占比 7.1%；另有 55 名小学生有"网瘾倾向"。据了解，男孩上网成瘾比例（9.5%）明显高于女孩（4.6%），这说明男孩更容易沉迷于网络；"网瘾用户"更多出现在家里没有电脑的家庭。家里没有电脑的学生上网成瘾比例（13.7%）大大高于家里有电脑的学生（6.5%）。

　　网络是一把双刃剑，有利也有弊。关键是家长要引导孩子合理上网。

　　首先，家长要允许孩子上网。家长不要片面地认为孩子上网没有一点好处，网络上信息丰富，孩子利用网络查找资料确实很便捷。一些学校也要求孩子利用网络互动平台学习。另外小学生正处在了解世界的阶段，好奇心和叛逆情感都比较丰富，家长如对孩子的上网行为进行强制性压制，容易使孩子向相反方向发展。与其让孩子撒谎到网吧去上网，不如家长允许孩子在家里上网。

　　其次，家长要规定孩子的上网时间和内容。允许孩子上网，但父母必须给孩子提一些要求。如上网以不影响功课和休息时间为原则，一次不能超过一个小时。上网不浏览不健康的网站，不看有暴力、色情的内容。如果孩子违反了要求，就要以停止上网作为惩罚。家长最好给孩子的计算机安装一个"绿色上网软件"，保护孩子不受不良网络的侵害。

　　第三，鼓励、引导孩子上学习类网站，尤其是互动性较强的学习类网站。另外家长也可在电脑里面多装一些能够激发孩子学习兴趣的小软件，这样一方面能够提高孩子的学习成绩；另一方面也能提高孩子的电脑应用能力。

第四，让孩子远离网络聊天。网络聊天很多都是虚假的东西，小学生年龄小，缺乏正确的判断能力，他们很容易被网络虚假的信息迷惑，把他们当做真实的生活。孩子过度沉迷于网聊，会浪费大量时间，也会让孩子脱离真实的生活，变得孤僻。家长要关注孩子的聊天对象、聊天的主题，适时加以引导。家长要教给孩子学会自我保护，不要把个人信息暴露给不认识的人。如发现孩子过度沉迷网聊必须加以教育，必要时可限制孩子的上网。

最后，要想指导孩子科学利用网络，家长最好学会上网。只有家长会使用网络，才能引导孩子，才能对孩子上网进行监管。况且网络作为一种大众化的传媒方式，确实能给家长的工作、生活带来方便，增加乐趣。所以建议家长掌握这个工具。

> 网络可以拓展孩子的知识面，可以成为孩子生活、学习的好助手，也可以成为孩子学习下降、孩子学坏甚至走上犯罪道路的重要因素。家长一定要引导孩子善用网络。

二十一、孩子坐不住怎么办？

案例

我家儿子七岁了，平时一点都不安静，吃饭时晃来晃去的。连看电视时人坐在椅子上也不老实，嘴里嘟嘟囔囔的，手也总是挥个不停。写作业时一会摸摸这儿，一会玩玩笔或橡皮什么的，根本不能静下心来。上课的时候管不住自己，经常随便下座位，故意招惹其他同学，老师也拿他没办法。可以说，除了睡觉，他没有一刻安静的。其实孩子看上去挺聪明的，就是坐不住，成绩也不好。我该怎么办啊？

案例中的孩子智力正常或接近正常，精力旺盛，活动过多，注意力不集中，情绪不稳，冲动任性，常伴有不同程度的学习困难。像这样的孩子有可能是患有多动症。

多动症的主要表现有以下四个方面：第一，注意力不集中。多动症儿童有意注意差，无意注意强，上课不专心听讲，爱走神，精神涣散，东张西望。第二，自控力差、缺乏时间观念和任务观念。患多动症的孩子做作业时拖拖拉拉，没有时间观念；常常厌烦家庭作业，不愿意去完成；缺乏自制力，不能成为活动的领导者。第三，动作过多、过度。患多动症儿童上课不能克制自己，经常搞小动作，甚至在教室内走动，跑出教室外；双手、双脚经常乱动，一刻也不闲着；常玩自己头发、衣角、铅笔等；上课时不能安静地坐在座位上，也不能安静地完成一项娱乐活动，在公众场合，随便奔跑，蹦上跳下；活动过多，老师和家长劝说也无济于事。第四，学习困难、对学习不感兴趣。由于患多动症的儿童自控能力差，而影响注意力集中，导致记忆力低下，使其学习成绩下降，对学习亦缺乏兴趣。第五，冲动、任性。患多动症的儿童遇事不思考，上课回答问题时未等老师说完题，即脱口而出；在有组织的场合，不服管教，我行我素；经常打扰或干涉他人的休息或活动；脾气大，任性，想干什么就干什么。

目前，国内外对多动症的病因并不完全清楚，归纳起来有以下几方面：第一，轻微脑组织损害，包括妊娠时病毒感染、服药及早产、难产、剖腹产等多种原因所致的脑缺氧、脑损伤等；第二，遗传因素；第三，微量元素缺乏。如脑内神经递质代谢异常、糖代谢障碍等；第四，家庭心理因素。如家庭环境不良及教育方法不当；第五，有害物质中毒。如铅中毒，食物中防腐剂的侵害等。我国传统医学则认为，先天禀赋不足、后天调养不当所致的阴阳失衡，外伤及其他因素可导致本病。

由于多动症的产生与生物学因素、心理、社会等因素都可能有关，因此矫治也要从多方面着手。

第一，家长应带孩子去专业的心理咨询部门进行诊治。多动症一般采用药物治疗与心理治疗相结合的方法。心理治疗主要自我控制训练、放松训练等帮助儿童学会自我调控。

第二，家长对患有多动症的还要耐心而有计划地进行教育，不能因孩子频繁"出现状况"就对孩子采取粗暴、冷淡、歧视的态度。

第三，对孩子的要求要适当。孩子刚开始做一件事时对孩子的要求可略低于一般孩子，只能要求他们将行动控制在一定范围内，随后再慢慢提高要求。

第四，满足孩子的活动需要，对他们过多的精力要给予宣泄的机会。可指导他们参加跑步、踢球等有系统程式的体育训练，同时要劝止一些攻击性行为。

第五，做到生活规律化。家长督促孩子遵守作息制度。在儿童吃饭、做作业时，家长要控制环境，不要主动去分散他们的注意，以培养孩子一心不二用的好习惯。

孩子好动并不一定是多动症。多动症需要专业的诊治。如果你发现孩子没有安静的时候，最好带孩子去求治。越早治疗，孩子愈后效果越好。

二十二、怎样教育有学习障碍的孩子？

　　小龙是个男孩子，他上课听讲不集中，或者说不会听讲，老师讲课他不跟着老师思考，一会儿回头看别人，一会儿自己拿一支笔用嘴咬笔头。做作

业的时候经常不会做，总是抄同桌的，尤其是数学题。数学题经常抄同学的，抄都抄不全，例如，

$$12\overline{)\begin{array}{r}204\\12\\\hline 84\\84\\\hline 0\end{array}}$$

商都没抄上。小龙的语文学习也很困难。语文字词抄写他也像其他同学那样一遍一遍地抄，可就跟没过脑子一样，一到听写字词时他总是错的最多，还在听写本上画很多圈，有时间画圈为什么不多想想呢？他的作文也写得很少，五年级了只能写几句话，而且写出的东西令人费解。有一次，我让学生根据"小喜鹊灰灰是妈妈疼爱的孩子。有一天，一场大风把小喜鹊灰灰刮到一个陌生的地方……"这段话展开想象，写一个故事。小龙是这样写的："把喜鹊吹到一个森林找不着出口，而且喜鹊翅膀受伤了，他看见一位同学把它抱回家，把喜鹊的伤口包扎好。把它放回大自然，他找到了母亲终于母子团圆了。"作文只写了两句话，还有错别字。上课回答问题时总是结结巴巴，无论多简单的问题还没有顺利地回答出来过。平常做事也是笨手笨脚的，经常因碰翻同学的铅笔盒而使同学与他争吵。

案例中的小龙智力正常，看上去聪明，只是在听、说、读、写、算的能力的获得与运用上出现困难，并因为这些能力的落后导致学习上的困难。这种情况属于学习障碍。

学习障碍不是学习态度和学习习惯方面的问题，它是因某一特定学习能力的缺损而导致的学习落后；另外，学习障碍并不等于智力落后。在学校中，许多智力正常甚至是优等的学生也会因学习能力的缺损在某项学业方面表现较差，与其智商不相匹配。如大家熟悉的爱因斯坦、爱迪生等小时候都是学障儿童。此外，学习障碍不包括因情绪障碍而导致的学习成绩下降，那些由于明显的生理残疾而导致的学习落后也不属于学习障碍。

心理学研究发现，大约5%～10%的在校生属于学习障碍儿童。一般认为学习障碍主要表现为以下三种类型。

第一类是书写障碍。有书写障碍的儿童写作业十分粗心，经常多一撇少一划，把答案抄错。有时难题可以解出来，简单的计算题却算错了。他们的眼睛似乎与别人的不一样，被称为懒惰的眼睛，漏掉许多明显的信息。这种人学习时对某些学习内容视而不见，考试时竟然可以把整道题丢掉，事后他们说自己没看见这道题。这种问题是儿童的视知觉的分辨力、记忆力和视——动统合能力相对落后造成的，是一种特殊的学习能力障碍。案例中小龙数学作业中的表现就属于这种情况。

第二类是阅读障碍。阅读障碍是学习障碍中人数最多的，男生多于女生。这类孩子往往记不住字词，听写与拼音困难，或朗读时增字减字，写作文语言干巴巴，阅读速度特别慢，逐字地阅读。他们在玩下棋和电脑游戏方面头脑非常灵，但在做作业及听讲方面成绩很差。这种现象可能与左脑有关。案例中的小龙也表现出这种问题。

第三类是数学障碍，又叫非语言学习障碍。这类孩子在机械图形与数学任务上能力落后，他们记不住人脸的图形，交往能力差。在运动和机械记忆方面有困难。男女无差别，约 $0.1\% \sim 1\%$ 的儿童有此障碍。他们可能爱读书，也会讲故事，但解决图形式的逻辑思维任务和空间想象能力差，学习时较为刻板，不能将新学习操作迁移到新环境中。这种表现可能与右脑落后有关。

有研究者认为儿童的轻度脑损伤或轻度脑功能障碍是引起学习障碍的重要原因。也有的研究者认为遗传是学习障碍的原因之一。很多学者都认为环境因素也是学习障碍的一个主要影响因素，如缺乏母爱或受到关心少、营养不良、不适当的教育方法、老师的偏见等都是产生学习障碍的因素。

为了保证儿童正常的学习和发展，需要积极预防儿童的学习障碍。家长要关心孩子的学习，教师和家长要积极关心儿童的心理健康，培养儿童具有开朗、热情、勇敢、坚强、自尊、自信等人格品质。

如果发现儿童已有学习障碍的症状，要及时带孩子寻求专业的矫治。家长应当首先了解孩子的学习心理出现了什么问题，严重到什么程度。要正确对待孩子出现的问题，既不歧视孩子，也不对孩子失去信心。其次寻求专业人士的帮助，为孩子设计个性化的教育方案，针对孩子特殊的学习能力不足进行培训。如进行有关的知觉——动作技能训练、感觉统合训练、协调能力、松懈能力、听语能力等的训练。家长要和教师沟通，请教师在课堂教学中进行一些补救措施。

> 正确认识您的孩子，细心发现孩子的"超人"潜能，找到孩子独特的学习方式，即使孩子有学习障碍，孩子也一定会取得过人的成就。

二十三、小学生需要请家教吗？

一个家长的求助

我的孩子上六年级了，孩子班内很多同学都请了家教，孩子自己也希望能请个数学家教帮她补习一下奥数的知识。我总觉得孩子的学习成绩还不错，平时有什么问题家长也可以帮她解答，没有必要请家教。可孩子说同学们请了家教都进步特别快，坚持要找一个。您说我要不要给孩子请家教呢？

一些家长认为请家教辅导孩子学习，可以针对孩子的学习问题"开小灶"，有助于孩子成绩的提高。另外有家教帮孩子学习自己可以轻松一些，所以，很多家长在孩子上学后就给孩子请了家教。而有的家长听同事说给孩子请了家教，或者像案例中的孩子见别的同学请了家教，也就赶潮流盲目地去给孩子请家教，其实是否请家教需要对孩子的学习状况进行具体分析。

首先，家长要明确给孩子请家教的目的，切不可盲目攀比。家长请家教一定是根据孩子自身的学习状况。如果孩子的理解能力不强，课堂学习比较吃力，跟不上正常的教学进度，而家长又难于抽出时间、精力为孩子补习，这时可选择请家教。或者像案例中的孩子有在某方面提高的需求，而家长的能力有限，这时也可选择有相关经验、特长的家教帮孩子拓展提升。

如果孩子习惯性地在课堂上注意力不够集中，平时学习不够认真。为这样的孩子请家教，会使孩子在心理上产生一定的依赖思想：反正回家还有人辅导，上课听不懂也没什么。为这样的孩子请家教，会使他们在平时的学习上更加不下工夫。久而久之，反而会助长孩子的懒惰思想。而家教也很难把课堂上的所学全部补充起来。在这种情况下请了家教，反而得不偿失。

有些家长觉得自己平时没有时间关注孩子学习，想找一个人替代自己，每天督促孩子写写作业，这样的家教最好不要。因为这样很多家长会心安理得地不去关心孩子的学习、生活，会影响亲子交流，也不利于孩子良好学习习惯的养成。

其次，给孩子请家教一定要经过孩子本人同意。家教的最大好处在于其针对性，而这需要孩子的配合。孩子比家长更清楚自己的学习需求，如果孩子自己不愿意家教指导，家长"赶鸭子上架"不会有好的效果。因此，请家教前家长一定要和孩子正式地谈谈这个问题，听听孩子的想法，尊重孩子的选择。

再次，家长要根据孩子的实际情况选择不同的教师。有些家长认为在职的教师对知识、对孩子的学习状态的把握要好些，水平要高些，愿意给孩子请这样的家教。但他们的收费相应会高一些，而且他们的工作压力大，精力有限，有时候效果不一定好。一般在孩子升学指导或一些重要考试前的短期辅导可选择这样的老师。孩子日常学习中的辅导选择年轻的、了解孩子心理的、有过家教经历的、认真踏实的大学生就可以了，他们比较容易走进孩子内心，易被孩子接受。

最后，家长要做孩子和家教的桥梁。家长要向家教详细介绍孩子的个性特点、学习状况，和家教一起制订孩子的学习辅导计划，并随时关注辅导进程及效果。孩子年龄较小，有时会对辅导方法不适应，但又不知道怎样表达；有时可能与家教沟通有些问题，为保证辅导效果，家长也要随时了解孩子对辅导的感受，并及时与辅导老师沟通，及时调整辅导的方法。如果家长的纽带桥梁作用没有发挥好，会在很大程度上影响辅导的效果。

家教，只能是辅助家长对孩子进行教育。在孩子的教育上，任何时候，家长都是最主要的，是不可替代的。

附　录

成　长　足　迹

　　亲爱的家长朋友，本书自从到了您的手上、映入了您的眼帘，就成了您关爱孩子的信物，就见证了孩子的成长。请把您和孩子共同生活的时光印迹记录下来，把孩子的成长通过照片和笔记的形式记录下来吧，这随手的一记，将成为您和孩子以后岁月中美好的回忆，会给孩子留下宝贵的精神财富，会成为孩子未来人生中不懈奋进的巨大动力。

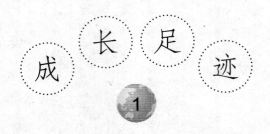

_____年_____月_____日

姓名：_____   年龄：_____   身高：_____

班级：_____   班主任：_____

　　今天孩子小学开学第一天，从幼儿园到小学，新的伙伴、新的老师、新的环境.应该准备培养孩子适应新的学习、生活了……

成长印象：...
....
....
....

成长照片或值得纪念的事：...
....
....
....
....

孩子心声：...
....
....
....

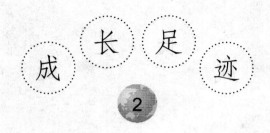

成 长 足 迹

2

_____年_____月_____日

姓名：_____   年龄：_____   身高：_____

班级：_____   班主任：_____

　　时间过得真快，一晃半年过去了，不知道孩子在学校的情况如何，适应新环境没有?孩子有什么具体改变呢?

成长印象：

成长照片或值得纪念的事：

孩子心声：

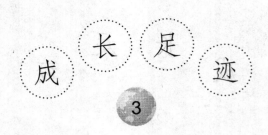

成 长 足 迹

3

_____年_____月_____日

姓名：_____   年龄：_____   身高：_____

班级：_____   班主任：_____

　　孩子快一年的小学学习生活，有了明显的变化，回家喜欢干家务了，也爱学习了，能主动向爸爸妈妈请教学习问题了，而且也懂得礼貌了，早上起床后主动向爸爸妈妈问好，真为孩子的进步感到骄傲……

成长印象：_____

_____

_____

_____

成长照片或值得纪念的事：_____

_____

_____

_____

_____

孩子心声：_____

_____

_____

_____

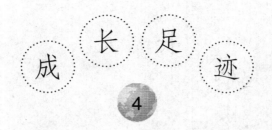

成 长 足 迹

4

_____年_____月_____日

姓名：_____   年龄：_____   身高：_____

班级：_____   班主任：_____

　　上二年级的孩子有自己的小伙伴了，回到家，就跟爸爸妈妈唠叨贝贝昨天给他（她）带了个精美的小卡片，今天朵朵给他（她）带了袋好吃的苹果派，孩子高兴极了，有小伙伴真好……

成长印象：_____

_____

_____

_____

成长照片或值得纪念的事：_____

_____

_____

_____

_____

_____

孩子心声：_____

_____

_____

_____

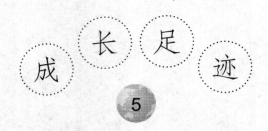

成 长 足 迹

5

_____年_____月_____日

姓名：_____   年龄：_____   身高：_____

班级：_____   班主任：_____

　　孩子开始像小·大人了，也有样学样，开始懂得模仿，爸爸妈妈算计着怎么花钱，他（她）也每天拿起笔，记下今天又花了多少钱，自己零花钱又少了多少，孩子开始懂事了……

成长印象：_____

_____

_____

_____

成长照片或值得纪念的事：_____

_____

_____

_____

_____

孩子心声：_____

_____

_____

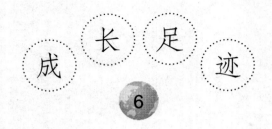

成 长 足 迹

6

_____年_____月_____日

姓名：_____   年龄：_____   身高：_____

班级：_____   班主任：_____

　　上三年级的孩子做事、学习更有条理了，也自觉多了。每天先做什么，后做什么，时间安排的井井有条，爸爸妈妈都很吃惊，也从心底感到自豪……

成长印象：_____

_____

_____

_____

成长照片或值得纪念的事：_____

_____

_____

_____

_____

_____

孩子心声：_____

_____

_____

_____

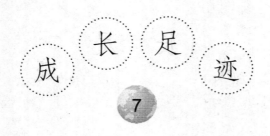

成 长 足 迹

7

_____年_____月_____日

姓名：_____   年龄：_____   身高：_____

班级：_____   班主任：_____

　　孩子已经感觉到学习成绩的压力了，上次成绩不如自己小·伙伴好，想到小·伙伴平时成绩不如自己，委屈了好一会，还掉眼泪了，孩子开始注意自己成绩了，慢慢开始主动弥补自己的薄弱环节了……

成长印象：_____

_____

_____

_____

成长照片或值得纪念的事：_____

_____

_____

_____

_____

孩子心声：_____

_____

_____

_____

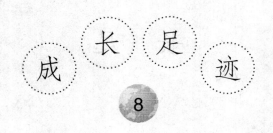

成 长 足 迹

8

_____年_____月_____日

姓名：＿＿＿＿＿＿＿　　年龄：＿＿＿＿＿＿＿　　身高：＿＿＿＿＿＿

班级：＿＿＿＿＿＿＿＿＿＿　　班主任：＿＿＿＿＿＿＿＿＿

　　四年级的孩子，求知欲明显增强了，凡事都要知道所以然，同时也有了比较固定的伙伴，经常和伙伴们一起组织学习、讨论，还经常和伙伴们去运动，去做自己喜欢的事，孩子进步真大……

成长印象：＿＿＿＿＿＿＿＿＿＿＿＿＿＿＿＿＿＿＿＿＿＿＿＿＿＿＿＿＿＿

＿＿＿＿＿＿＿＿＿＿＿＿＿＿＿＿＿＿＿＿＿＿＿＿＿＿＿＿＿＿＿＿＿＿＿＿＿

＿＿＿＿＿＿＿＿＿＿＿＿＿＿＿＿＿＿＿＿＿＿＿＿＿＿＿＿＿＿＿＿＿＿＿＿＿

＿＿＿＿＿＿＿＿＿＿＿＿＿＿＿＿＿＿＿＿＿＿＿＿＿＿＿＿＿＿＿＿＿＿＿＿＿

成长照片或值得纪念的事：＿＿＿＿＿＿＿＿＿＿＿＿＿＿＿＿＿＿＿＿＿

＿＿＿＿＿＿＿＿＿＿＿＿＿＿＿＿＿＿＿＿＿＿＿＿＿＿＿＿＿＿＿＿＿＿＿＿＿

＿＿＿＿＿＿＿＿＿＿＿＿＿＿＿＿＿＿＿＿＿＿＿＿＿＿＿＿＿＿＿＿＿＿＿＿＿

＿＿＿＿＿＿＿＿＿＿＿＿＿＿＿＿＿＿＿＿＿＿＿＿＿＿＿＿＿＿＿＿＿＿＿＿＿

＿＿＿＿＿＿＿＿＿＿＿＿＿＿＿＿＿＿＿＿＿＿＿＿＿＿＿＿＿＿＿＿＿＿＿＿＿

孩子心声：＿＿＿＿＿＿＿＿＿＿＿＿＿＿＿＿＿＿＿＿＿＿＿＿＿＿＿＿＿

＿＿＿＿＿＿＿＿＿＿＿＿＿＿＿＿＿＿＿＿＿＿＿＿＿＿＿＿＿＿＿＿＿＿＿

＿＿＿＿＿＿＿＿＿＿＿＿＿＿＿＿＿＿＿＿＿＿＿＿＿＿＿＿＿＿＿＿

＿＿＿＿＿＿＿＿＿＿＿＿＿＿＿＿＿＿＿＿＿＿＿＿＿＿＿

成 长 足 迹

9

_____ _____年_____月_____日

姓名：_____   年龄：_____   身高：_____

班级：_____   班主任：_____

　　孩子已养成了良好的学习习惯，方法也很得当了。现在孩子很喜欢去做自己赶兴趣的事，虽然功课有点影响，但还是让孩子去勇敢尝试，鼓励他们做或探索他们喜欢的事情……

成长印象：_____

_____

_____

_____

成长照片或值得纪念的事：_____

_____

_____

_____

_____

孩子心声：_____

_____

_____

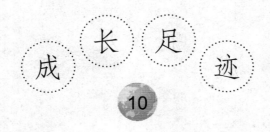

成 长 足 迹

10

_____年_____月_____日

姓名：＿＿＿＿＿＿＿＿　　年龄：＿＿＿＿＿＿＿＿　　身高：＿＿＿＿＿＿＿

班级：＿＿＿＿＿＿＿＿＿＿　　班主任：＿＿＿＿＿＿＿＿＿

　　五年级的孩子，独立意识有了进一步的增强，很多事情已经可以为爸爸妈妈拿主意了，一些爸爸妈妈感觉可以让孩子做的事，爸爸妈妈都放手让他（她）去做了……

成长印象： ＿＿＿＿＿＿＿＿＿＿＿＿＿＿＿＿＿＿＿＿＿＿＿＿＿＿＿＿＿

＿＿＿＿＿＿＿＿＿＿＿＿＿＿＿＿＿＿＿＿＿＿＿＿＿＿＿＿＿＿＿＿＿＿＿＿

＿＿＿＿＿＿＿＿＿＿＿＿＿＿＿＿＿＿＿＿＿＿＿＿＿＿＿＿＿＿＿＿＿＿＿＿

＿＿＿＿＿＿＿＿＿＿＿＿＿＿＿＿＿＿＿＿＿＿＿＿＿＿＿＿＿＿＿＿＿＿＿＿

成长照片或值得纪念的事： ＿＿＿＿＿＿＿＿＿＿＿＿＿＿＿＿＿＿＿＿＿＿

＿＿＿＿＿＿＿＿＿＿＿＿＿＿＿＿＿＿＿＿＿＿＿＿＿＿＿＿＿＿＿＿＿＿＿＿

＿＿＿＿＿＿＿＿＿＿＿＿＿＿＿＿＿＿＿＿＿＿＿＿＿＿＿＿＿＿＿＿＿＿＿＿

＿＿＿＿＿＿＿＿＿＿＿＿＿＿＿＿＿＿＿＿＿＿＿＿＿＿＿＿＿＿＿＿＿＿＿＿

＿＿＿＿＿＿＿＿＿＿＿＿＿＿＿＿＿＿＿＿＿＿＿＿＿＿＿＿＿＿＿＿＿＿＿＿

孩子心声： ＿＿＿＿＿＿＿＿＿＿＿＿＿＿＿＿＿＿＿＿＿＿＿＿＿＿＿＿＿

＿＿＿＿＿＿＿＿＿＿＿＿＿＿＿＿＿＿＿＿＿＿＿＿＿＿＿＿＿＿＿＿＿＿＿＿

＿＿＿＿＿＿＿＿＿＿＿＿＿＿＿＿＿＿＿＿＿＿＿＿＿＿＿＿＿＿＿＿＿＿＿＿

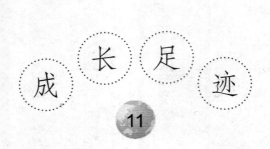

成 长 足 迹

11

_____年_____月_____日

姓名：_____   年龄：_____   身高：_____

班级：_____   班主任：_____

孩子上六年级了，明显感觉孩子平时课外活动少了，跟同学玩得也少了，自觉复习功课，为自己小·学升初中铆劲儿，孩子加油……

成长印象：_____

_____

_____

_____

成长照片或值得纪念的事：_____

_____

_____

_____

_____

_____

孩子心声：_____

_____

_____

_____

成 长 足 迹

12

_____年_____月_____日

姓名：_____　　年龄：_____　　身高：_____

班级：_____　　班主任：_____

　　马上要小学毕业了，孩子们你来我往送礼物、聚会、拍毕业照、组织活动，好不热闹，孩子请珍惜童年的美好时光，珍惜同学间的纯真友情吧。

成长印象： _____

_____

_____

_____

成长照片或值得纪念的事： _____

_____

_____

_____

_____

_____

孩子心声： _____

_____

_____

_____